JN078460

第2版

教育相談の最前線

― 歴史・理論・実践 ―

SAITO Fuyuki　　　MORIYA Kenji

斎藤富由起 ・ 守谷賢二 編著

八千代出版

はじめに—本書の特徴について

　本書は，教育相談の最前線を学びたい教員，教員志望の学生，教育臨床領域にかかわりたい学生，スクールカウンセラーのために書かれました。以下に本書の特徴を述べます。

　本書では，「いじめ防止対策推進法」などの法律やいじめの重大事件史，多様な教育の機会法案（いわゆるフリースクール法案）とフリースクールの歴史など，従来の教科書には掲載されていない「最前線の知識」とその背景が詳説されています。

　たとえば，いじめ防止対策推進法が成立する前提には，多くの子どもたちのいじめ自殺事件があります。警視庁の調査では，2014 年の小学生から高校生までの自殺数は 329 件。自殺の理由の第一は家庭での叱責で，それらは学校生活に起因する原因よりも多くなっています。このことは知識としては正しいけれど，家庭問題と学校問題は絡み合っていることが多く，実際は整然と区別できないこともあります。

　「青少年の自殺」という絶対避けねばならない事態の内実を想像できず，この知識だけを暗記しても意味はありません。限られた紙数の中，具体的ないじめ事件を記述したのは，教育相談で必要な社会的想像力を養うためです。

　さらに本書は，ビジョントレーニングやインプロ教育などの最先端の技法も紹介しています。最先端であっても，すべて現実に学校現場で実践されている技法です。関心のある読者はどうぞ編者までご連絡ください。

　本書を書くにあたって既存の教育相談の本の内容を調べました。カウンセリング・マインド，ロジャーズの三原則，傾聴の大切さが書かれていない本はありませんでした。クライアント中心療法の応答技術のテキストもたくさんありました。これらは確かに必須の知識です。本書でも類書以上に多くのページを基礎の記述に割いています。

　しかし，ロジャーズの三原則の知識や応答訓練は，現場ではあまり使えません。この見解はかなり多くの先生方にご賛同いただけると思います。私たちは，ロジャーズ流の応答訓練をやって，限界を感じている先生方にもたく

さん出会ってきました。この先生方は多くの研修とスーパーバイズをきちんと受けています。しかしこの先生方ですら一部の方々から「経験不足である」または「本当のロジャーズはそういうものではない」「結局，理想主義である」と批判されていることも知りました。

　自治体の協力を得て，私たちは壁を感じて悩んでいる先生方と一緒に勉強を続けています。そこでの経験を生かして，本書では教育相談に携わる教員やスクールカウンセラーのために，ノンバーバル行動やホスピタリティなど，壁を克服するポイントを（すべてではありませんが）記述しました。本書は基本だけでなく，「基本以前とそれ以降」についても書かれている点に特徴があります。

　最後に，本書では「協働」を教育相談の原理として強調しています。今日の教育相談では一人の子どもを複数の関係者で支えることの方が普通です。たとえば担任，養護教諭，スクールカウンセラー，スクールソーシャルワーカーでA君を見守る。必要に応じて管理職と保護者も加えた情報交換会を開く。このように学校という現場では，通常，複数で支援体制を組みます。

　ところが，類書のほとんどが個人面接の技法と事例が中心で，協働と機関連携についてはあまり書かれていません。これは大変意外なことでした。学校という職場の制約のために仕方なく連携するのではありません。本書では現代の多様な社会資源についても数多く紹介しましたが，それらとの協働的な営みが教育相談の実際であり，ケースをより効果的に解決する原理だ考えています。本書の執筆者は全員実際の現場を持っている連携と協働の実際家で，いわゆるキレイごとや衒学的な協働を主張しているのではありません（もちろん，誰一人として個人面接の研鑽を欠かしているわけではありません）。本書には，連携と協働を個人面接に劣らぬ教育相談の原理として明確に打ち出した実際的な特徴があります。

　以上のように，本書にはいくつかの「日本で初めて」の特徴があります。しかし，本書の特徴は新しい知識を盛り込んだだけではありません。一見，新しい言葉を使ってはいますが，全体を通じて古典的な基礎を重視しています。さらに重要なポイントについては，学術書としてのレベルを落とさず専門的に書きました。骨太の基礎の上に新しい情報が生かされると思います。

このような構成こそが本書の最大の特徴です。

　最後に，本書は，現場の協働作業から誕生しました。本書が子ども支援に携わる方々のお力になれれば，これに勝る喜びはありません。ご執筆いただいた先生方に心から感謝申し上げます。

追記

　本書を編集中，執筆者の一人である菊地雅彦先生の訃報に接しました。菊地先生と私は東村山市立東村山第三中学校で出会って以来，15年のお付き合いでした。東村山市に発達障害の先駆的な受け入れ先であった「みどりの学級」が設立されたとき，主任として赴任されたのが菊地先生で，当時私はスクールカウンセラーでした。二人とも早稲田大学の菅野純先生の薫陶を受けていたこともあり，出会ってすぐに意気投合しました。

　私が日本カウンセリング学会で子ども居場所論のシンポジウムを開いたとき，シンポジストとして真っ先に思い浮かんだのが菊地先生でした。菊地先生が話された「発達障害のある子どもの居場所」は，10年以上経った今でも決して色あせない，深い示唆に富むご発表でした。

　本書の執筆者である吉森丹衣子さんは大学3年生でしたが，みどりの学級のボランティアから臨床活動を始めています。菊地先生と私たちは教員とスクールカウンセラーという垣根を越えて，力を合わせて幾多の困難事例を乗り越えてきました。当時，東村山ブロックでスクールカウンセラーに従事していた臨床心理士で菊地先生のお世話になっていない人は一人もいません。菊地先生は誠実な寄り添い感覚と確かな臨床技術を合わせ持つ，稀有の教師であり，臨床心理士でした。

　菊地先生から学んだことは何よりも協働の重要さです。本書において教育相談の原理として強調している「協働性」は，菊地先生と現場で実際に協働した経験がなければ決して生まれなかったでしょう。

　菊地先生，本当にありがとうございました。執筆者を代表して，謹んで哀悼の意を表します。

　　　2016年6月　　　　　　　　　　　　編者を代表して　斎藤富由起

第2版　はじめに

　「骨太の基礎と最新のデータを提供するテキスト」を目指して編集された『教育相談の最前線』は，幸いにして多くの大学で採用され，好評を博しました。

　この数年の間に教育機会確保法の成立や合理的配慮の普及など，教育界にはいくつかの大きな変化が生じています。これまで考えられてきた教育の「当たり前」が当たり前ではなくなる時代に私たちは生きています。

　第2版を作成するにあたり，コロナ禍による学校自治の影響も含めて各データを最新のものに改めると同時に，教育の法的変化を踏まえ，新たに書き下ろした原稿を加えました。従来と異なる対応方法や新しい症状の理解についても詳しく説明しています。また，前著で学んだ学生たちとの対話から，学生がつまずきやすい点を把握し，その説明に紙面を割きました。一方，教育相談の基礎となる部分については学術レベルを落とさず，詳しく説明しています。これにより，読者は最新のデータと新しい法律を踏まえた「教育相談の最前線」をいっそう深く学ぶことができるでしょう。

　本書が子どもたちを支える教育を志す人々の一助になれれば，執筆者一同，これに勝る喜びはありません。

　　2021 年 2 月　　　　　　　　　　　　編者を代表して　斎藤富由起

目　次

Ⅲ部　教育相談の方法

Ⅳ部　教育相談の技法

Ⅵ部　教育相談と連携

Ⅰ 部

教育相談総論

1 教育相談の歴史と対象

（1）教育相談とは

　学校教育は，主に「学習指導」と「生徒指導」の2つの柱から成り立っている。学習指導とは，国語，算数（数学），英語などの教科指導である。それに対して生徒指導とは，すべての児童生徒の人格の成長，またすべての児童生徒の学校生活の充実のために行われる指導のことである。そして，「教育相談」は生徒指導の一環として捉えられている。

　文部科学省は，2010年3月に『生徒指導提要』を刊行し，第5章に「教育相談」の章を設けている。この中で，教育相談の意義や進め方，ならびに相談体制の構築や専門機関やスクールカウンセラーとの連携などが約40ページにわたって述べられており，教育相談は，生徒指導の中心的な役割を担うものであることも指摘されている。

　『生徒指導提要』において，教育相談は，「児童生徒それぞれの発達に即して，好ましい人間関係を育て，生活によく適応させ，自己理解を深めさせ，人格の成長への援助を図るものであり，決して特定の教員だけが行う性質のものではなく，相談室だけで行われるものでもない」（文部科学省 2010 p.92）と定義されている。

　要するに教育相談は，すべての教員が，あらゆる場面（たとえば休み時間，職員室，学校行事等）で行うものであり，児童生徒の発達段階を考慮しながら，学校生活への適応とよりよい人格成長を目的として行われるものといえよう。

（2）教育相談の歴史と社会的背景

　学校現場で行われる指導や活動には，歴史的な背景やそれを必要とする社会的な要請がある。教育相談も同様であり，時代によってその様相は変化している。

　日本における教育相談は，大正時代まで遡ることができるとされているが，広木（2008）によれば，当時は学校で行われていたのではなく，各地の職業相談所において職業指導の傍ら行われていたという。この時期は，第一次世界大戦を契機に近代産業が飛躍した時期であり，それと並行して中等教育と高等教育が拡大してきた時期でもある。つまり，この時期の教育相談は，進路指導と就職指導が中心であった。

　現在の教育相談活動が行われるようになったのは，第二次世界大戦以降の1950年前後からである（羽田 2014）。そこで本章では，① 1950年代から1960年代，② 1970年代から1980年代中期，③ 1980年代後半から1990年代後半，④ 2000年代から現在に時代を区分して，戦後の社会的背景を通じた教育相談の理解について概説する。

１）1950年代から1960年代

　戦後の日本の政治経済体制を考えるとき，1955年前後を「転機」とする説が有力である。1952年のサンフランシスコ講和条約の発効による日本占領の終結と1954年～1957年の神武景気，1956年の「もはや戦後ではない」という『経済白書』の記述にみる「高度経済成長」の始まりは，同時に保革の対立を生んだ。そして，岸信介内閣による防衛力整備計画（1957年），教員（学校長）による勤務評定が実施され（1958年），激しい学生運動に象徴される日米新安保条約は1960年に制定される。受験競争の激化が社会問題化され，戦後非行の第二次ピーク期もこの時代である。

　こうした社会的背景のもとで日本に「カウンセリング」が導入された。「受容」と「共感」がキーワードとして注目を浴び，カウンセリングに関する論文数も増加したが，それゆえに教育現場での問題点も深まりをみせた。

では，どの点が現場の教員にとって，看過できない論点となったのだろうか。

　端的にはこれまでの生徒指導の原理とカウンセリングの原理的相違である。通常の生徒指導は指示的で，当然，「こうしなさい」「こうするべきだろう」という助言もなされる。これに対して，それでは児童生徒自身の問題の解決力が育たないと考え，「こうしなさい」という指示を出さず，子どもの意見を聞き（受容し），共感することにより児童生徒の成長が期待され，自力で問題解決ができるようになるというカウンセリング理論は日本の生徒指導に新しい視点を提供した。教員と生徒の関係はより平等に近く，その主体を児童生徒に置く点は革新的であった。

　しかし，多くの論者が指摘するように，カウンセリング理論は教育現場の生徒指導の実際と衝突し，十分な普及には至らなかった。これを端的に表現すれば，教員としての役割とカウンセラーとしての役割の相違である。教員はあくまでも教員であってカウンセラーそのものではない。原田（2005）はこれを「限定論」「分業論」「本質論」に分類している。

　東京オリンピックが開催されたのは 1964 年であり，この時代に流行した教育用語に「スパルタ教育」がある。スパルタ教育の推進者は「話し合う」「生徒児童の言い分も聞く」という指向性よりも「指導者についてこい」という指導的立場を崩さない。他方，カウンセリング理論は，革新的な発想を持ち，権威に抗する指向性を持つ。現在ならば，指導性の強い教員と教育相談色の強い教員が（そこまで対立することなく）棲み分けることもできるだろうが，この時代は教員間の引くに引けない教育的信念の対立にまで及んだ。これは社会的背景を踏まえなければ理解できない日本の教育相談の一面である。

　一方，カウンセリングは「学校以外の専門機関」では導入された。しかし学校現場で普及しなかった理由の一つには，生徒指導上の対立以上の「保革の先鋭的対立」という社会的背景が指摘できる。

２）1970 年代から 1980 年代中期

　カウンセリング理論は 1950 年から 1960 年代にかけて導入されたものの，教育現場には普及しない状況が続く中，1970 年代に入り，学校では校内暴力，いじめ，自殺などの諸問題が噴出した。暴走族ブームもこの時代であり，テ

レビドラマの「3年B組金八先生」で少年非行をテーマにした「腐ったミカンの方程式」が放送され，高い視聴率をとったのが1980年，少女非行を取り上げた「積木くずし」がベストセラーになったのが1982年である。1970年代から1980年代にかけて教育相談は衰退し，現場では「体を張って児童生徒と向かい合う」生徒指導が必然的に行われている。

　しかし，教員と児童生徒の対立が先鋭化する際，生徒指導による「訓戒」「叱責」「規則維持」の繰り返しでは児童生徒の荒れを抑えることは難しく，「体を張った」指導の限界も露呈し始めた。この時代のテーマは教員（おとな）と児童生徒（子ども）の対立である。

　ここで「カウンセリング・マインド」という和製英語がより注目を浴びる。カウンセリング・マインドとは「受容と感情的共感に基づく傾聴を行いながら，子どもの自尊心を大切にして，子どもに寄り添う教師の柔軟な姿勢」の総称といえる。1971年と1972年に文部省（当時）は「中学校におけるカウンセリングの考え方」「中学校におけるカウンセリングの進め方」という生徒指導の資料を刊行する。1980年代に小学校においても子どもの主体性の涵養と自己指導力の育成がカウンセリングに期待されるようになる。こうした流れで使用された「カウンセリング」概念を総称して，1984年に「カウンセリング・マインド」という用語が使用される。この時代に教員になった人たちは「カウンセリング」以上に「カウンセリング・マインド」という用語の方が親しみやすいだろう。

　カウンセリング・マインドは技法というよりも，児童生徒との関係づくりの基本的態度といえる。しかし，教員と児童生徒との関係づくりにおいて，強制力を伴う生徒指導の限界からカウンセリング・マインドという新しい視点が生まれた点に注意するべきである。しばしば「カウンセリング的対応は甘い」「こちらは体を張っている」などの不満が教員から聞かれる。「体を張った」「甘くない」生徒指導が「学校が荒れた時代」に行われ，教員への暴力行為や校内暴力は抑えられたものの，その一方で生徒間のいじめや不登校については限界を示した事実を無視してはならない（吉永 2003）。1970年代から1980年代は教育相談の停滞期であったが，それは強い生徒指導の限界も

意味していた。体を張った対応によっては切り抜けられなかった現実は確かにあったのだろう。だからといって，体を張った対応が一般的に他の方法より優れていることにはならない。教育相談では状況に適した多様なアプローチが必要とされる。

　こうして「体を張った生徒指導」にも限界がみえ始め，カウンセリングやカウンセリング・マインドに再び注目が集まる下地ができていった。これがスクールカウンセリングの導入へとつながっていく。

3）1980年代後半から1990年代後半

　日本経済は1986年から1991年の間にバブル景気とその崩壊を迎え，経済的な変動を経験する一方，1980年代の生徒指導が長期的には学校の荒れを防ぎえず，学校や公教育という公的制度そのものが批判の対象となった。

　この背景には不登校の増加やいじめ自殺事件への注目がある。1986年に東京都の中野富士見中学校で起きたいじめ自殺事件は社会問題となり，1994年には愛知県の東部中学校で恐喝による生徒の自殺事件が社会に深刻な影響を与えた（詳細は図表Ⅱ-2-3を参照）。

　不登校についても，1990年には約5万人，1998年には約8万人，1999年には約13万人と従来の生徒指導では歯止めをかけることができず，文部省は，1992年に「不登校は誰にでもおこりうる」として，学級復帰を前提とした民間施設に通うことを「出席扱い」とみなす方向転換を行っている。学校に通っているものの，授業に参加しない子どもや授業を妨害する子どもの存在で学級運営が成り立たない現象が「学級崩壊」として報道され始めたのは1998年前後である。

　学校ではいじめによる自殺事件が生じており，不登校の生徒も増加の一途をたどっている。従来，学校教育の原理であった集団指導を基本とした一斉学習に疑問が持たれ，学校改革論や学校再生論も叫ばれるようになった。たとえば1992年から開始された学校週5日制や1992年の「生活科」，2000年の「総合的な学習の時間」の導入などに制度的改革がみられる。この傾向は2000年代の「ゆとり教育」につながっていく。

　小学校では学級崩壊が起こり，中学校ではいじめ自殺事件や不登校が増加

した。「不登校は誰にでもおこりうる」との認識が示すように，この時期の
いじめや不登校には，理解しやすい明確な理由がない点に特徴があった。学
級崩壊やいじめには従来の生徒指導は通用せず，学校は再び，「なぜ，規範
に従わないのか」「なぜ，他者を攻撃するのか」「どうして学校を休むように
なったのか」という子どもの心理的理解とともに指導を行う必要性に迫られ
た。

　こうした社会的背景を受けて，規範への反抗やいじめの背景となる心理，
情緒的な傷つきと回復に時間をかけて寄り添える専門家として，1995年，
文部省は「スクールカウンセラー活用調査研究委託事業」を開始する。これ
はいじめ自殺事件と不登校や情緒障害に対応できる専門家の導入が直接的な
課題だが，同時に学校全体の教育相談体制の強化が目的となっている。「教
育界の黒船」と呼ばれたスクールカウンセラーの導入は学校における教育相
談体制に大きな影響を与え，現在のチーム学校（Ⅰ部3章（6）参照）の教育相
談体制につながっていく。

　スクールカウンセラーに期待されたことは上記の問題に対応できる専門性
と，子どもにとっての（成績をつける先生でもなく，しがらみのある家族でもない）
「第三者性」の2点であった。専門性が臨床心理士などの資格によって担保
されるとしても，スクールカウンセラーは子どもにとってどの程度「第三
者」といえるだろうか。これは2000年代にいじめ事件を通じて注目される
公的第三者制度と比較して残された論点といえる。

4）2000年代から現在

　2000年前後から2010年までの社会的背景として第一に1997年の神戸連
続児童殺傷事件の影響を指摘できる。そのショッキングな内容から少年「凶
悪」犯罪が（統計的には増加していないのにもかかわらず）増加したかのようなイ
メージが報道された時代でもある。この事件以降，少年非行に対する厳罰化
の流れが生まれていることに留意したい。

　第二に児童虐待の増加である。2000年に深刻化する児童虐待の予防とそ
の対応を定めた児童虐待防止法が制定された。児童虐待の早期発見努力とし
て同法第5条に，学校・病院等の教職員，医師，保健師，弁護士などは，児

童虐待に関して早期発見に努めなければならないという規定がある。これは虐待問題と学校を直接につなぐ公的基盤となる。児童虐待について学校が果たす役割は今後も大きくなるだろう。スクールソーシャルワーカー（SSW）との連携も望まれる。

　児童虐待の増加は，長期間のトラウマの結果として問題行動や精神疾患を引き起こしてしまう児童生徒がいることを知らしめた。長期のトラウマが脳に影響を与え，ADHD や双極性障害，あるいは問題行動などを引き起こす発達性トラウマ障害（杉山 2019），ICD-11 に記載された複雑性 PTSD などはその一端である。これらの症状には，学校内の教育相談だけで対応するのではなく，医療機関を含めた他機関連携が求められる。

　第三に 2007 年度の特別支援教育の施行である。発達障害の理解と支援が学校現場に与えた影響は甚大で，教育相談の中で不登校をしのぐほどの相談件数に上ることもある。今日の教育相談で発達障害とそのグレーゾーンの支援が話題に上がらない日はない。

　慢性的な不況は子どもの貧困だけでなく，家族関係にも影を落とす。安心して過ごせる居場所が学校にも家庭にもない子どもにスクールカウンセリング室は居場所として機能している。スクールカウンセリング室（SC 室）の最も多い相談案件はいつの時代でも「居場所」と「話し相手」であることに留意するべきである。

（3）教育相談の対象

　これまで検討してきた背景をもとに，教育相談が取り組んできた対象を整理すると，以下のカテゴリーにまとめることができる。

---

①不登校　②いじめ　③児童虐待　④精神疾患　⑤発達障害　⑥家族問題（保護者支援）　⑦少年非行　⑧情緒障害　⑨話し相手　⑩予防的対応

　近年の特徴を概観すると，何かが起きてからの対応ではなく，「小１プロブレム」や「中１プロブレム」のように「(問題が起きることがわかっているのだから)問題が起こる前に対策を学んでおこう」とする予防的対応が重視されている。ストレスマネジメント教室やソーシャルスキルトレーニング，インプロ教育などを道徳や総合の時間を使って学ぶ学校も増えてきた。また授業改革としてファシリテーション型学習を実践したり，学校支援ボランティアとして外部の社会資源を学校に取り入れる試みも行われている。

　時代の影響を受けながら，教育相談の対象も拡大している。近年では未就労問題や経済不況を背景にしたキャリア教育が強調されている。しかしどの時代においても「クライアントの尊重」は決して変わらぬ教育相談の中核といえる。クライアントと保護者，そして学校全体の支援機能を向上させるために教育相談が果たす役割は今後いっそう大きくなるだろう。

（4）教育相談の種類

　学校現場における教育相談には，その目的の違いから「開発的教育相談」「予防的教育相談」「治療的教育相談」の３つがあることが知られている。以下にそれぞれの教育相談の機能について説明する。

1）開発的教育相談

　開発的教育相談とは，すべての児童生徒の個性を伸ばし，社会性や自己肯定感を高め，自己実現を図る教育相談のことである。開発的教育相談は，定義からもわかるように，すべての児童生徒が対象となる。

　そのため，開発的教育相談はさまざまな場面，状況で行われるが，道徳や総合の学習の時間にソーシャルスキルトレーニングなどの心理教育的な授業が行われることもある。また，個人を対象に行われる場合もあれば，学級，学年など集団を対象に行われる場合もある。

2）予防的教育相談

　予防的教育相談とは，児童生徒が何らかの不適応的なサインを示したときに，教員，スクールカウンセラー，スクールソーシャルワーカーなどが行う

教育相談のことで，深刻な不適応状態に陥らないようにするために行われる教育相談である。一般的には不安やストレスの高い状態の児童生徒に対して，深刻な状況に陥る前に，カウンセリングなどの手法を用いて話を聞くなどの支援が行われることが多い。開発的教育相談と比較して，個別性の高い教育相談といえる。

　2020年の全国の小・中学生と高校生の自殺者数は，2019年と比較して41.3％増加して479人（暫定値）となり，過去最多を記録した。高校生では特に女子が前年の約2倍の138人と急増している。自殺の原因で多かったものは，進路に関する悩み（55人），学業不振（52人），親子関係の不和（42人）であった。文部科学省（2021）は自殺者がコロナ禍の長期休校が明けた6月と8月に突出していることから，新型コロナウィルスによる社会不安や経済不安が背景にあるとみて，予防教育と相談体制の強化を提言している。

3）治療的教育相談

　治療的教育相談とは，不登校や無気力，あるいは非行など不適応の状態に陥った児童生徒を対象に行われる教育相談である。いわゆる「問題解決」に主眼を置いた教育相談である。治療的教育相談は，予防的教育相談と同じく，個別性が高く，さらに教員，スクールカウンセラー，スクールソーシャルワーカーなどが本人だけではなく，家族など周囲の人たちも含めた支援を行う。また，医学的な支援や福祉的な支援が必要な場合もあり，外部機関との連携も含めた支援が行われる。

（5）教育相談の実際

　学習指導提要の論旨である「教育相談は（中略）決して特定の教員だけが行うものではなく，相談室だけで行われるのでもない」とは具体的にはどういう意味だろうか。実は教育相談は，かなりの程度，制度化されており，教員の日常的な業務となっている。このことを情報共有の観点からまとめてみたい。

１）教育相談の情報共有・対応決定のシステム

　教育相談は毎日の朝の打ち合わせ（通称はアサウチ）での情報共有から始まる。より重要な事例は学年会（週1回程度）で情報共有を行い，対応が検討される。教育相談の案件の多くは，実は学年会での話し合いで決定される。

　一方，学年の話し合いだけでは難しそうだと学年会で考えられたとき，全学年の教員が参加する職員会議（週1回）か，専門性の高い校内の委員会（生徒指導委員会，いじめ防止委員会，特別支援委員会など。委員会の実施回数は各学校により異なる）に事例が上げられる。それでも難しいケースは，学外の専門機関（教育委員会，医者，警察など）を学校に呼んで，対応が練られる。

情報共有の順番

朝の打ち合わせ→学年会→職員会議または校内委員会→学外連携

※対応の多くは集団で決定される

　教育相談では，担任の意見が必ずしも通るわけではない。担任はSC室につなげたいと思っても，学年会や校内委員会で「今回はSCではなく，担任と学年主任で保護者と生徒対応をしよう」と決まれば，そのように動かなくてはならない。担任としては家庭訪問までする必要はないと思っても，校内委員会で「担任が家庭訪問をした方がよい」と決まれば，家庭訪問をして校内委員会に結果を報告しなければならない。このように，教育相談とは教員が個人的に決定できる領域は意外に狭く，多くは集団で話し合われ，対応が決定している。

２）情報交換の場の実際

　朝の打ち合わせは毎日，1時間目の前に行われていて，学年（小3なら小3，中1なら中1など）に配属されている先生たちだけの打ち合わせで，話す内容は教育相談に限らない。時間は15分程度である。「今日，○○の保護者が5時間目に来ます」とか「Aの児童相談所の担当が今日の16時に来るので管理職とともに対応します（その時間はいません）」などの情報が交わされる。こ

れと同様に放課後も学年の打ち合わせを行う学校もある（夕方の会でユウカイ などと呼ばれる）。

　学年会とは週1回程度行われる学年だけの会議で，通常，放課後に行われる。時間は1時間前後だろう。ここでその学年の気になる児童生徒への対応はほぼすべて話し合われ，細かい対応が決定される。ただし専門的な知見が必要な場合や学校を通じた連携が必要な場合は，学年だけでなく，管理職や校内委員会での話し合いとなる。

　たとえば，「担任の目からみると，2年2組のA君は発達障害があるのではないか。検査を受けた方がよいと思うが，誰がどのように保護者にいうべきか。そもそも発達障害の可能性があるのか。医療的な対応も必要ではないのか」というケースを朝の打ち合わせや学年会だけで決めるのは難しい。そこでこのケースを特別支援委員会に上げる。

　校内委員会の特別支援委員会や生活指導委員会にはたいていスクールカウンセラーやスクールソーシャルワーカーが所属している。そこでスクールカウンセラーの目からみたら発達障害の可能性があるか，とか，特別支援コーディネーターの教員から保護者に伝えてもらおうかなどが検討される。

　「児童虐待が発覚した」「生徒が自殺未遂をした」などの緊急対応の際は，担任，学年主任，管理職，関係機関，スクールカウンセラーが特別なチームをつくって対応することもある。目の前で生徒が自殺を図っているなどの場合，担任やそばにいる教員がその場の判断で動くが，事後は学年主任と管理職に連絡し，職員会議で全職員に報告することになるだろう。

3）要配慮児童生徒リスト

　学校には何らかの意味で配慮を要する児童生徒のリストがある。多くは学年別になっていて，クラスごとに個々の児童生徒で配慮すべき内容が書かれている。たとえば，「2年A組11番，○山太郎……いじめ。父親から暴力。現在，児童相談所が介入中」などのように，何らかの配慮や事情がある児童生徒がリスト化されて，学年で情報共有されている。

　配慮や事情の内容が詳しく書かれている学校もあれば，メモ程度の学校もある。要配慮のリストは情報共有のためのメモであり，個人情報は破棄され，

学校に残ることはない。

　このほか，いじめの報告などはいじめ防止対策推進法（Ⅱ部2章（3）2)参照）に従って記録され，ケースの内容によって中長期的に対応が検討されていく。

4）心理教育的援助サービス

　石隈（1999）は学校での心理職の役割を「子どもの発達過程や学校生活で出会う問題状況・危機的状況の対応を援助する心理教育的援助サービス」と定義している。これはスクールカウンセラー（心理職）だけでなく，学校全体の教育相談機能として大切な視点といえる。

　心理教育的援助サービスは3段階に分けられる。一次的援助サービスの対象は学校に在籍するすべての子どもである。すべての子どもを対象としてクラスごとにSSTを行ったり，コミュニケーションのスキルを学んだり，クラス単位で構成的エンカウンターを行い，クラスの人間関係を良好にするなどの予防的活動は一次的援助サービスである。

　二次的援助サービスの対象は，学校生活に何らかの問題が起きかけている子どもである。二次的援助サービスでは苦戦している子どもの早期発見と早期介入が目的となる。人間関係が原因で保健室に行く回数が増えてきた児童生徒を早期に発見し，効果的に介入して，保健室通いを解消するなどは二次的援助サービスである。

　三次援助サービスの対象は特別な教育的ニーズのある子どもである。ここで述べる「特別な教育的ニーズ」とは特別支援教育に限らず，不登校，いじめ，家庭問題など，「明確な課題が発生している」という意味である。三次的援助サービスの目的は，具体的な問題の解決である。教育相談によりいじめが解決され，その後，児童生徒の良好な学校生活が継続しているなどは三次的援助サービスの例といえる。

コラム：子どもたちの幸せを目指す生徒指導と教育相談の役割

　「生徒指導の先生」「教育相談の先生」と聞いたときにどんな先生が目に浮かぶでしょうか。「生徒指導＝男の先生」「教育相談＝女の先生」「生徒指導＝怖い先生」「教育相談＝優しい先生」という像を思い描きませんか。実際，カウンセリングや教育相談をあまり理解していない場合，生徒指導と教育相談は相容れないものと誤解している人も多いようです。

　ご承知のように，児童生徒の問題行動に対する指導や，学校全体の安全を守るための管理や指導は生徒指導の領域といえます。しかし，問題行動を起こした児童生徒の心身の状況を理解し，児童生徒がその後どのように行動すべきかを考えさせるのは，教育相談での面接技法や，発達心理学，臨床心理学などの知見や手法が必要となります。したがって，教育相談は生徒指導の一環として位置づけられるものなのです。

　小学校に勤務するベテランのＫ女教諭は，毎年，素晴らしいクラスをつくりあげ，保護者や子どもたちから絶大な信頼を得ている先生です。ある年，Ｋ女教諭は，前年まで生徒指導上の問題を多く抱えた６年生のクラスを担任しました。その中には，集団に溶け込めない不登校傾向のＳ子もいました。ある日そのクラスで研究授業が行われ，大勢の参観者がいる中で，前年度まで発言など皆無であったＳ子が自ら挙手し発言したのです。驚くことに，そこにはＳ子の言葉を聞き逃すまいと，真剣なまなざしを向ける子どもたちの姿がありました。Ｋ女教諭は，クラスのさまざまな問題に対処しながら，一人ひとりの児童の自発性・自主性を尊重し，自己指導能力の育成を図ろうと奮闘しました。その際，一人ひとりに共感的に接し心の発達を促進する努力も惜しみませんでした。教育相談が生徒指導の一環として機能するとともに，教育相談が生徒指導の中心的な役割を担い，その結果Ｓ子とクラスが生まれ変わったのです。

　しかしすべての教員がＫ女教諭のような指導力を持つわけではありません。学校においては生徒指導と教育相談の組織体制がきわめて重要になります。

　ある小学校では，週１回，朝の教員の打ち合わせ時に「気になる児童」の情報交換を行います。某日，生徒指導主任からＧ男の万引き報告があり，今後のお店への出入り等の注意喚起と，全校児童への共通指導について確認がなされました。次に教育相談主任と担任からはＧ男に関する心理環境的原因（親子，家庭の人間関係など）の報告があり，Ｇ男が登校した際の対応方法の共通理解がなされました。このように問題行動への対処は，生徒指導・教育相談の両観点から，全教職員が一丸となった協力・支援体制によって推進することが重要なのです。

　目の前の子どもたちの幸せを目指して，生徒指導と教育相談の意義を理解するとともに，指導力の向上と組織体制の強化を図ることが求められます。

2 教育相談の方法

　すべての学問には必ず目的がある。また，すべての学問には，目的をどのように達成するかについて，具体的な方法論が存在する。つまり，教育相談にも目的とそれを達成するための方法論が存在する。

　それでは，教育相談の目的は何か。先述したように教育相談の目的は，すべての児童生徒の「学校適応」と「よりよい人格の成長」を目指すことである。この2つの目的はどのような方法で達成できるだろうか。本章では，教育相談の領域でこれまで培われてきた方法論として，「アセスメント」「カウンセリング」「心理教育」「コンサルテーション」を取り上げる。

（1）アセスメント

　児童生徒の「学校適応」と「よりよい人格の成長」を効果的に支援するためには，それぞれの児童生徒がどのような個性を持っているのかを知る必要がある。個性にはさまざまなものがあり，具体的には児童生徒の性格，得意なことや苦手なことといった能力，友人関係や家族関係といった人間関係のあり方，悩みや問題行動がある場合には，それが生じるに至った経緯やメカニズムなどが含まれる。つまり，教育相談において効果的な支援を行うためには，こうした情報を何らかの形で得る必要があり，こうした情報を得る行為を「アセスメント」という。

　アセスメントはなぜ必要なのか。たとえばお腹が痛くなったとしよう。お腹が痛くなる原因にはさまざまなことが考えられる。盲腸でもお腹は痛くなるし，食あたりなどでもお腹は痛くなる。あるいはストレスでお腹が痛くなる人もいる。こうしたさまざまな原因が考えられる中で，医師は「どんな痛

みか」「いつ頃から痛いのか」「最近食べたものは何か」「ストレスを感じる
ようなことはあったか」などの質問をして，腹痛の原因を探るだろう。そし
て，原因を突き止めた後，その原因に適した治療を施したり，薬を処方した
りする。盲腸であれば手術をするかもしれないし，食あたりであれば薬を処
方するだけになるかもしれない。ストレッサーが原因であれば，カウンセリ
ングを勧めるかもしれない。つまり，原因に応じて選択される治療方法はま
ったく異なる。

　教育相談においても同じで，子どもたちに効果的な支援を行うためには，
アセスメントを行い，それに基づいて効果的な支援方法を選択することが非
常に重要になる。つまり，アセスメントがうまく行われないと，盲腸の患者
さんにカウンセリングを勧めたり，ストレスでお腹が痛い患者さんに手術を
してしまったりというような現象が教育相談でも起こってしまう。さらに，
アセスメントのない支援は，効果的でないだけでなく，子どもたちや保護者
に対してきわめて失礼な行為となってしまうことも理解しておく必要がある。

（2）カウンセリング

　現在教育相談を語るうえで，「カウンセリング」は切っても切れない関係
である。しかし，「教育相談＝カウンセリング」ではないことに注意しなく
てはならない。教育相談とカウンセリングの関係は，「教育相談の目的を達
成するために，カウンセリング的な技法が効果的である」という関係であり，
カウンセリングはあくまでも教育相談の目的を達成するための方法としての
位置づけになる。

　しかし，「カウンセリングの技法を身につけて，それを使って児童生徒と
かかわればよい」というイメージが依然として教育現場に根深く残っている
ように感じる。つまりカウンセリングの技法面だけが強調され過ぎているき
らいがある。確かにカウンセリングは，教育相談の方法ではあるが，カウン
セリングにも歴史があり，そこにはさまざまな人間観や哲学が存在する。そ
のため，カウンセリングを学ぶにあたっては，ただ技法を身につければよい

わけではなく，人間観や哲学も含めて理解する必要がある。

　では，カウンセリングとは何か。紙幅の関係上，さまざまなカウンセリング理論の人間観や哲学についてはⅢ部2章に譲るが，定義だけ示しておく。國分（1980）は，「カウンセリングとは，言語的および非言語的コミュニケーションを通して，相手の行動の変容を援助する人間関係である」と定義している。

　ここでいう「行動の変容」とは，たとえばある状況で一つの反応や考え方しかできなかったものが，別の反応や考え方ができるようになる状態を指している。つまり「反応の多様性」が生まれるということである。

　また，この定義で注目すべき点は，「援助する」という部分である。行動を変容させる主体は，その人自身であり，カウンセラーはあくまでも援助者であることが示されている。大学生にカウンセリングのイメージを聞くと，「悩みを解決してくれる」「よいアドバイスをもらえる」と答える学生が多い。これはカウンセラーが主体となって問題を解決してくれるという考え方であるが，カウンセリングにおける主体はあくまでもその人自身であり，カウンセラーはあくまでもそれを援助する人に過ぎない。これはカウンセリングを理解するうえで重要な視点である。

（3）心 理 教 育

　教育相談における3つ目の方法として心理教育的アプローチがある。心理教育的アプローチとは，心理学で得られた知見を児童生徒や保護者に紹介し，人間関係の向上や問題の未然防止を目的として行われるものである。そういう意味では，予防的教育相談や開発的教育相談の側面において使われる方法であるといえる。

　文部科学省（2010）は，『生徒指導提要』において，「教育相談の新たな展開」の中で，図表Ⅰ-2-1のような心理教育的アプローチを挙げている。

　これらのアプローチは，個人を対象に行われるだけではなく，道徳や特別活動などの時間を使い，学級や学年を対象に集団で行われることも多い。ま

図表Ⅰ-2-1　教育相談で活用できる心理教育的アプローチ

エンカウンターグループ	一般的には，人間関係づくりや相互理解などを目的に行われ，学級づくりや保護者会などで用いられることが多い。
ピア・サポート	「ピア」とは「同士」や「仲間」のことであり，児童生徒の社会性を段階的に育成し，児童生徒同士がお互いに支え合う関係をつくるためのプログラム。「ウォーミングアップ」「主活動」「振り返り」という流れを1単位をとして，段階的に積み重ねる。
ソーシャルスキルトレーニング	社会生活で必要なスキルの向上を目的に行われる。個人を対象に行われるものから集団を対象に行われるものまである。具体的なスキルとしては，「自分の考えていることを適切に伝えるスキル」「上手に断るスキル」などがある。
アサーション・トレーニング	「主張訓練」とも訳されるが，対人関係場面で自分の思いや考えていることを適切な形で主張する方法をトレーニングするもの。
アンガーマネジメント	怒りの対処法を段階的に学ぶ方法で，怒りなどの否定的な感情をコントロール可能な形に変える。「身体感覚に焦点をあてる」「身体感覚を外在化してコントロールの対象とする」「感情のコントロールについて話をする」などの段階を経て行われる。「呼吸法」や「動作法」なども取り入れられる。
ストレスマネジメント教育	ストレスに対する対処方法を学ぶもので，ストレスの発生メカニズムや，「リラクセーション」や「コーピング」など具体的な対処方法について学習する。
ライフスキルトレーニング	自分の身体や心を守り，健康に生きるためのトレーニングである。「自尊心の維持」「意思決定」「自己主張コミュニケーション」「目標設定スキル」などの獲得を目指すトレーニングである。
キャリアカウンセリング	職業生活に焦点をあてて，自己理解，将来の生き方，自分の目標に必要な力の育て方などをカウンセリング的なかかわりを通して明確にしていく。

出典：文部科学省（2010 p.109）を一部改変。

た，教員が行うこともあれば，スクールカウンセラーなどが行うこともある。

（4）コンサルテーション

　教員が児童生徒や保護者の抱えている悩みや問題を支援する際，どのような支援を行っていけばよいか迷うことは多い。この迷いを解決する方法の一つが「コンサルテーション」である。

　辻村 (1999) は，コンサルテーションを「特定の専門性をもった専門職の人が，職業上の必要性から他の専門職の人に相談すること」と定義している。つまり，教育の専門性を持った教員が，児童生徒の支援や保護者の支援をどのようにすればよいかなどを，医師，カウンセラー，ソーシャルワーカーなどに相談し，助言を得ることをコンサルテーションという。筆者のうち，守谷らは，スクールカウンセラーとしても活動を行っているが，文部科学省の示している「スクールカウンセラーの業務」の中にも，「コンサルテーション」が含まれており，重要視されている。実際，筆者らも日常のスクールカウンセラー業務の中で，コンサルテーション業務を行っている。

　また，コンサルテーションは，日々の支援だけではなく，学校が危機状況に陥った際にも行われる。危機状況とは，学校で事件・事故が起きたり，災害に遭ったりなどの一時的に学校が不安定になった状態である。こうしたときにもコンサルテーションは大きな効果を発揮する。

コラム：子どもの貧困

　貧困には「必要な栄養素がとれない（飢餓状態にある）」ことを基準にした絶対的貧困と，「社会の一員として生活を送ることに困難が伴う」ことを基準とした相対的貧困があります。相対的貧困とは，一見すると不自由なく生活しているようにみえるのですが，実は長期間，給食費を滞納している，スポーツがしたくてもボールが買えない，洋服は（無理をして）買えても歯医者には行けない，勉強をしたくても塾には行けない事例などです。

1．貧困率（学級に何人？）と社会的背景

　2018 年の時点で 17 歳以下の子どもの貧困率は 13.5 ％です。40 人学級なら 6 人前後が何らかの経済的困窮を持っています。ひとり親世帯の貧困率は 48.1 ％で，約半数が経済的に苦しい生活をしています（2019 年度国民生活基礎調査）。国際的にも日本の子どもの貧困度は高く（2009 年），OECD 加盟国 34 カ国中ワースト 5 位です。

　この原因には非正規雇用の増加と母子家庭の増加の相互作用が指摘されています。2020 年にはコロナ禍による不況があったので，今後，相対的貧困率の上昇が危ぶまれています。

2．「子どもの貧困対策法」と「対策の拠点としての学校」

　こうした背景を受け，「子どもの貧困対策法」（子どもの貧困対策の推進に関する法律：2014 年 1 月 17 日施行）が成立しました。これに基づき，「子どもの貧困対策に関する大綱」が 2014 年 8 月 29 日に閣議決定されました。

　大切なことは学校が「対策の拠点」と位置づけられている点です。そのため，①教育委員会へのスクールソーシャルワーカー（SSW）の配置拡充，②福祉機関との連携，③「放課後子ども教室」などの学習支援が盛り込まれました。子どもが長い時間を過ごす学校が貧困対応の拠点として位置づけられ，学校と福祉機関をつなぐ SSW が配置されるシステムができつつあります。

　現金給付の拡充がなされなかったことなど，大綱への不満も指摘されています。さらに「困窮した子どもを発見しても，支援先がみつからない」ケースもあります。食事，入浴，学習がままならない子どもに基本的な生活リズムを回復させるための居場所づくり制度も必要です（下野新聞子どもの希望取材班 2015）。

　さらに，貧困はとても複合的な問題で，保護者のストレスや孤立の問題にも手を入れる必要があるかもしれません。こうしたケースに備え，SSW と学校やスクールカウンセラーが連携することもあります。教育相談は協働に基づく支援の総合力が求められているのです。

3 教育相談と連携

（1）教育相談における連携の意味

　現実の教育相談は学校の中だけで完結するケースと，社会資源との連携に基づくケースに大別される。学校によって連携が多い学校と少ない学校がある。しかし，連携がゼロという学校は考えづらい。教育相談が個別面接だけで終わることはむしろ少数で，ほとんどのケースが社会資源と連携している。

　連携と協働は教育相談の原理である。また連携とは臨床的な技法でもある。力量のある臨床家は社会資源と連携し，そのメンバーと上手に協働して成果を出す技能に優れている。連携と協働は教育相談の原理であり，技法といえる。

（2）教育相談における連携の種類

　教育相談における連携には３つの意味がある。第一は家庭との連携である。この重要性については改めていうまでもない。

　第二は社会資源との連携である。自治体の教育委員会や教育相談センター，適応指導教室はもちろん，学校現場では，虐待とまではいかなくても，ネグレクトが疑われる事例も日常的にある。児童相談所や子ども家庭支援センターとの連携は欠かせない。非行関連の問題行動では警察との連携もあるだろう。医療や療育施設との連携も欠かすことができない。

　社会資源との連携には，教育委員会などの制度的な縦の連携（指導関係がある連携）と教育相談センターや適応指導教室などの横の連携（指導関係がない連携）に大別できる。経験が浅い教員やカウンセラーがときに失敗するのは指

導関係がある連携なのにもかかわらず，それがないかのように認識して独自の活動を展開する場合である。スクールカウンセリングは都道府県または地区町村が定めた学校制度内の活動であることを忘れてはいけない。

　もちろん，衝突自体は必ずしも悪いことではない。保身のあまり，子どもに利益がないと考えているのに，すべて教育委員会の意見に従っているケースもあるが，感心しない。結局，衝突の良し悪しは，「その衝突によって児童生徒にどういう利益が生まれるか」で判断されるだろう。指導関係があったとしても，それは上の立場の人たちに何もいえないわけではない。力量のある臨床家は，上にも自身の意見を上手に通す。

　第三は，総合の時間や研修会などを通じた外部講師との連携である。現代は多様な職種の人間が授業に参加する「開かれた学校」の時代である（藤田1997）。学校には教育相談のために，外部講師により多くの心理的技法が実践されている。

　こうした外部講師による講義を「数回のイベント的な介入で，持続性（有効性）がない」と批判する意見がある。そういう一過性の介入があることは否定しない。しかし，外部講師により（または外部講師と担任との連携によって）きちんと有効性が示されている技法もある。Ⅳ部で紹介される技法は学校での効果が調査され，有効性が確認されている。一過性の取り組みへの批判はたやすいが，有効性が示された技法を個人の経験や認識だけで否定することはできない。有効な心理技法は現場の現実と教育相談の目的に照らして，積極的に取り入れるべきである。

（3）開かれた学校論—連携・協働のための制度的変化

　本書では1987年の臨時教育審議会や1996年の中央教育審議会の答申で提案された「開かれた学校」という概念がしばしば登場する。この概念は「現代の教育相談」を理解するキーワードである。開かれた学校という「論」でもあり，「事実」でもあり，「目標」でもあり，「実態」でもある現象を踏まえなければ，Ⅳ部で述べられている心理技法の一部が学校で展開される理由，

予防的な心理手法への注目，「育てるカウンセリング」(1998 年) の展開などの「現代の学校における心理教育の傾向」を理解できない。

　開かれた学校論は，現在，すべての学校が属している「第三の学校改革期」で展開されている (藤田 1997)。しばしば「私の学校にそんな傾向はない」と述べる「現場の声」を聞く。それは経験主義の誤りである。教育社会学のほぼすべてのデータは現代の公教育が「開かれた学校」へ変化している事実を認めている。ただし，「開かれた学校」から 20 年以上が経過しているとはいえ，相当な閉鎖的システムであった学校を開くのは時間のかかることで，「なかなか開かれている感じがしない」という現場の声は感覚としては理解できる。開かれた学校論は完成されたものではなく，相対的に展開する制度的な転換であり，実感に差が出る「学校の現状」である。

　第一の学校改革期は 1945 年から 1950 年代であり，戦後教育の法制枠組みが確立された時期である。第二期は 1960 年代から 1980 年代前半で，経済成長と学校教育の拡大期である。教員の人材確保がなされ，受験熱が過熱する一方で，いじめ，不登校が社会問題になり，学校制度そのものと，おとなと子どもとの関係性が問われた時期でもある。

- **第一次学校改革　「戦後改革の時期」**
- ・1945 年から 1950 年代
- ・日本国憲法が公布
- ・教育基本法，学校教育法の制定が続き，戦後教育の法制的枠組みとシステムが整った時期
- **第二次学校改革　「経済成長と学校教育の拡大期」**
- ・1960 年代から 1980 年代前半
- ・高度経済成長
- ・教員の人材確保 (教員給与改善)
- ・受験競争の激化

　1980 年代後半から現在に至るまでが第三の学校改革期 (教育の再構造化期) である。第三の学校改革期は，第二の時期の問題点の解決を制度的に図ろうとする側面と，成果主義や新自由主義に基づく実利的で競争主義的な側面が

混在している点に特徴がある。

・第三次学校改革　「教育の再構造化」の時期

・1980年代後半から2000年代前半

・確立した学校教育の理念・枠組みを急進的に「再構造化」

・第二期の問題点の克服（受験競争の激化や画一化教育など）を目指した面と，学力テストや学校選択制など，成果主義や競争主義が併存している（ゆとり教育や，「総合的な学習の時間」の設立と，学校選択制や全国学力テストなどの取り組みが混在）

　この第三期の改革の中で最も注目を集めた再構造化は「ゆとり教育」（1980年〜2010年）と「総合的な学習の時間」（2000年〜）であったろうし，現場の実際的な問題提起になったものは特別支援教育であったろう。総合的な学習の時間については宮崎（2005）による論考があるので参考にしてもらいたい。

　これらは耳目を集めた改革だが，地味ではあっても実質的に相当な影響を与えた改革が，地方分権化と現場裁量権の強化であった。これが前提となって，①学校支援ボランティア制度，②学校評議員制度，③学校運営評議会制度（コミュニティスクール制度）などが生まれている。

　多くの学校現場では地域や外部に「開かれた参加型の学校づくり」を重視し，優れた成果を挙げた学校も出てきた。結局，画一的で閉鎖型の運営から「学校の独自性の重視と地域住民・社会資源の学校参加と協働による教育」への転換が起きているといえる。もちろん，第三期の改革は何の抵抗もなくこの方向に進んでいるわけではない。現実には，第三期の改革は逆のベクトルの運動も含みながら進んでいるだろう。

　学校の校長やコーディネーターに相当する教員が外部と連携し，総合や道徳の時間においてさまざまな心理教育の授業を実践できる機会が増えているのは，第三期の改革の中にあるからである。Ⅳ部で紹介されている技法のいくつか——ソーシャルスキルトレーニング，ストレスマネジメント，エンカウンターグループ，ビジョントレーニング，インプロ教育——は授業として実践されている。

（4）新しい学力論—連携・協働のための学力観の変化

　学校改革を語るとき，学校改革の第二期で登場した「一方向型の詰め込み授業の弊害」（いじめ・不登校・学歴問題）が指摘されている。つまり，「詰め込み型で，知識を蓄積するために，素早く記憶し，再利用できる力」が第二期学校改革の学力観で重視されたし，同時に批判もされてきた。これに対して「回答する前に自身で考え（認知を通過させて），行動する」学力（認知型学力）が新たな視点として導入され，注目を浴びた。日本でも話題となる PISA 型学力などは，認知型学力といえる。

　認知型学力は，現在，「考え方を共有し，創造的な見解を獲得する」協働的学力観への流れを生んでいる。こうした背景のもと，学力の新たなキータームとして「協調性・コミュニケーション力・創造性」が注目されている。学校現場でも話し合い学習や協調性，創造性を「授業のねらい」に含んだ教育手法や実践が提案されている。

　このように「重視される学力観」は時代により変化している。大別すると，① 1980 年代までの「知識蓄積型学力」，② 1990 年代の「認知型学力」，そして③ 2000 年代からの協働型学力である。この 3 つの学力はどれもが重要であり，どれかを軽視してよいわけではない。

（5）連携・協働のための「コミュニケーション力」の重視

　2000 年代以降，新しい学力傾向として「コミュニケーション力」が注目されている。ところが，このコミュニケーション力は実態が不明瞭で，学力だけが「学校におけるコミュニケーション力」の推進基盤ではない。

　なぜコミュニケーション力が重視されるのか。経済不況から地域社会の人間関係が希薄化し，対人関係スキルが乏しくなったとする説や経済成長モデルからゼロ成長モデルの転換に伴う社会の軋みが家族・学校・地域社会のコミュニケーション不全を生じさせているとする説，不透明な社会への防衛か

ら地域における友人単位の凝集性が強まり，子どものプライベートな親密圏のコミュニケーション力はむしろ向上したが，同時に他者の目を意識してしまう傾向が強まったとする説，あるいは特別支援教育の施行に伴う学級経営としてのコミュニケーション力の向上ニーズ，低年齢化するキャリア教育の推進に伴う「プレゼンテーション力・表現力・発信力」など，コミュニケーション力を求めるニーズの背景には相当な幅があり，それぞれのコミュニケーション力の定義も異なっている。今後もコミュニケーション力について，多くの論者がさまざまな「コミュニケーション力」を語るのだろう。スクールカースト説も教育格差説も，あるいはネットいじめ原因論も，どこかでコミュニケーションとつながっている。そして，コミュニケーション不全は，ストレスマネジメントのニーズと表裏の関係にある。

　こうした背景があるからこそ，大学の研究室と連携したり，自治体による講師派遣制度を利用したり，コーディネーターとなる教員の努力によって，たとえば学校でのソーシャルスキルトレーニングやインプロ教育や構成的エンカウンターやストレスマネジメントが導入される基盤が生じている。予防的教育相談や開発的教育相談が重視される社会的背景は，不登校やいじめ防止，ソーシャルスキルの学びや自己への気づきといった従来からの理由だけで現場が要請しているのではない。外部講師が入りやすい環境が整い，学力的にも，社会的要請からも（定義は統一されていないが）コミュニケーション力の向上が注目されている現実と制度上の変化から教育相談の技法と連携が実践されている。

　多くの教育相談は，主に第二期の学校改革論の課題（いじめ・不登校・受験競争など）を前提として編まれている。それは決して間違いではなく，現在でも子どもたちの生活に深い影を落としている。しかし，現在の教育相談は第三期の学校改革の課題（コミュニケーション力・経済不況と貧困・グループアプローチ・特別支援教育など）を含めて，連携を行い，技法を学び，研鑽を積む必要がある。個別の面接も重要だが，連携と協働なくしては現代の子どもの教育相談は成り立たない。連携の実際と技法の学習は，現代の教育システムの影響を受け成立する。教育相談の担当者は，単なる教養ではなく，自身の実

践と子どもの様子を現代の教育システムや現実の社会資源と連動させて理解
し，学習する必要があるだろう。

（6）チーム学校

1）チーム学校の枠組み

　協働性の原理は学校のあり方全体を変化させている。文部科学省・中央教
育審議会 (2015) は児童生徒を取り巻く複雑な社会情勢と学力などの多彩な
能力を高めるために「チームとしての学校の在り方と今後の改善方針につい
て」を提案している。これは「チーム学校」と呼ばれる学校マネジメント改
革である。スクールカウンセラーやスクールソーシャルワーカー，あるいは
教育相談センターや学習支援員などの人的資源の協働は，このチーム学校に
集約されつつある (図表 I -3-1)。2017 年からスクールカウンセラーとスクー
ルソーシャルワーカーは専門スタッフとして校内の各種委員会に所属しなが
ら学校を支える専門職という地位を得ている（学校教育法施行規則第 65 条の 2,
および 3）。

　校内委員会を通じて教員，養護教員，スクールカウンセラー，スクールソ
ーシャルワーカー，児童相談所，適応指導教室などのさまざまな職業と立場
の人間がすべてのケースを共有し合い，連携をしながら教育相談を行う。こ
れが日本の教育相談における他職種連携システムである。教育相談の対応に
は複数の種類があるが，個別対応であっても，その前提にはチーム学校とい
う仕組みがあることを忘れてはならない。

2）相互負担の原則と地域の役割

　チーム学校では相互に同じ程度の負担（相互負担）が原則となる。誰か一
人（たとえば担任）だけに負担をかけるのではなく，チームで問題を解決して
いくことを目的としている。要配慮児童生徒を一つのクラスに集中させたり，
一人の教員だけに特別支援教育を任せきりになったりすることは戒められる。
また，配慮を要する児童生徒に対応しようとしない教員に対して学校は組織
として対応を促すことができる。

図表Ⅰ-3-1　チーム学校

| 「チームとしての学校」像（イメージ図） |

従来

・自己完結型の学校
　鍋ぶた型，内向き
　な学校構造
　「学年・学級王国」
　を形成し，教員間
　の連携も少ない
　などの批判

現在

・学校教職員に占める教
　員以外の専門スタッフ
　の比率が国際的に見て
　低い構造で，複雑化・
　多様化する課題が教員
　に集中し，授業等の教
　育指導に専念しづらい
　状況
・主として教員のみを管
　理することを想定した
　マネジメント

チームとしての学校

・多様な専門人材が責任を伴って学校
　に参画し，教員はより教育指導や生
　徒指導に注力
・学校のマネジメントが組織的に行わ
　れる体制
・チームとしての学校と地域の連携・
　協働を強化

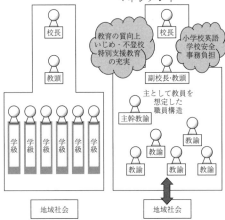

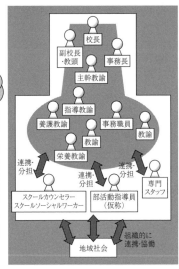

注：「従来」「現在」の学校に係る記述は，学
　校に対するステレオタイプ的な批判等を表
　しているものであり，具体の学校，あるい
　は，全ての学校を念頭に記述しているもの
　ではない。

注：専門スタッフとして想定されるも
　のについては，本答申の22ページ
　を参照。また，地域社会の構成員
　として，保護者や地域住民等の学
　校関係者や，警察，消防，保健所，
　児童相談所等の関係機関，青少年
　団体，スポーツ団体，経済団体，
　福祉団体等の各種団体などが想定
　される。

出典：文部科学省「チームとしての学校」像（イメージ図）作業部会。

　この相互負担の原則は他機関連携にも用いられる。不登校の児童生徒やその保護者対応を SC 室に任せきりにして，児童生徒の様子をまったく聞きに来ないことや，教育相談センターに不登校の児童生徒を丸投げして，教育相談センターが箱庭療法の進捗やプレイセラピーの様子を送っているのに担任が何の反応も示さないなどは，教育委員会や管理職を通じて担任に指導が入るだろう。具体的なやりとりは担任と他機関の担当者が行うにしても，正式に連携しているのは学校と他機関であることを忘れてはならない。

　連携先は地域の教育相談センターが代表的だが，児童相談書，地域の病院，フリースクール，NPO 法人，発達支援センター，小学校，幼稚園，保育所，放課後等児童デイサービスなど，連携先は多様化・拡大化している。学校と地域は教育相談を介して，いっそう結びつきを深めている。

II　部

教育相談の対象

1 不 登 校

（1）不登校の定義と現状

　1998年以降，文部科学省によれば，不登校は「何らかの心理的，情緒的，身体的あるいは社会的要因・背景により，登校しないあるいはしたくともできない状況にあるために年間30日以上欠席した者のうち，病気や経済的な理由による者を除いたもの」と定義されている。

　現在，日本における不登校数は増加傾向にある。図表Ⅱ-1-1は，不登校数の推移である。

　図表Ⅱ-1-1から，不登校は2012年度までは減少傾向であったものの，2013年度以降上昇傾向を示していることがわかる。2019年度の不登校（30日以上の欠席）の児童生徒は18万1272人で過去最多を記録した。増加は7年連続であり，約10万人が90日以上欠席している。小学校では120人に1人，中学校では25人に1人の割合で不登校の児童生徒が存在している。

（2）不登校の背景要因

1）代表的な不登校要因

　では，なぜ子どもたちは不登校になるのか。当初は「個人・家庭要因説」や「社会原因説」などが示されたが，1992年に文部省は「どの子どもにも起こりうるもの」という見解を示している。つまり，原因はさまざまであり，単一の原因で説明できないというのが現在の認識である。そのうえで，文部省（1999）は，小泉（1973）による不登校の分類をもとにして，タイプ別とい

図表Ⅱ-1-1　不登校児童生徒数の推移

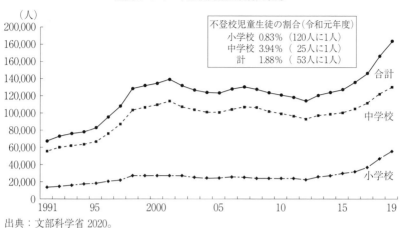

出典：文部科学省 2020。

図表Ⅱ-1-2　文部省（1999）の不登校の分類

区分	区分の説明
学校生活に起因する型	嫌がらせをする生徒の存在や教師との人間関係等，明らかにそれと理解できる学校生活上の原因から登校せず，その原因を除去することが指導の中心となると考えられる型。
遊び・非行型	遊ぶためや非行グループに入ったりして登校しない型。
無気力型	無気力で何となく登校しない型，登校しないことへの罪悪感が少なく，迎えに行ったり強く催促すると登校するが長続きしない。
不安などの情緒混乱型	登校の意思はあるが身体の不調を訴えて登校できない，漠然とした不安を訴えて登校しない等，不安を中心とした情緒的な混乱によって登校しない型。
意図的な拒否の型	学校に行く意義を認めず，自分の好きな方向を進んで登校しない型。
複合型	上記の型が複合していていずれかが主であるかを決めがたい型。
その他	上記のいずれにも該当しない型。

う形で不登校の分類を行っている（図表Ⅱ-1-2）。

　図表Ⅱ-1-3 は 1993 年度または 2006 年度に中学 3 年生であった不登校生徒を対象に，文部科学省が「学校を休みはじめたきっかけ」について追跡調査を行った結果である。調査の結果，1993 年度，2006 年度ともに「友人との関係」「先生との関係」「勉強がわからない」が上位に入っており，「対人

図表Ⅱ-1-3　学校を休み始めたときのきっかけ

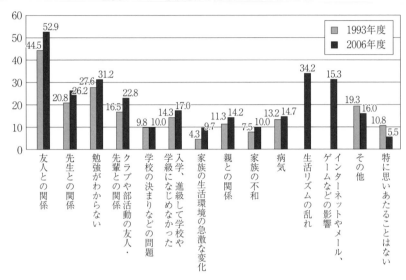

注：「生活リズムの乱れ」「インターネットやメール，ゲームなどの影響」は1993年度の
　　調査では選択肢として設定されていない。

出典：「不登校に関する実態調査―平成18年度不登校生徒に関数する追跡調査報告書」
　　　より作成。

関係」が大きくかかわっていることが明らかになった。

２）ヤングケアラーとしての不登校

　ヤングケアラーとは「年齢や成長の度合いに見合わない重い責任や負担を
おって，本来，おとなが担うような家族の介護 (障害・病気・精神疾患のある保
護者や祖父母への介護など) や世話 (年下のきょうだいの世話など) をすることで，
自らの育ちや教育に影響を及ぼしている」18歳未満の子どもである (厚生労
働省 2019)。2019年度現在，15歳から29歳までの若年介護者は全国で約21
万人である。

　ヤングケアラーの４割以上が１日平均５時間以上の介護や世話を行ってお
り，３割以上が学校を休みがちになっている (厚生労働省 2019)。つまり不登
校の児童生徒の中にヤングケアラーのケースが隠れている。厚生労働省はヤ
ングケアラーが生活実態として心理的虐待やネグレクトを受けやすい可能性

を指摘している。ヤングケアラーは不登校だけでなく，児童虐待のハイリスクの子どもでもある。

　ヤングケアラーのストレスは介護や家事の時間だけではない。実際に介護や世話をしている時間は数時間であっても，家族を心配している時間はそれ以上になる。疲れや学業の遅れ，モチベーションの低下から学校を休みがちになることと学業に集中できない生活実態が，結果として学力の低下につながり，学校生活を楽しむことができない悪循環が生じる。過剰な家事は身体的疲労感となりやすく，貧困が加われば進学に関する不安も強くなる。ヤングケアラー同士が気兼ねなく話し合える自助的な居場所は乏しい。

ヤングケアラーのストレス

①学校を休みがち，②介護や世話による心身の慢性的な疲労感，③学業に集中できない（勉強の遅れ），④進路への不安，⑤学業へのモチベーション低下，⑥誰にも相談できない心理的ストレス，⑦自分ひとりの時間が持てない，⑧ネグレクトまたは心理的虐待などが加わるケースも。

　こうした現状を受け，高等学校の中に居場所カフェがつくられたり，ヤングケアラーを支える NPO 団体が設立されている。一方，教育行政としての支援は具体化していない。SSW などと連携したヤングケアラー対策が望まれる。

（3）不登校への対応

1）アセスメント

　不登校支援においては，まず不登校に至った原因についてアセスメントを行う。学校生活で考えられるストレス要因としては，図表Ⅱ-1-3 で挙げられているように対人関係（友人，先生，先輩後輩），勉強，規則などがあり，学校以外では家族関係，本人に対する家族の期待，生活状況などが要因として

考えられる。また，これらの情報収集に加え，子ども本人のパーソナリティ
や発達障害，精神疾患の可能性についてもアセスメントを行う。近年，発達
障害による二次障害として不登校になる事例も存在するため，本人のアセス
メントは重要である。

　アセスメントは，1回では終わらない。新しい情報が入れば，再度アセス
メントを行う必要がある。アセスメントを行う際に注意すべき点は不登校の
原因を安易に子どものパーソナリティや家族関係に帰属させないことである。
さまざまな情報から総合的に子どもの状態を理解する姿勢が求められる。

2）対　　応

　次に，アセスメントで得られた情報から対応の方針と具体的な手立てを考
える。不登校が長期化しておらず，原因が明確な場合（たとえば友人関係のト
ラブルなど）は，原因の解決によって不登校が解消される場合がある。しかし，
長期化したケースでは，原因の解決だけでは不登校の解消が困難になる。

　期間にかかわらず対応において重要な点が2点ある。第一は，本人の意思
を尊重することである。不登校の場合，学校側が本人と直接かかわることが
難しいため，保護者と教員によって対応を協議することが多くなる。その結
果，意図的ではないが，本人の意思や気持ちを置き去りにした対応を行って
しまうことがある。こうした支援は，結果的に不登校になっている本人と周
囲の関係を悪化させてしまうため，本人の状態や意思を確認しながら対応を
行わなくてはならない。

　第二は，学級復帰のみにこだわらないことである。学校への登校ばかりに
固執した対応は，子どもだけではなく教員や保護者にもプレッシャーとなり
やすい。そのため，必要に応じて外部機関（適応指導教室など）の利用を勧め
ることも有用である。

3）連　　携

　不登校への対応は，担任が中心となって行われるが，スクールカウンセラ
ー（SC）の導入や，校内委員会の設置などにより，現在は「支援チーム」と
して対応していくのが一般的である。そのため「連携」が重要になる。

　連携には，①保護者との連携，②教員間の連携，③スクールカウンセラー

との連携，④外部機関との連携が挙げられる。連携の際には，互いの専門性
と役割を活かしながら，子どもにとって最もよい対応をとれるよう協力する
ことが重要である。また，連携においては，情報共有のためのシステムやネ
ットワークづくりも重要である。

（4）不登校の予防

　不登校の予防について，小林（2004）は一次的予防と二次的予防の必要性
を指摘している。一次的予防とは，「問題が見える前に手を打つこと」であり，
二次的予防とは「早期発見，早期対応」のことである。そして，一次的予防
の具体例として小中連携の強化や「行きたくなる学校づくり」，子どものス
トレスに対する対処能力の向上を挙げている。
　また守谷ら（2008）および斎藤ら（2008）は，学校適応度と居場所に関する
調査を行っている。これによると，登校している生徒の中にも適応度の低い
子どもがおり，こうした子どもの特徴として「居場所がない」と答える者が
多いことを指摘している。このことは，不登校への予防的アプローチ（図表
I-2-1参照）として学校内での居場所づくりの必要性を示唆している。
　学校が子どもにとって「行きたいと思える場」であること，また学校の中
に「子どもが安心して過ごせる場所」があることは不登校の予防として最も
重要な点である。そして，学校づくりにおいて各教員の力は「基盤」といえ
る。不登校の予防においては，子どもたちの多様な個性を認め，受け入れる
ような学級経営と学校づくりが重要となるだろう。

2 いじめ

（1）いじめはなくなっているのか

　筆者のうち，斎藤はスクールカウンセリング歴が約20年になるが，その経験上，いじめはなくなっていない。稀に「いじめはない」と主張する学生に出会うことがある。それは「私は（たまたま）いじめを体験しなかった」と述べているに過ぎない。図表II-2-1は文部科学省のいじめ調査の推移である。統計的にみても，いじめはある。文部科学省（2020）によると，2019年度のいじめの認知件数は過去最多の61万2496件であり，小学校（特に低学年）に多い状況にある。

　かつて「いじめは教員の指導力の問題」と主張する教員に会った。指導力があればいじめは起こりづらいかもしれないし，それが重篤なレベルになることなく早急に事態が収拾するかもしれない。しかしその教員のクラスにもいじめは起きた。「いじめはない」は間違いである。「教員の指導力があればいじめは起きない」は「指導力があればいじめが起こりにくい」だけである。どんなカリスマ教員のクラスでも，いじめは起きる。

　近年の関係性攻撃の調査に基づけば，いじめは保育所・幼稚園時代から生じる。ただし，クラスの中で，いつでもいじめが起きているわけではない。いじめが起きていない状況もある。換言すると，一般に学校では，どこかでいじめは起きている（確率が高い）。一部のマスコミが煽動するような，「ドラマ仕立てのいじめ」が常に起きているわけではないが，いじめはどんなクラスにも生じうる。いじめにまったく関与しない学生や目撃していない学生は例外である（国立教育政策研究所 2013）。この認識に立つことからいじめ問題の

図表Ⅱ-2-1　いじめの発生件数（文部科学省）

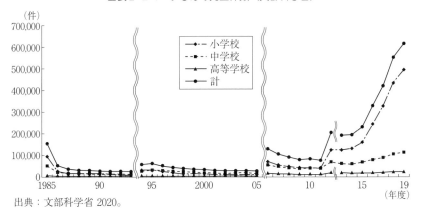

出典：文部科学省 2020。

解決は始まる。

（2）いじめについて，何を知らなければならないか

　臨床心理学科や社会福祉学科，あるいは教育学専攻の学生を含む大学生の「いじめ防止」の見解はどういう内容だろうか。アンケート調査（斎藤 2015）によると，その内容は「加害者厳罰論」と「子どもの権利論」に大別される。どんな理由があってもあらかじめ決められた罰則を与えるという「ゼロトレランス方式」のように，前者は加害者に罰を与えることを主眼とする。後者は「加害者には加害者の背景があり，それはそれで救済の対象とするべき」と考える。

　ここで注意したいのは，どの立場であろうと，「いじめに対して毅然とした態度で臨み，加害者には相応の責任をとらせる」ことには同意している点である。しばしば子どもの権利論は加害者に甘いといわれるが，子どもの権利か厳罰かという論争とは別に，現場では，たいていの場合，加害者の立場も考慮して指導が行われている。一方，過度な子どもの権利論は，稀にカウンセリングや相談・救済制度至上主義に陥ることがある。いじめにはカウンセラーを増やせばよいとか，公的第三者制度があればすべてうまくいくとい

う意見である。

　歴史的には，厳罰論から子どもの権利論へ，そして再び厳罰論へと議論は揺れ動いてきた。しかし，歴史が教えるところは，「罰を厳格かつ適正に与えれば加害者は被害者に手を出さなくなり，教員のいうことを聞く」という理屈も，「相談救済制度を増やせばいじめは防止され，子どもはいち早く回復する」という理屈も，どちらもそれなりの成功例を持つと同時に，一定の限界を持つという事実である。罰は適正であった方がよいし，充実した多様な相談救済制度があった方が望ましい。しかし，いずれにしても，「厳罰論か権利論か」の二者択一でいじめは解決できない。さまざまに展開されたいじめ理論以上に大切な認識は，厳罰だけでも，相談だけでもいじめは解消できなかった歴史の経緯を知ることである。図表Ⅱ-2-2，図表Ⅱ-2-3，図表Ⅱ-2-4に代表的ないじめ事件の歴史とその対応を示す。

（3）いじめについての基礎知識

1）いじめの定義と推移

　文部科学省の「問題行動等調査」によると，1993年度までのいじめの定義は「①自分よりも弱いものに対して一方的に，②身体的・心理的な攻撃を

図表Ⅱ-2-2　いじめのピーク期

区分	時期	特　　　徴
第一次ピーク期	1985年から1987年	①　いじめの判断は学校によって行われた。 ②　「いじめられている者も悪い」などの意見も見受けられた。
第二次ピーク期	1994年から1996年	①　「本人の訴えがあればいじめ」というように，文部省（当時）によるいじめの定義の変更が行われた。 ②　「いじめはいじめる方が100％悪い」といういじめ対応の原則が示された。
第三次ピーク期	2000年から現在	①　サイバー型いじめなど，新たなタイプのいじめが登場した。 ②　その特徴は，おとなが発見しづらく，いじめの理由が不明確で，誰もが被害者（加害者）になる可能性を持つことである。

出典：尾木ら（2007），小野ら（2008）より作成。

図表Ⅱ-2-3　いじめ事件の歴史

年代	事件の概要
1986年	東京都中学校「葬式ごっこ」いじめ事件
	岩手県盛岡駅の駅ビルのトイレ内で都内の中学2年の男子が首をつって自殺しているのが発見された。遺書が残されており，自殺の原因がいじめであることが判明した。いじめは同級生数人のグループによって行われていた。特に教室で葬式に見立てて行われた「葬式ごっこ」には担任教諭も参加していたことが報道され，強い批判を浴びた。
1993年	山形県中学校マット圧死事件
	山形県の中学校の体育館用具室内で，中学1年の男子が遺体で発見された。生徒の遺体は，壁に巻かれた状態で立てかけられたマットの中に入っており，死因は窒息死であった。その後，被害生徒へのいじめを認めた当時14歳の上級生数名が逮捕，当時13歳の同級生が補導された。この事件では，自白偏重という捜査上の問題，子どもの人権派の弁護士が加害少年の無罪を主張した支援主義観の論争が論点として浮かび上がった。
1994年	愛知県中学校いじめ事件
	愛知県の中学2年の男子がいじめを苦に自殺した事件である。自殺後にいじめがあったことが発覚した。その後の調べで被害生徒はいじめグループから多額の金銭を恐喝されていたことがわかった。この事件がきっかけで，いじめ撲滅プログラムなどが提起された。
1997年	長野県中学生いじめ自殺事件
	1月，当時中学1年生の男子が自宅で首をつり自殺した。中学入学後，クラスや生徒会で活躍していたが，2学期になると様子が一変した。家でも学校での話をほとんどしなくなっていた。遺書には，いじめられていたことが書かれていたが，学校側は事実を確認することができなかった。しかし，遺族らが遺品を確認したところ，確かにいじめの痕跡が発見された。なお，事件後，自殺した少年の父親は長野県の任期付職員としていじめ問題に尽力した。
2005年	北海道小学6年生いじめ自殺事件
	北海道の小学6年生の女児が教室で首をつっているのが発見された。女児は意識不明であったが，2006年病院で死亡した。女児は遺書を残しており，原因は同級生によるいじめであったことがわかっている。
2006年	文部科学省にいじめ自殺予告の文書送付
	11月，文部科学省大臣宛に，いじめを苦に自殺するとした封書が届いた。これを受け，同省は緊急会見を開くとともに，同省ホームページにおいて手紙全文をPDFファイルで公開するという異例の対応をとった。手紙の内容は，いじめについて親を介して学校や教育委員会へ訴えたが，対応してもらえなかったことを批判していた。
2011年	大津市中学生いじめ自殺事件
	大津市の中学2年男子が自殺したことを巡り，中学校側が生徒にアンケートを行った。しかし，回収後の扱いが不適切であったことや，教育委員会の対応が不十分だったとし，事件から数カ月が経過した2012年にメディアで大きく取り上げられた。2012年7月には大津市長によって，事件を調査するための第三者委員会が設置された。

図表Ⅱ-2-4　いじめに対する社会の反応

年号	社会の反応
1998 年	川西市子どもの人権オンブズパーソン条例（日本初の公的第三者制度の成立）
2001 年	川崎市子どもの権利に関する条例（子どもの権利条約に基づくアドボカシー制度の成立）
2006 年	東京都教育委員会
	緊急アピール「いじめを許さず，尊い命を守るために」（11 月 8 日発表）
	同年 11 月 7 日，文部科学省大臣宛に，いじめを苦に自殺する旨を書いた封書が届いた。この封書の消印が東京都豊島区の可能性が高かったことを受け，翌日 8 日，都教委は緊急アピールとして教育長の手紙を発表した。
2012 年	大津市中学生いじめ事件，調査のための第三者委員会設置へ
2013 年	いじめ防止対策推進法（2013 年 6 月制定，同年 9 月施行）
	これまでのいじめ問題を受け，2013 年，いじめ防止等（いじめの防止，早期発見および対処）について国および地方公共団体など，とりわけ学校における責務を明示した法律が議員立法で成立した。

継続的に加え，③相手が深刻な苦痛を感じているものであって，学校としてその事実（関係児童生徒，いじめの内容等）を確認しているもの。なお，起こった場所は学校の内外を問わないもの」であった。ここでの論点は「学校としての事実認定」である。

　しかし流動的な児童生徒の人間関係においていじめの事実関係を明らかにすることは難しい。そこで 1994 年度から 2005 年度までは「①自分より弱いものに対して一方的に，②身体的・心理的な攻撃を継続的に加え，③相手が深刻な苦痛を感じているもの。なお，起こった場所は学校の内外を問わないもの」というように「学校による事実認定」が外された。

　しかし，この定義は「一方的」「継続的」「深刻な」という表現にあいまいさが指摘された。たとえば，いじめの発生当初は被害者が加害者に言い返すことがある。「継続的」とはどのくらいか。「深刻」とは何を根拠に示せばよいのかという論点は主観的なものになる。

　このため，2006 年度以降の定義は発生件数から認知件数へと転換された。「当該児童生徒が，一定の人間関係のある者から，心理的，物理的な攻撃を受けたことにより，精神的な苦痛を感じているもの。なお，起こった場所は学校の内外を問わない」である。客観性ではなく，被害者の認識でいじめを

定義できるので「認知件数」と呼ばれる。2012 年に実施された「いじめ緊急調査」のいじめ認知件数は半年で約 2 倍になっている。

その後の認知件数の多さではなく，解消率を重視する対応への転換は「いじめに対する考え方を 180 度転換したもの」(国立教育政策研究所 2013) といえる。

2）いじめ防止対策推進法

2013 年 6 月に制定されたいじめ防止対策推進法によるいじめとは「児童等に対して，当該児童等が在籍する学校に在籍している等当該児童等と一定の人的関係にある他の児童等が行う心理的又は物理的な影響を与える行為（インターネットを通じて行われるものを含む。）であって，当該行為の対象となった児童等が心身の苦痛を感じているもの」である (第 2 条 1 項)。

この法律の成立により，いじめが法的に禁止された (第 4 条「児童等は，いじめを行ってはならない」)。同年，「いじめの防止等のための基本的な方針」(平成 25 年 10 月 11 日文部科学大臣決定：以下「基本方針」) が決定しており，法的基盤を持ちながら，いじめへの指導が変化している。たとえば学校はいじめ対策に関する組織 (たとえば「いじめ防止委員会」など) を校内分掌として設置しなければならない (第 22 条)。

公立学校はいじめ防止月間などを利用して，いじめに関するアンケート調査を行っている。多くのルートから寄せられる情報に基づき，いじめの可能性を学校が認知した時点で，学校はいじめの事実確認を行う (第 23 条 2 項)。

その事実に基づき，(いじめ被害者と保護者への)「支援」(第 23 条 3 項)，(いじめ加害者への)「指導」と (いじめ加害者の保護者への)「助言」を行う (文部科学省，平成 19 年 2 月 5 日付 18 文科初第 1019 号)。

それでも加害者に改善がみられない場合，市町村の教育委員会がいじめ加害者の保護者に対して学校教育法第 35 条 1 項に基づき，性行不良による出席停止を命じることができる。さらに，いじめの内容が犯罪行為とみなされる場合は警察との連携が求められる。

いじめはときに重大事件を引き起こすことがある。重大ないじめ (重大事態) とは「いじめにより当該学校に在籍する児童等の生命，心身又は財産に

重大な被害が生じた疑いがあると認めるとき」と「いじめにより当該学校に在籍する児童等が相当の期間学校を欠席することを余儀なくされている疑いがあると認めるとき」の２点である。つまり，①いじめにより自殺が起きた場合，②おおよそ30日以上の治療を必要とする暴力を振るわれていたり，恐喝をされている場合，③いじめにより学校に行きたくてもいけない事態に陥った場合が「重大事態」とみなされる。

　この判断を行う主体は学校だが，過去のいじめ重大事件を踏まえると，学校と被害者側の意見が対立することも多い。学校は調査結果と必要な情報を被害者である児童生徒および保護者に提供する。

　いじめがあったか，なかったかを巡り，学校と保護者の意見が対立することもある。そこで，児童生徒自身や保護者が学校の判断に不服な場合は申し立てを行うことができる。学校が「いじめの結果ではない」と判断していても，保護者から申し立てがあった場合は重大事態が発生したものとして，学校は報告と調査等を行う必要がある（平成29年度基本方針）。

　公立の学校で重大事態が発生した場合，学校は教育委員会にそれを報告し，教育委員会は当該地方公共団体の長にそのことを報告することが義務づけられている（第30条）。学校はすみやかに重大ないじめの実態を調査し，それを教育委員会に報告する。基礎自治体の長は学校の調査に検討の余地がある場合，第三者委員会を組織し，重大ないじめの実態を調査できる。

　なお文部科学省（2017）（平成29年3月16日文部科学大臣　最終通達）によると，「いじめ解消の定義」は①いじめ行為がやんでいること（最低3ヵ月間），②被害者が心身の苦痛を感じていないこと（被害者の子どもと保護者に面談等で確認）の２点が満たされることである。いじめが認定されている場合，いじめの対応とその経過は解消するまで記録され，いじめ対策委員会で議論される。

（4）いじめについて実践的な思考を導くために

　教育相談においていじめ防止を考えるとき，最も重要な思考は何か。それは「平均的な学校で行われている，平均的ないじめ対応を知り，その効果を

高めること」である。平均的な対応とは以下である。

　一般的に学校でいじめが起きた場合，「いじめの事実確認」が行われ，事実が確認された場合，文脈に応じて，加害者に指導が行われる（被害者が望めばスクールカウンセラーのところに行くこともあるだろう）。加害者は指導を受け，教員に反省文を書いたり，被害者に謝ることで，一応の決着をみる。

　警察や児童相談所が介入するケースを除き，一般的にいじめが発覚したら，学校は上記の対応をとる。換言すれば，いじめであっても，多くの場合，この方法で終息している。この素朴な事実を見落としてはならない。

　しかし平均的な対応を行ったうえで，なお対応に困った場合，次のような方法が役立つかもしれない。

① 　被害者の児童生徒の利益を最優先とすること
② 　①を踏まえたうえで，学年全体の教育的効果を考えること
③ 　情報は公開したうえで，可能な限り担任 (学年) で対応すること
④ 　そのうえで不足する部分はスクールカウンセラーや教育相談センターなど，必要な部署と協働すること

　以上の4点を原則として，ごく平均的な対応を組み直してみる。すると，派手でドラマチックな解決策ではないが，さしあたって実行可能で現実的な対応の糸口がみえてくる。そして当面の問題が解決したら，以下の視点からケースを振り返ってほしい。

　一般的なケースでは平均的な対応で足りるはずなのに，その対応でうまくいかなかった理由を①個人的力量や②児童生徒の個人的背景と同時に，③学校の制度や学校経営の問題として，具体的な回答を出す。そして，そのことを学校全体として共有化する。たとえばいじめ現象の理解や発達障害への認識に教員間で差がなかったか，管理職と教員の共通理解はできていたかなどは，いじめ対応をときとして左右する論点になる。

　「ごく平均的な対応方法を，日常的に，より充実させて，より効果的に」。本書が考えるいじめ対応の原則は地味な結論だが，この原則こそが，派手で目新しい対応よりも現実的な効果をもたらすだろう。

3 非　　行

（1）非行の現状に関する基礎知識

　以下の5点は少年非行についての基礎知識である。ここ十数年以上，論点
としては言い尽くされてきた基礎的な内容である。

① 少年凶悪犯罪は増えていないこと

② 増えているのは軽犯罪であること

③ 神戸連続児童殺傷事件（後述）のような事件は戦前もあったこと

④ 反社会性よりも非社会性の病理が指摘されていること

⑤ 少年法の厳罰化の流れが強まっていること

　少年凶悪犯罪は増えていない。これについては統計的に明らかで，いわば
常識に属する。1990年代後半，凶悪犯罪が増えたかのような報道がなされ
たが，今ではそれも下火だろう。全体的に軽犯罪は微増しているが，これに
しても「凶悪化」と呼ばれる内容ではない。

　凶悪非行の低年齢化も誤謬である。凶悪犯として検挙された少年全体の中
で，10代後半の少年の凶悪事件の発生が減少しているので，全体の中で年
少少年の占める割合が上昇しただけである（広田 2001）。

　1997年，新聞社に犯行声明を送りつけた連続児童殺人事件の犯人が当時
14歳の中学生だったことで注目された神戸連続児童殺傷事件は，少年非行
や少年犯罪の凶悪化のイメージづくりに大きな影響を与えた。しかし，この
ような劇場型の要素を含む犯罪は，1960年代にも類似の事件が起きている。
二度とあってはならない事件だが，神戸連続児童殺傷事件をあたかも新しい
少年犯罪の分岐点のように語る主張には限界がある。少年非行の凶悪化は実

証データに基づかない虚構である。

　ただし，神戸連続児童殺害事件のキーワードになった「透明な存在」に象徴される「他人とそれなりにかかわりながらも，自己の存在を実感できない」非社会性パーソナリティを含めて，犯罪の質の変化を指摘する意見は多い。1990 年代後半から 2000 年代の質の変化を藤岡 (2001) は次のように記述している。

　「それ以前には表立った非行はあまり見られない。学校ではそれなりの成績をあげ，先生に逆らったり問題行動を起こすことも無く，どちらかというとめだたない家庭は両親健在の，社会的・経済的にいわゆる中流家庭であり，少なくとも外から見る限り，何ら問題はない。それが，いきなり凶悪な暴力事件を起こす。なぜ起こしたかという本人の説明がまた納得がいかない。事件の起こし方も矛盾だらけで腑に落ちない。どうも理解不能である」。

　非社会性パーソナリティのすべてをこの定義で説明できるわけではないが，1990 年代後半から 2000 年代の少年事件への注目には，確かにこの種の定義で語られるパーソナリティの一群があった。少年事件にかかわらず，社会的コミュニケーションの不全とアイデンティティの危機が背景に感じられる重大犯罪が起きるとき，非社会性パーソナリティは説得力を持つ。この傾向は今後も続くだろう。

　反社会性パーソナリティから非社会性パーソナリティへの移行は 2000 年前後から主張されて，すでに 10 年近くが経過しており，さまざまな議論が行われてきた (喜多 2007, 2008)。つまり，社会の構造的な変化を受けて，そのときどきの非行傾向というものは存在する。もちろん，社会の変化にかかわらず，非行現象に一貫する要因もある (藤岡 2001)。非社会性パーソナリティの犯罪が注目されたとしても，伝統的な非行行動がなくなったわけではない。非行の心理臨床は「変化するものと変化しないもの」を丁寧に押さえつつ，非行臨床の特殊性に留意して行われるべきである。

　1997 年の神戸連続児童殺傷事件を境に変化した要因の一つに，厳罰主義の台頭がある (藤岡 2001：喜多 2007, 2008)。「人権派」という言葉が「レッテル」として作用し，いつの間にか「加害者に甘い」という意味に転嫁したこ

とは特筆に値する。人権派であれ厳罰派であれ，「加害者に必要な責任をとらせること」に争点はない。非行の背景に同情すべき要因があり，非行少年に被害者の一面があるにしても，加害者が法的に妥当な責任をとることを前提として，「加害行動を支える思考と感情に介入すること」は非行臨床の常識である（藤岡 2001）。

　マスコミで喧伝されている少年の凶悪化は虚構であり，子どもたちは昔も今もそれほど大きく変化していない。1980 年代の「校内暴力」や暴走族ブームも下火であり，2000 年代初頭の「チーマー」や「ギャング」も影を潜めた。少年による凶悪犯罪や非行問題はどの時代にも暗い影を落としつつ報道される。しかし，子どもたちが「怖い」存在になったわけではない。少年による凶悪事件が大きく報道されるたびに，少年犯罪をみる社会的風潮は厳罰化のまなざしが強くなるが，非行行動の背景を理解し，学校として予防と連携，そして再スタートへの教育的支援を行うべきである（喜多 2007，2008）。

（2）非行行為の背景と対応

1）非行のリスクファクター

　非行は突然生じるわけではなく，複数の要因が複合して生じる。小栗(2015) は非行のリスクファクターとして，①家庭の経済的な貧困，②不適切な養育（虐待），③子どもの学業不振，④未支援の発達障害の 4 点を挙げている。

　これらの一つの原因だけで非行化が生じるのではない。たとえば，貧困だから非行化が起きるわけでもないし，未支援の発達障害があるから非行に走るわけでもない。これらのリスクファクターが複合的に重なり，非行が生じる点に注意したい。

2）非行行為の背景

　子どもたちは最初から非行少年であるわけではなく，何らかの非行グループに入り，非行行為が繰り返されるのが実態である。つまり，非行少年には非行グループに入るまでに何らかのプロセスと背景を持っている。

　内閣府（2010）によると，非行少年は一般の児童生徒と比較して①親に愛されていない，②親が厳し過ぎる，③親が家の中で暴力を振るうと回答する割合が高い。確かに家庭のあり方が非行に影響を与えることも多いだろう。ここでは家庭を視野に入れて，非行グループに入るまでの代表的な5つのパターンを紹介する。

　①　ネグレクト⇒愛着形成に課題⇒外泊⇒非行グループへ　　これはたとえば保護者が何らかの理由で子どもと愛着形成を築くことができず，子どもが自己不全感と情緒不安定を抱えながら，脱抑制型の対人交流障害（図表Ⅱ-7-1参照）による非行行為が生じる場合である。たとえばシングルマザーの母親が娘と関係を築かず（むしろ邪魔者にして），さまざまな男性との交際に没頭している生活が長く続き，娘は親戚の家で育てられていたとする。このとき，脱抑制型の対人交流障害を背景に，思春期の頃から娘に無断外泊や援助交際などの非行行為が生じ，やがて非行グループに属していくプロセスなどが考えられる。

　②　保護者がネグレクト気味＋本人の外向性⇒非行グループへ　　これは保護者が経済的には困っていないが，あまり子どもに構えない生活が続いた状況に，子どもの外向的なパーソナリティが関係して起きる非行である。たとえば，母親が生活を支えているが，残業の多い仕事なので家庭を子どもに任せている。彼は外交的で遊びに出ているが，友人たちは夕方には帰宅してしまう。彼はまだ遊び足りず，夜の街をうろつき，やがて同じような境遇の子どもたちと出会い，夜遅くまで遊ぶようになり，非行グループと親しくなるというパターンである。

　③　家の中が危険⇒家に帰りたくない⇒外泊など⇒非行グループへ　　これは虐待が背景にあるような場合に起きやすい非行である。たとえば義理の父が思春期の自分に対して虐待をしてくるリスクを感じていたり，保護者がいないときに上のきょうだいが非行グループを自宅に入れており，襲われるかもしれない不安を感じて過ごしている場合，帰宅したくない気持ちから，友人の家に外泊を繰り返すようになる。しかし外泊を許してくれる家庭は少ない。この受け入れ先として非行グループに属するケースがある。

④　（貧困⇒）両親が不仲（家がつまらない）⇒非行グループへ　　これは両親が不仲で，どちらかがいつもイライラしていて，子どもにあたっているような家庭の場合である。不仲の理由に経済的な要因が加わるとさらに，子どもの前での夫婦喧嘩が多くなる。その結果，子どもは家にいたくなくなり，外に出て，帰宅したくなくなる。この気持ちに対し，非行グループのメンバーは共感と理解を示すため，少年は非行グループに親近感を覚え，やがて非行グループに属するようになる。

⑤　保護者が極端な考え方⇒反論できない⇒非行グループへ　　保護者が極端な考え方を持ち，それに反論したくてもできない場合，子どもは怒りをため込み，そのはけ口を自分より弱いものに向けたり，徒党を組んで非行行為によりストレスを解消しようとする場合がある。保護者が一面的に学歴や成績を重視して，成績が悪ければ存在価値がないとしていたり，保護者がこだわる考え方に従わないなら，愛される価値はないというメッセージを送っていたり，体罰を行っているような場合，子どもは怒りを覚えつつ，言葉では反論できない。その一方で，自分の生活は保護者の思うようにコントロールされている。このように長期間怒りが処理されない場合，非行行為によって怒り感情を解消しようとする場合がある。

（3）非行少年と法律

非行グループが在学していると，学校は頻繁に警察と連携しながら対応をしなければならない。非行を繰り返す児童生徒には生徒指導に教育相談を合わせた対応が行われることも多い。一方，触法行為がある場合，少年法に照らした対応が求められる。ここで非行少年に関する法律についてまとめる。

非行少年とは警察用語であり，少年法では「犯罪少年」「触法少年」「ぐ犯少年」に分類される。

犯罪少年：14歳以上20歳未満で刑法に反する事件を起こした者

触法少年：14歳未満で刑法に反する事件を起こした者

ぐ犯少年：20歳未満で，保護者の正当な監督に服さない性格や環境があり，

　　　　罪を犯す可能性のある者

　基本的に警察や一般人から通告や送致を受けた少年の事案はすべて家庭裁判所に送られる（これを全件送致主義という）。

　家庭裁判所は事案に応じて審判を下す。この間，事案によっては少年は少年鑑別所に収容され，調査と観護措置を受ける。

　審判には6つの種類があり，それは①審判不開始，②不処分，③保護観察，④児童自立支援施設などに送致，⑤少年院送致，⑥検察官送致（逆送）（第四種少年院または少年刑務所など）である。ここで，少年院や保護観察などの保護処分が下されるか，保護処分が下されないかが争点となる。

　保護処分が下されない審判は審判不開始と不処分である。審判不開始とは事案があまりにも軽微であった場合や，非行の事案の事実が疑わしい場合であり，このとき審判不開始となり，審判自体が開始されない。不処分とは審判は開始されるが，保護処分は下されることなく審判が終了する場合である。少年は少年院や少年鑑別所に行くことはないし，保護観察もつかない。

　では，保護処分が下される場合（保護観察，児童自立支援施設などに送致，少年院送致，検察官送致〔逆送〕）について述べる。

　保護処分の審判で最も多いのは保護観察である。保護観察とは，保護観察所（保護司）の指導監督のもと，少年の更生を図る保護処分である。内容としては，月に数回，保護司と面会し，近況を報告したうえで，保護司から指導を受ける処分である。

　次に児童自立支援施設送致について説明する。児童自立支援施設とは，不良行為をなし，またはなすおそれのある児童および家庭環境その他の環境上の理由により生活指導等を要する児童を入所させ，または保護者のもとから通わせて，個々の児童の状況に応じて必要な指導を行い，その自立を支援し，併せて退所した者について相談その他の援助を行うことを目的とする施設である（児童福祉法第44条）。比較的低年齢で，少年院送致ほど非行傾向が強くない場合，児童自立支援施設送致の審判が下りやすい。

　少年院とは，家庭裁判所から保護処分として送致された者などを収容する施設であり，少年に対して矯正教育その他の必要な処遇を行う。少年院では，

刑務所と異なり，少年に対して刑罰としての刑務作業などは行われず，少年が社会に復帰した後，社会に適応して規律ある生活が送れるように，矯正教育が行われている。

　少年院は第一から第四までの種類がある。第一種少年院は，心身に著しい障害がないおおむね12歳以上23歳未満の者，第二種少年院は，心身に著しい障害がない犯罪傾向が進んだおおむね16歳以上23歳未満の者，第三種少年院は，心身に著しい障害があるおおむね12歳以上23歳未満の者，第四種少年院は，少年院において刑の執行を受ける者を収容する。

　このうち，第四種少年院だけは刑に服しながら矯正教育を受ける。第四種少年院に行くのは審判で検察官送致（逆送）となった少年である。家庭裁判所が「刑事処分が妥当」と判断した事案の場合，家庭裁判所から検察に事案を送ることを検察官送致（逆送）という。事件を起こしたときに16歳以上の少年で，故意の犯罪行為により被害者を死亡させた罪の事件については，原則として検察官に逆送される。これは，2007年度の法改正で，14歳未満（おおむね12歳）でも重大事件の場合，逆送が可能となった。

　すると，16歳に満たないが刑に服する者が存在することになる。16歳未満はまだ義務教育段階なので，刑に服しつつ，矯正教育を行う第四種少年院が必要となる。

　2021年に少年法が一部改正される。18，19歳の犯罪は成人と同様の刑事手続きをとる原則逆送事件の対象を広げ，事実上厳罰化を可能にする。現行法は逆送の対象を故意に人を死亡させた場合に限っていたが，「1年以上の懲役または禁錮にあたる罪」も原則逆送とした。その結果，故意の殺人だけでなく，強盗罪や放火罪，強制性交罪も原則逆送となる。さらに，将来の社会復帰を妨げないように本名や顔写真などの報道を禁じる規定も見直し，18，19歳は「特定少年」として起訴（略式を除く）された段階で解禁される。

（4）学校と警察の連携

　警察は学校の身近な連携相手であり，少年非行については早期介入を目的

とした相談施設として少年サポートセンターや法務少年支援センターが全国
に設置されている。また非行の矯正教育にコグトレ（コグニショントレーニン
グ）など，新たな介入方法の展開もみられる（宮口 2015, 2016）。コグトレは，
①対人関係，②基礎学力の土台づくり，不器用さの改善の3領域の認知機能
の改善を目指すトレーニングで，宮口幸治により開発され，普及をみせてい
る。

　学校現場では，非行少年の集団化に注意しつつ，日常的にコミュニケーシ
ョンをとり，部活動など児童生徒が夢中になれるものを支援する。必要に応
じて警察などの社会資源と連携しつつ，保護者と粘り強く対話しながら非行
行為の抑制に努めることになる。非行行為に対しては教員が一致して毅然と
した対応をとり，その一方で個別には非行の背景を傾聴する教育相談的なか
かわりを組み合わせるネットワーク型対応が重視される。

コラム：小1プロブレムと中1プロブレム

　新聞などで「小1プロブレム」という言葉をみかけます。学術用語というよりは「小学1年次に経験される不適応感」を記述するための言葉です。藤沢（2006 p.120）は就学後に乗り越えなければならない要因として，

　①　知らない人間集団の「学校生活」に適応する戸惑い
　②　45分間，机に向かって座って学習するスタイル
　③　時間割による教科書などの教材を使った教科学習中心の生活
　④　集団で進められる「ことば」中心の学習
　⑤　教師の指導やテキスト・評価による指示的・命令的かかわりの出会い

の5点を指摘しています。

　中1プロブレムは，子どもが小学校から中学校へ進学した際，環境の変化に適応できず，不登校等の問題行動につながっていくことを指します。たとえば中学1年生になり不登校数が急激に増えます。中学校から不登校が倍増する状態が，文部科学省による調査が始まった1991年から継続しています。

　このような事態は不登校だけではありません。いじめなど他の問題行動でも，中学で件数が急激に増えます。そのため，教育現場において「中1プロブレム」は，重要な課題の一つといえるでしょう。

　小1プロブレムにしろ，中1プロブレムにしろ，生活の急激な変化に子どもたちは順次適応することを求められます。しかし，急激な変化は，子どもにとっては生活そのものを根本から変化させられる体験に近いのかもしれません。そして，この変化に適応できなかったとき，子どもの葛藤や悩みは問題行動として具現化されます。

　これらのギャップに対し，現在は各学校や市町村が，独自に対策を行っています。対策の基本的な考えは，小学校と中学校の接続をスムーズなものにし，児童生徒に関する情報共有を図ろうとするものです。そして，このような対策は内容によって「保幼・小連携」「小中一貫教育」と呼ばれています。

　小中連携の場合，対策は「児童生徒の交流」と「教員の交流」の2点に分けられます。児童生徒の交流の場合，6年生が中学校で体験授業を受けたり，中学校の行事に小学生が参加したりといった形で交流が行われます。それに対し，教員の交流の場合では，中学校の教員が小学校で授業をしたり，小学校と中学校の教員が合同で研修，授業研究を行ったりといった形で交流が図られます。

　これらの取り組みの効果は，各市町村によって調査されており，不登校生徒の出現率の減少や，学力の向上，児童生徒や教員の意識の変化が報告されています。こうしたギャップは特定の地域ではなく，どこの学校でも生じていると考えられる現象です。今後は国による大規模な対策と効果検証の実施が期待されます。

4 児童虐待

虐待により，幼い命が奪われる痛ましい事件は後を絶たない。全国の児童相談所が受けた虐待の相談・通告件数も増加する一方である。虐待は子どもの健全な発達を阻害し，心身に深刻な影響を及ぼす。その結果，子どもは将来にわたり情緒不安定，感情抑制，強い攻撃性などの精神症状を呈し，良好な対人関係を築けずにさまざまな問題行動を引き起こすこともある。また，極度の自己嫌悪や自殺願望，アルコールや薬物依存に至ったり，親になったときにわが子を虐待するなど，次世代にまで影響を及ぼすことも少なくない。そのため，虐待の対応とケアは専門的なかかわりと多くの人的および物的支援が必要である。

（1）児童虐待の現状

2019年度，全国の児童相談所の児童虐待相談件数は19万3780件で，過去最高を記録した（図表Ⅱ-4-1）。心理的虐待については，2013年8月から家庭内できょうだいが虐待を受けた場合も含められたほか，子どもの面前で夫婦喧嘩をした状況（面前DV）も警察が積極的に児童相談所に通告する動きも広がったことから，著しい増加傾向にある。

また，2018年度，児童虐待によって死亡した子どもは73人（含む無理心中による死亡19人）で，そのうち0〜2歳が22人であった。死因は激しく揺さぶられることで脳を損傷する「乳幼児揺さぶられ症候群（SBS）」を含む頭部外傷や，口をふさいだり，首を絞めたりすることによる窒息死などが多い。実母が出産前に妊婦健診を受けていなかったり，望まない妊娠であったりするなどの背景も確認されており，妊娠，出産，育児を通して切れ目ない支援

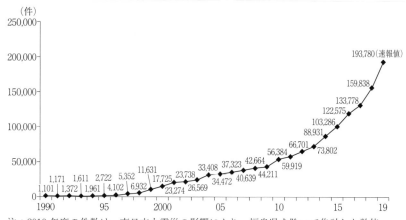

図表Ⅱ-4-1　全国の児童相談所における児童虐待相談対応件数

注：2010 年度の件数は，東日本大震災の影響により，福島県を除いて集計した数値。
出典：厚生労働省 2020。

が求められている。

（2）児童虐待とは

　児童虐待とは，保護者（親または親に代わる養育者）によって子どもの心や体を傷つけ，健やかな発育や発達に悪い影響を与えることを指す。虐待は図表Ⅱ-4-2 の通り，身体的虐待，性的虐待，ネグレクト（育児放棄または怠慢），心理的虐待に分類されるが，ほとんどの場合重複して起こっている。

　しかし，虐待をする親たちにも子育ての悩み，周囲からの孤立，家庭不和，親自身が虐待されて育った，経済的な問題などさまざまなストレスや葛藤がある。そして，苦しくても助けを求められずにいることが多い。ゆえに，親を非難するのではなく，家族を支援していくことが必要である。

（3）児童虐待防止策に関する法律

　2000 年，児童虐待の早期発見・早期対応と被害児童の適切な保護を行う

図表Ⅱ-4-2　児童虐待の分類

身体的虐待	性的虐待
◆叩く，殴る，蹴るなどの暴力 ◆タバコの火などを押しつける ◆逆さづりにする ◆冬，戸外に長時間締め出す　など	◆子どもへの性交，性暴力 ◆ポルノグラフティーの被写体にする ◆性器や性交をみせる ◆性器を触る，または触らせる　など
ネグレクト（育児放棄または怠慢）	**心理的虐待**
◆適切な衣食住の世話をせず放置する ◆病気なのに医師にみせない ◆乳幼児を家に残してたびたび外出する ◆乳幼児を車の中に放置する ◆家に閉じ込める（登校させない） ◆保護者以外の同居人などによる虐待を 　保護者が放置する　など	◆無視，拒否的な態度 ◆罵声をあびせる ◆言葉による脅し，脅迫 ◆きょうだい間での極端な差別的扱い ◆子どもの目の前でDV（配偶者に対す 　る暴力）を行う ◆子どものきょうだいを虐待する　など

出典：「みんなの力で防ごう児童虐待〜虐待相談のあらまし（2019年度版）〜」東京都。

ことなどを目的として，児童虐待の防止に関する法律が制定された。その後も，虐待相談件数の増加・深刻化に対し，虐待の定義が見直されたり，行政機関による子どもの安全確認の義務化，児童相談所の権限の強化，子どもの権利擁護の強化を図ったりするために，児童福祉法とともに児童虐待の防止に関する法律も改正が重ねられている（図表Ⅱ-4-3）。

（4）虐待相談と対応の流れ

　教育相談の中で，子どもが虐待を受けていると思われるときは児童虐待防止法に則り，市区町村の子ども家庭支援センターか児童相談所に通告しなければならない。

　子ども家庭支援センターでは，ケースワーカー，心理士などの専門家が相談・支援にあたる。子ども家庭支援センターは，主に虐待の課題はありながらも，ケースワーカーの指導や子ども家庭支援センターの事業などの活用により，子どもの安全を守りながら在宅生活の継続が見込まれるケースを支援する。ケースワーカーは丁寧に保護者と面接して保護者の困り感や不安に対応し，相談関係を軸に育児支援の中で虐待状況の改善を図るための指導をする。なお，子ども家庭支援センターの事業には，保護者の養育困難状況など

図表Ⅱ-4-3　児童虐待防止策に関する法律の変遷

2000年	**児童虐待防止法の制定（2000.5月公布，11月施行）**

○児童虐待の定義　　　○住民の通告義務　　　○面会又は通信の制限
○児童虐待の早期発見　○警察官の援助

2004年	**児童虐待防止法（2004.4月公布，10月施行）児童福祉法の改正（2004.11月公布，12月施行）**

○児童虐待の定義の拡大　　　○通告義務の範囲の拡大　　　○区市町村の役割の明確化
○面会又は通信の制限の強化　○要保護児童対策地域協議会の法定化
○司法関与の見直し（強制入所措置の有期限化，保護者指導）

2008年	**児童虐待防止法・児童福祉法の改正（2007.6月公布，2008.4月施行）**

○児童の安全確認義務　　　○出頭要求・再出頭要求，立入調査等の強化（臨検・捜索）
○面会・通信等の制限の拡大・接近禁止命令

2009年	**児童福祉法の改正（2008.12月公布，2009.4月施行）**

○被措置児童等に対する虐待の措置の明確化等　○要保護児童対策地域協議会の設置の努力義務化

2012年	**民法・児童福祉法の改正（2011.6月公布，2012.4月施行）**

○親権と親権制限の制度の見直し（親権停止の創設等）
○児童相談所長，施設長等による監護措置と親権代行について
○未成年後見人の見直し（法人又は複数選任）

2016年	**児童福祉法・児童虐待防止法・母子保健法の改正（2016.6月公布，公布日施行）**

○児童の福祉を保障するための原理の明確化等
　◇児童が権利の主体であることの明確化　　　◇家庭と同様の関係における養育の推進
　◇国・都道府県・区市町村の役割と責務の明確化　◇しつけを名目とした児童虐待の禁止等
○母子保健施策を通じた虐待予防等　　　○一時保護の目的の明確化
○児童及び保護者に対する通所・在宅における指導措置（市町村への指導委託）

児童福祉法・児童虐待防止法の改正（2016.6月公布，10月施行）

○要支援妊婦等に関する情報提供
○児童虐待発生時の迅速・的確な対応
　◇児童相談所の体制強化（児童心理司・保健師・主任児童福祉司・弁護士の配置等）
　◇臨検・捜索手続の簡素化（再出頭要求を要件としない）
　◇児童虐待に係る資料等の提供主体の拡大
○親子関係再構築支援

2017年	**児童福祉法・児童虐待防止法・母子保健法の改正（2016.6月公布，2017.4月施行）**

○市町村の体制強化
　◇子育て世代包括支援センターの法定化　　　◇市町村における支援拠点の整備
　◇市町村要保護児童対策地域協議会の機能強化
○児童福祉司等の研修義務化　　　○児童相談所からの市町村への事案送致
○里親委託等の推進
　◇里親委託の推進　　　◇養子縁組に関する相談・支援　　　◇養子縁組里親の法定化
○自立支援
　◇18歳以上の者に対する支援継続　　　◇自立援助ホームの対象者拡大

2018年	**児童福祉法・児童虐待防止法の改正（2017.6月公布，2018.4月施行）** **民間あっせん機関による養子縁組あっせんに係る児童の保護等に関する法律の成立（2016.12月公布，2018.4月施行）**

○被虐待児童の保護者に対する指導への司法関与（28条審判確定前の保護者指導）
○家庭裁判所による一時保護の審査の導入（親権者等の意に反する一時保護が2か月を超えるときごとの家裁承認）
○接近禁止命令の対象拡大（保護者同意の措置入所及び一時保護における接近禁止命令）
○養子縁組あっせん事業に係る許可制，国内優先の原則等

2019年	**児童福祉法・児童虐待防止法・配偶者からの暴力の防止及び被害者の保護等に関する法律の改正** **（2019.6月公布，2020.4月施行〔一部は2022.4月又は2023.4月施行〕）**

○児童の権利擁護（体罰禁止等）
○児童相談所の体制強化等
　◇介入機能と支援機能の分離　　　◇児童虐待の再発防止のための措置
○児童相談所の設置促進　　　○関係機関間の連携強化

出典：「みんなの力で防ごう児童虐待～虐待相談のあらまし（2019年度版）～」東京都。

に対応するため 1 週間程度，宿泊を伴って子どもの養育を受け入れる「ショートステイ事業」や，保護者の仕事が夜間に及ぶ場合や育児負担を軽減するために夕食を提供し 22 時まで子どもを保育する「トワイライトステイ事業」などがある。

　一方，児童相談所は，一般からの虐待通告にも対応するが，親子分離が必要となるような重篤な虐待ケース，子どもの面前で夫婦喧嘩をした状況により子どもが心理的虐待を受けたとして警察から通告を受けるケース，性的虐待ケース，子どもの安全を守るため裁判で保護者の親権を停止する必要があるケースなど深刻かつ複雑で困難なケースを扱う。児童相談所には子どもの福祉に関するケースワークを担当する児童福祉司，心理的見立ておよび心理療法により子どものケアを担当する児童心理司，医師，弁護士などがチームで虐待ケースに対応する。家庭内で子どもの安全が確保されないと判断された場合は，一時的に親子を分離し，一時保護所（児童相談所に付属し，保護を必要とする子どもを一時的に預かる場所）にて子どもに安心・安全な生活を保証し虐待による傷つきをケアする。各ケースの支援方針は毎週行われる援助方針会議において協議し，在宅支援が可能かあるいは施設入所が適当かなど支援の方向性，具体的内容が検討される。

（5）虐待を受けた子どものアセスメントと援助と治療

　虐待を受けた子どもの多くは，自己表現が攻撃的あるいは受身的，自尊感情が低いといった特徴を持ち，対人関係のトラブルが絶えない。一時保護所の生活状況からも，対人関係スキルが未熟であると推察される（山内ら 2009）。

　さらに，近年は被虐待児が発達障害を持ち合わせているケースも多く，保護者は子どもの育てにくさに苦慮し，万策尽きて虐待に至るケースもある。

　虐待ケースの理解には，上記のような子どもの特徴はもちろん，家族の経済面，精神疾患の有無，父母間をはじめ家族の構成員同士の関係などの要因も把握する。そして，虐待状況の発生要因を解明し，具体的支援を探っていく。

1）アセスメントの実際

　児童相談所におけるアセスメント（診断）は，心理診断，医学診断，行動診断そして社会診断により総合的に評価する。心理診断は，知能検査，性格検査，トラウマチェックなどを行う。心身のダメージは，児童精神科医師による医学診断で把握する。なお，性的虐待が疑われるケースには，他職種のスタッフに何度もつらい体験を話すことで受ける子どもの心理的ダメージを防ぐため，司法面接（事実を特定することを目的とした面接。通常1回のみ実施）という手法を使い，面接回数を減らす配慮をする。一時保護所では，生活を通して実際の子どもの言動や行動の特徴，生活力などを評価する（行動診断）。児童福祉司は，虐待者を含む家族らと面接をしたり，学校，地域などから子どもや家族の情報を収集したりして，日常の生活状況を調査する（社会診断）。

2）援助・治療の実際

　アセスメントに基づき，援助方針を決定する。子どもが家庭復帰を望んでいない，強いダメージを受けているなど総合的に評価し，家庭復帰が子どもの利益に与しないと判断された際は，子どもは児童養護施設等に措置となり，一定期間親と離れて施設心理士によるカウンセリングを受けたりしながら家族再統合を目指す。また，虐待者である親などには，虐待の再発防止に向けて，児童相談所などが家族再統合に向けて通所指導，父母のグループ療法，家族カウンセリングなどの治療的教育的な指導をする。

　他方，さまざまな支援を受ければ虐待状況の改善が見込まれ，子どもが家庭生活が可能と判断されれば，家族支援の資源受け入れ（ヘルパー派遣，子育て支援講座の活用，保健師の家庭訪問など），児童相談所への通所指導（カウンセリング，親子グループ指導など）を条件に家庭引き取りとなる。そして，児童相談所，子育て支援センター，福祉事務所，学校，病院，警察，民生・児童委員などの機関が連携して家族を見守り，虐待の再発防止に努める。

（6）虐待ケースの難しさ

　しかし，手厚い支援をしても虐待を受けた子どもの傷は深く，その傷から

逃れるかのように非行行為に至ったり，成長とともに心身を病んでしまったりする子もいる。そうなると社会生活が困難になり，経済的にも困窮し，精神的にも不安定になってしまう。そして，人の温もりを求めて望まない妊娠や出産に至り，自身がたどったように愛おしいわが子にもまた，暴力でしか向かい合えない虐待の連鎖が生じてしまう。

（7） 児童虐待対策の今後の方向性

　増え続ける児童虐待の深刻な現状に対し，虐待の早期発見に向け 2014 年 7 月から虐待通告に 24 時間対応する共通ダイヤル「189」が導入された。しかし，市区町村レベルでの子育て支援事業の推進，乳幼児健診の有効活用などの虐待の発生予防，虐待の通告義務の徹底など，虐待が深刻化する前の早期発見，早期対応，児童養護施設などの質・量の拡充など，さらなる課題への取り組みが必要である。

コラム：教育機会確保法とフリースクール

　不登校の子どもは学校以外のどこで学ぶのでしょう。家庭，フリースクールなど，さまざまなイメージが浮かびます。しかし，学校以外の場での学びは法律的に保障されてきませんでした。フリースクールに通う子どもたちが通学用の定期券を買うためにどれだけ苦労をしてきたか，知っている人も多いでしょう。

　一方，不登校の児童生徒は年間 10 万人を超えている現実があります。学校になじめない潜在的不登校の数は推定 33 万人。これは無視できる数ではありません。

　そこで，学校以外の多様な学びの場を法的に保障しようとした法律が教育機会確保法（2016 年成立，2017 年施行）です。教育機会確保法は不登校の児童生徒を国や自治体が支援することを明記しました。登校のみを目標とせず，休養の必要性を認め，学校以外での多様な学習活動を支援する方針を掲げています。

　では教育機会確保法は現実の不登校対策をどのように変えたのでしょうか。

　第一に，この法律により，不登校対策において，学級復帰が唯一の目標ではなくなりました。「児童生徒の意思を十分に尊重」することと「不登校というだけで問題行動であると受け取られないよう配慮すること」という付帯決議の文言は，本人が全面的な学級復帰を目標としていなくても，保健室登校や一部の授業への参加を認めることを法的に保障しています。学校は不登校の子どもが安心して過ごせる場所でなければならず（第 3 条 3），「学級復帰を目標としていないなら授業参加は認めない」という対応は否定されています。個別の不登校対策について何を目標とするかは，まずもって本人の意思が尊重されなければなりません。

　第二は，「不登校自体は問題行動ではない」し，「休んでもよい」という法的見解が示されたことです。これにより，文部科学省による問題行動調査から不登校は外され，「不登校・問題行動調査」という表記に変更されました。さらに第 13 条では休息の権利（不登校児童生徒の休息の必要性）が認められています。「不登校では社会性がなくなるから，学校に来なさい」「不登校になると休み癖がつくから，学校に来させてください」などの指導は否定されています。

　第三は，学校や先生，教育委員会は学校以外の学びの場（不登校の子どもがいる家庭，フリースクールや親の会など）に必要な情報を提供しなければなりません。逆に，フリースクールが学校にパンフレットなどを持ってきて自分たちの活動に関する情報提供をすること，つまり相互の連携も認められており，学校はそれを拒否できません。これは学校とフリースクールが対立していた時代から考えると大きな変化です。

　このように教育機会確保法は不登校対策を大きく変化させました。地域の社会資源としてのフリースクールと学校との連携は法的基盤を持って，今後も展開していくでしょう。

5 発達障害 I

（1）発達障害

　発達障害とは，生まれつきの脳機能の障害により，学習や行動，コミュニケーションなどに支障が生じる障害である。発達障害は，脳機能の障害であるため，外見から障害の有無がわかるものではない。そのため，在籍する子どもたちの中には，医師による診断はないが，実際には発達障害を持つ子どももいる。

　2012年に，文部科学省は「通常の学級に在籍する発達障害の可能性のある特別な教育的支援を必要とする児童生徒に関する全国実態調査」を行っている。その結果，知的発達に遅れはないものの，学習面か行動面で著しい困難を示す児童生徒の割合は6.5％であることがわかった。この6.5％という数値は，医師によって発達障害の診断を受けている児童生徒の数ではないが，発達障害の可能性がある児童生徒の数とも考えられる。

　特別支援教育の観点から，これらの児童生徒に対して，学校が個別のニーズに合わせた支援を行うことが義務づけられている。個別の支援を行うためには，障害に関する知識が不可欠であり，今日の学校教員にとって，発達障害の基礎知識は必須といえる。そこで本章では，発達障害の詳細について述べる。

（2）各発達障害

　発達障害には，文部科学省による定義と，実際の診断で利用される精神医

学的診断基準があり，さらに発達障害者支援法による法律的定義も存在する。これらは微妙に内容が異なっている。本節では文部科学省の定義に主眼を置くが，各項の最後に精神医学領域における名称と診断基準の一部を示しておく。子どもの正確な状態を理解するためにも，実際にDSM-5（精神疾患の診断・統計マニュアル）を参照し，診断基準の詳細や記載された実態像について理解する必要がある。なお，法律的定義については次章で説明する。

1）知 的 障 害

2002年の「就学指導の手引き」では，「発達期に起こり，知的機能の発達に明らかな遅れがあり，適応行動の困難性を伴う状態」と定義されている。知的障害は生まれつきの障害であるため，頭部のけがなどによって知的機能が低下した場合は，知的障害には含まれない。

明らかな知的機能の遅れは，学業の成績などによってのみ判断されるものではない。判断する際には，WISCや田中ビネー式などの知能検査の結果も使用される。両者とも知能指数（以下IQ）が算出され，検査の結果をもとに，本人の知的機能の発達の程度が判断される。

基本的にIQは平均値が100となるように設定されており，知的障害の診断の基準となる値は70未満である。IQは診断以外に，重症度の判断にも利用されている。図表Ⅱ-5-1はIQの値による重症度の分類と，状態像を表し

図表Ⅱ-5-1　知的障害の重症度による分類表

分類	IQ	状　態　像
軽　度	50～69	・おおよその身辺自立は達成可能。 ・言葉や抽象的な内容の理解において遅れがみられる。 ・10代後半までに，おおよそ小学校6年生程度の学業的技能の習得が可能。
中等度	35～49	・身辺自立においては，支援を必要とする面がある。 ・言葉の遅れは生じるが，言語的コミュニケーションは可能である。 ・小学校2年生程度までの学業的技能の習得が可能。
重　度	34～20	・幼児期においては言語による会話は不可能。学童期に入り，言葉によるコミュニケーションが可能となる。 ・基本的な身辺自立（排泄や食事など）は，学童期に入り達成される。
最重度	20未満	・言葉を覚えることは困難。 ・常に支援を必要とする。

たものである。

　知的障害といった場合，学業における困難が想像されやすいが，問題となるのは学業だけでない。「就学指導の手引き」の定義にもあるように，生活への適応も問題となる。特に，通常学級に在籍する知的障害を持つ児童生徒の場合は，学年が上がるにつれ友人関係に影響が生じやすくなり，学級では，クラスメートに軽んじられやすくなる傾向がみられる。そのため，担任は友人関係やクラスメートとの関係にも配慮する必要がある。

　支援においては，本人の能力に応じた課題設定や支援員の配置，通級指導教室の利用がある。また，必要に応じて保護者と面談し，特別支援学級への転籍など，進路について検討する。その際は，学業面のみを重視せず，クラスメートと本人の関係など多面的な要素を踏まえて，進路決定を行うべきである。

図表Ⅱ-5-2　精神医学における診断基準（DSM-5）①

知的能力障害（知的発達症／知的発達障害）
知的能力障害（知的発達症）は，発達期に発症し，概念的，社会的，および実用的な領域における知的機能と適応機能両面の欠陥を含む障害である。以下の3つの基準を満たさなければならない。 ①　標準化された知能検査によって知的機能の欠陥が確かめられる。 ②　同年齢および同じ社会的文化背景を持つ人と比較して，個人的自立や社会的責任を満たすことができなくなるという適応機能の欠陥。 ③　知的および適応の欠陥は，発達期の間に発症する。

2）学習障害

　1999年「学習障害児に対する指導について（報告）」で，学習障害は，「基本的には全般的な知的発達に遅れはないが，聞く，話す，読む，書く，計算する又は推論する能力のうち特定のものの習得と使用に著しい困難を示す様々な状態を指すものである」と定義されている。定義に記載されているように，学習障害（Learning Disabilities：以下LD）は，知的障害と異なり全般的な知的発達の遅れはみられない。

　しかし，障害によって遅れが生じる能力（聞く，話す，読む，書く，計算するまたは推論する）は，どれも生活において重要な能力である。そのため，その

うちの一つに困難があるだけでも，学校生活において本人が抱える困難は大きい。子どもによっては，自己肯定感の傷つきから不登校へと発展する場合もある。

LD の理解において注意すべき点は，「障害のせいでまったくできないわけではない」という点である。たとえば，LD によって「聞く」ことに障害が現れている場合，「まったく聞けなくなる」わけではない。相手の声や話を聞き，理解することはできる。しかし，「聞きもらし」や「聞き間違い」が，一般よりも高い頻度で生じる。

そのため，LD は障害の存在が気づかれにくく，障害によって起きている問題についても本人の「やる気」や「不注意」が原因と考えられてしまう。先ほどの「聞く」例でいえば，「聞く気がない」「集中していない」「不真面目」などと判断される。その結果，適切な対応がなされないまま，学校生活を送ることになる。

そのため教育現場においては，まず各教員がLD の状態像に関して正確な知識を身につける必要がある。そして，LD の可能性が考えられる児童生徒に対しては，専門家（学校内においてはスクールカウンセラーなど）との連携のもと，必要な支援を検討，実施していく。特に，LD の場合は，通級指導教室や支

図表Ⅱ-5-3　精神医学における診断基準（DSM-5）②

限局性学習症／限局性学習障害
A．学習や学業的技能の使用に困難があり，その困難に対して介入がなされても，以下の症状の少なくとも1つが存在し，少なくとも6カ月間持続している。 　(1) 単語を正確かつ流暢に読むことの困難さ 　(2) 読んでいるものの意味を理解することの困難さ（読解力の問題） 　(3) 綴字の困難さ 　(4) 書字表出の困難さ 　(5) 数字の概念，数値，または計算を習得することの困難さ 　(6) 数学的推論の困難さ（数学的問題を解くことが困難）
B．欠陥のある学業的技能では，その人の成績がその年齢の平均よりも十分に低く，学業や日常生活に障害を引き起こしている。また，個別施行の標準化された到達尺度（検査など）や総合的な臨床評価で確認されている。
C．大多数の人で学習困難が低学年のうちに容易に明らかになる。しかし，一部では，高学年になるまで明らかにならない場合もある。

援員の利用が有効となるが，利用においては保護者の理解を得ることが一つの課題となる。

3）注意欠陥・多動性障害

　注意欠陥・多動性障害（Attention-Deficit/Hyperactivity Disorder：以下 ADHD）は，2003 年の「今後の特別支援教育の在り方について（最終報告）」において「年齢あるいは発達に不釣り合いな注意力，及び／又は衝動性，多動性を特徴とする行動の障害で，社会的な活動や学業の機能に支障をきたすものである」と定義されている。定義にもあるが，ADHD の主な症状は，集中力の続かなさ，落ち着きのなさ，衝動的な行動である。これらの特徴が，本人の年齢から判断して，著しく強い場合には ADHD の可能性を疑う必要がある。

　その際に注意すべき点は，症状の現れ方は個人によって違うという点である。ADHD の場合は症状の現れ方によって 3 タイプに分けることができる。図表 II-5-4 は，ADHD のタイプと，各タイプにみられやすい行動パターンである。

　各タイプのうち，不注意優位型は障害が見落とされやすく，単に「ぼーっとしていて，物忘れがひどい子」とみなされやすい。小学校低学年など保護者が児童の持ち物を準備している間は，特に障害に気づかれにくく，「おっとりとしている子」「マイペースな子」という印象で済まされる傾向がある。

　それに対し，多動性・衝動性優位型，混合型は，症状の特徴から目立ちやすい存在であるため，比較的障害の存在は気づかれやすい。学校生活では，衝動的な行動や落ち着きのなさから，トラブルに発展することが多く，注意

図表 II-5-4　ADHD のタイプ

分類タイプ	状　態　像
不注意優位型	不注意（忘れ物，紛失，集中が持続しないなど）が目立ち，多動性はあまりみられない。話しかけても聞いていないようにみられたり，順序立てて物事を行うことが困難であったりする。
多動性・衝動性優位型	落ち着きがなく，手遊びや，授業中の立ち歩きなどがみられる。また，衝動性が高いため，思いつきの行動や発言，感情的な行動を抑えることが難しい。
混合型	不注意優位型と多動性・衝動性優位型の双方の状態像を持つ。不注意・多動性・衝動性のうち，どの度合いが強いかは個々人による。

が必要である。特に，感情コントロールが不得手な面もあり，怒りに任せて手が出てしまい，友人関係でトラブルが頻繁に起きることもあるため，対人関係にも配慮を必要とする。

　ADHD の対応としては，医療面では薬の服用が挙げられる。それに対し，学校内では，個別的なフォローに加え，環境調整が重要となる。特に，多動性や衝動性のある子どもに対しては，刺激を減らす（たとえば，刺激となる掲示物を外す，座席を一番前にする）など，本人ができるだけ集中できる環境づくりが重要となる。

図表Ⅱ-5-5　精神医学における診断基準（DSM-5）③

注意欠如・多動症／注意欠如・多動性障害
A．（1）および／または（2）において，それぞれの症状のうち6つ（またはそれ以上）が少なくとも 6 カ月間持続したことがあり，その程度が発達の水準に不相応で，社会的および学業的／職業的活動に直接，悪影響を及ぼすほどである。 **（1）不注意** ・細部を見過ごしたり，見逃してしまう。作業が不正確である。 ・講義，会話，または長時間の読書に集中し続けることが難しい。 ・直接話しかけられたときに，しばしば聞いていないようにみえる。 ・課題に取り組むが，すぐに集中できなくなる。または容易に脱線する。 ・課題や活動を順序立てることがしばしば困難。 ・精神的努力の持続を要する課題（例：学業や宿題など）を避ける，嫌う，またはいやいや行う。 ・課題や活動に必要なものをしばしばなくす。 ・しばしば外的な刺激によってすぐ気が散ってしまう。 ・しばしば日々の活動で忘れっぽい。 **（2）多動性および衝動性** ・しばしば手足を動かしたり，いすの上でもじもじする。 ・席に座っていることを求められる場面で，しばしば席を離れる。 ・不適切な状況でしばしば走り回ったり高い所へ登ったりする。 ・静かに遊んだり余暇活動につくことがしばしばできない。 ・しばしば"じっとしていない"。 ・しばしばしゃべり過ぎる。 ・しばしば質問が終わる前に出し抜いて答え始めてしまう。 ・しばしば自分の順番を待つことが困難である。 ・しばしば他人を妨害し，邪魔する。 B．不注意または多動性・衝動性の症状のうちいくつかが 12 歳以前から存在する。 C．不注意または多動性・衝動性のうちのいくつかが 2 つ以上の状況（例：家庭，学校，友人や親戚といるとき）において存在する。

4）自閉性障害（自閉スペクトラム症）

　2003年「今後の特別支援教育の在り方について（最終報告）」によれば，自閉性障害（Autistic Disorder）は「3歳位までに現れ，①他人との社会的関係の形成の困難さ，②言葉の発達の遅れ，③興味や関心が狭く特定のものにこだわることを特徴とする行動の障害であり，中枢神経系に何らかの要因による機能不全があると推定される」と，定義されている。

　自閉性障害の多くは知的障害を伴うが，知的障害が「ない」または「軽度」の場合には，言葉の遅れがあまりみられない。しかし，定義に記載された①のコミュニケーションの困難や，③の興味関心・こだわりの問題から，支援が必要となる。

　また，定義には記載されていないが，自閉性障害の子どもの中には五感のいずれかが過敏であったり，鈍感であったりする子どもがいる。過敏な場合，私たちにとって些細な刺激が，本人にとっては強い痛みや不快感を生み出すものとなる。たとえば，聴覚に過敏を持つ子どもの場合，音楽の授業は騒音以外のなにものでもないため，音楽室に入ることすら難しい。反対に，鈍感な子どもは，場合によっては身体の負傷にも気づかず，自ら痛みを訴えないなどの危険性を伴うため，注意が必要となる。

　自閉性障害の場合に問題となる症状の一つにパニックがある。自閉性障害を持つ子どもは，何らかの理由によりパニックを起こすことがある。パニックの現れ方は，子どもによって異なる。固まって動けなくなり，声かけにも反応しなくなるタイプもあれば，パニックを起こして自傷行為（自分の頭を叩く，手を嚙むなど）や，意図せず他人に暴力を振るってしまうタイプもある。

　しかし，このような状態になっても，自閉性障害の子どもは言葉によるコミュニケーションが困難なため，自らパニックの原因を伝えることができない。そのため，パニックへの対応だけではなく，自閉性障害の支援全般においては，本人の置かれた状況を正確に把握し，何がパニックの原因であるか，また本人の望みが何であるかを分析し，把握することが重要である。

　なお，自閉性障害は現在医学的には「自閉スペクトラム症」（Autistic Spectrum Disorder：ASD）と呼ばれるようになり，連続体として捉えられるようになっ

た。そのため，以前存在していた「アスペルガー障害」や「高機能自閉症」
なども，本質的には同じものであるとされ，現在は「自閉スペクトラム症」
という名称で統一されている。

図表Ⅱ-5-6　精神医学における診断基準（DSM-5)④

自閉スペクトラム症／自閉症スペクトラム障害
①複数の状況で社会的コミュニケーションにおける持続的な欠陥がある。 　・情緒的な欠陥—通常の会話のやりとりができない。異常な近づき方。感受の共有の難しさなど。 　・視線を合わせることと身振りの異常，または身振りの理解や使用の欠陥，表情や非言語的コミュニケーションの完全な欠陥など。 　・状況に合った行動をとることの困難，想像上の遊びを一緒にすること，友人をつくることの困難，仲間に対する興味の欠如など。 ②行動，興味または活動の限定された様式。 　・おもちゃを一列に並べる，物を叩くなどの単調な常同行動，反響言語（相手の言葉を繰り返す），独特な言い回しなど。 　・小さな変化に対する苦痛，儀式のような挨拶習慣，同じ食物を食べることへの要求など。 　・きわめて限定され執着する興味。 　・感覚刺激への過敏または鈍感さ，並外れた興味（痛みや体温に無関心，特定の音や光に反応する。過度な接触を試みる，光などを熱中してみるなど）。 ③症状は発達早期に存在していなければならない。

6 発達障害Ⅱ—保護者と学校の協働のために

（1）合理的配慮と協働

　2004年に成立した発達障害者支援法における発達障害とは「自閉症，アスペルガー症候群その他の広汎性発達障害，学習障害，注意欠陥多動性障害その他これに類する脳機能の障害であってその症状が通常低年齢において発現するもの」（第2条1項）と定義されている。2016年の同法の改正により，発達障害者（児）とは「発達障害がある者であって発達障害及び社会的障壁により日常生活又は社会生活に制限を受けるものをいい，『発達障害児』とは，発達障害者のうち18歳未満のものをいう」（第2条2項）。これは発達障害の法的定義であり，のちに述べる合理的配慮や個別の指導計画などもこの法律に基づいている。医学的に発達障害があるだけでなく，それによる社会的障壁が存在していることが法的な発達障害者の定義の特徴になっている。

　現在，学校ではこの発達障害者支援法に基づき，基礎的環境整備と合理的配慮が義務づけられている。基礎的環境整備とは合理的配慮の基礎となる環境づくりである。たとえば読み書き困難の児童生徒のためにICTを用意し，貸し出せるようにするとか，特別支援教室を設置する，学生ボランティアを確保するなど，国や都道府県，市区町村，個別の学校単位で準備できる環境づくりは異なる。

　基礎的環境整備に基づき，学校には合理的配慮が義務づけられる。障害のある児童生徒が，障害ゆえに何らかの社会的障壁（学校生活で困っていること）が生じている場合，学校はその障壁を取り除く義務がある。たとえば読み書き困難でノートをとるのが遅くなってしまう子どもがICT機器の使用を認

めてほしいと訴えた場合，学校は合理的理由（それはできないという合理的理由）
がないならば，学校はそれを積極的に行わなければならない。本人からの訴
えがない場合でも，明らかに社会的障壁の除去が必要と考えられる場合，学
校の方から子どもと保護者に合理的配慮に関する建設的対話を行うことがで
きる。

　なお特に通級を使用する児童生徒には個別の教育計画と個別の指導計画が
作成される。個別の教育計画とは，成育歴や障害者手帳の有無，得意不得意，
保護者の希望，通院・福祉サービスの利用状況，家庭の状況やこれまでの就
学状況，そして合理的配慮の内容などが記載される。個別の指導計画とは，
個別の教育計画に基づき，より具体的な指導法が書き込まれる計画表である。
今の主たる課題は何か，そしてそれに対して具体的に授業や学校生活でどの
ように指導していけばよいかなどを具体的に計画し，その成果を記録してい
くものが個別の指導計画である。

　発達障害児の保護者の多くは合理的配慮を踏まえて，学校と話し合いを求
めている。これに対し，公立の学校は過度な負担がない限り受容し，その実
現に動かなければならない（私立は努力義務の範囲だが，無視はできない）。換言
すると，合理的配慮と個別の教育計画，個別の指導計画は保護者と児童生徒
との話し合い（協働作業）の賜物である。合理的配慮が浸透するにつれ，児
童生徒と保護者がそれについて学校と話し合う回数も増加している。それは
協働する機会の増加でもあるが，学校側と意見が合わず，トラブルになる場
合もある。そうしたトラブルを避け，建設的な合理的配慮を実現するための
ポイントを「知る―知らない」という言葉を軸に説明したい。

（2）いくつかの「知る」でつくる協働

　地方自治体の協力を得て，小・中学校の通常学級に通う発達障害のある子
どもを持つ母親289名に聞いた「発達障がいの子どもをもつ家庭と学校の協
働に関するアンケート調査」（斎藤 2015）の結果，「学校に疑問を持ってしま
う対応」の1位は「学校が保護者より発達障がいについて知らないこと」で

図表Ⅱ-6-1　保護者が求める４つの「知る」

---

① 知識として知る←これを知らないと保護者は不満。
② 保護者が知っている対応を知っている。
③ 保護者が困っているかもしれない現象を共感的に知っている。
④ 学校で（これから）起こりやすい課題を知っている。

あった（一方，学校側の不満は「もう少し保護者が子どもの障がいと正面から向き合ってほしい」というものであった）。この結果を聞いて学校関係者は少し鼻白むかもしれない。「教員は療育の専門家ではない」「わかってほしい保護者ほど，発達障がいを放置しているのではないか」など，いろいろな反論も聞いた。またこの調査の母集団は「発達障がいについて意識の高い保護者」というバイアスがある。しかしどんな理由があろうと，保護者と協働できなければ合理的配慮も個別の指導もうまくいかないだろう。

　このポイントは「知る—知らない」という言葉に込められた意味である。「知る」には「概念を知る」というレベルから「専門知識がある」「共感的に理解する」などさまざまな意味合いが含まれている。図表Ⅱ-6-1は保護者の声に基づき，協働するための「知る」の性質を４つの意味に分類したものである。以下，これに基づき，「知る」をキーワードに協働性の観点から解説したい。

（3）学校という文脈の中で概念を知り，理解する

　たとえば保護者が診断書を持って「うちの子どもはADHDで，知能検査の値はこうなんですが……」と切り出したとき，「ADHDとはなんですか？私は専門家でないからわかりません」と返されたら，不安になるのは当然だろう。教員がADHDを知らないわけがないと今の若い教員やスクールカウンセラーはいうかもしれない。しかし，それらが公教育に浸透し始めたのは2000年前後であり，2003年の特別支援教育の施行からおよそ５年程度の年月を経て，ようやく教育現場の共有知識となっている（斎藤ら 2014）。つまり，ついこの間まで，そういう事態はごく平均的にみられた。公務員である以上，

特別支援教育として学校教育法に明記された範囲では理念を共有し，最低限の知識を得るのは当然である。このレベルの「知らない」は学校に非がある。

　現在，これらの概念を知らない教員はほとんどいない。しかし，症状や特性を知っていることと，目の前の子どもの状態を推し量る力は必ずしも同じではない。

　たとえば自閉スペクトラム症には感覚の過敏性があることが知られている。特別支援に携わる体育教員が飛び箱を嫌がる中学2年生の女子を叱責していた。その生徒も「飛び箱が嫌だから，飛びたくない」としか理由をいわないので，教員としても指導せざるをえない。こういう文脈では，飛び箱を飛んでも飛ばなくても，教員と生徒の関係は悪化する。

　カウンセリング室で話を聞くと，彼女が飛び箱を敬遠したのは，飛び箱に手をつくときの「ムニュっとした感じ」が原因であった。しかし，彼女はこのことをうまく説明できない。発達障害がある子どもの一部には，行為が説明できないとき，その場の取り繕いをしてしまう。「飛び箱が嫌だから」は，言葉は足らないにせよ，取り繕いですらない。感覚過敏とわかれば飛び箱の指導も工夫できるし，関係を悪化させる指導も必要ない。

　教育相談では「発達障害の代表的（診断的な）症状や特性を知る」だけでは足りない。学校で子どもを理解し，支援するために，校内の具体的な状況の中で特性を検討する必要がある。

　「概念を知る」には「わかりやすく伝える」の意味が内包されている。ある区の教育相談センターに対する保護者の不満を調べたところ，「教育相談センターのWISCの説明がわかりづらい」という要件が上位に来ていた。そこで東京都内12カ所のWISCの説明のテンプレートを収集して比較したところ，教育相談センターによって「わかりやすく伝える力」に相当の差があることが明らかになった。WISCの伝え方については山内（2013）を参考にしてほしい。

（4）保護者が知っている対応を知る

　発達障害のある子どもを持つ保護者の多くが出会う「定番の対応」がある。図表Ⅱ-6-2は多くの保護者が出会う対応方法である。

　たとえば「うちでは視覚支援（写真や絵カードを使ってコミュニケーションをとる方法）をやっているのですが……」と保護者がいった際，「視覚支援とは何ですか？」と教員が答えたら，正直，保護者は不安になるだろう。代表的なキーワードを「知らない」ことで，障害の理解や支援の限界が伝わってしまう。

　代表的な方法を知っていても，不思議な偏見を持っているケースもある。実際に聞いた発言では「視覚支援って，写真みせるやつでしょ？　特別支援学校でみましたよ。障害が重い子どもがやるやつでしょ？　お子さんは軽度なんでしょ？」。この発言はそもそもの障害理解の点でひどい間違いがあり，方法についての偏見も目立つ。障害の現れ方は多様で，生活における支障が最も重要な指標であり，それを克服できる方法が選ばれる。重度の知的障害があって視覚支援を必要としない子どももいれば，IQは平均以上でも視覚支援を必要とする子どももいる。概念と同様に，方法もまた単なる知識ではなく，学校で子どもを理解し，支援するために，校内の具体的な状況の中で方法を検討する必要がある。

　学校が最もとりやすい支援方法は介助員や相談員をつけることである。「介助員がいれば，こんなことができる」という要望を持つ保護者は多いが，介助員の活用方法は学校に任されている。基礎自治体が配属する支援員だけでなく，学校支援ボランティアや社会資源としての近隣大学との交流を行い，

図表Ⅱ-6-2　保護者が出会う代表的な方法

①　自閉スペクトラム症→TEACCH，視覚支援，見通し，構造化 ②　ADHD（注意欠陥・多動性障害）→ペアレントトレーニング ③　学習症（学習障害）→ビジョントレーニング ④　そのほか，感覚統合遊びや臨床動作法など。

介助員の積極的活用を検討するべきである（斎藤 2008）。

　このほか「言葉を短く切って伝える」などの基本事項や体育における支援（逆上がりや縄飛びなど）は知っておきたい。特に小学校の通常学級における体育の援助法については相当な知見が蓄積されている（例：澤江ら 2010）。近年発展している「インクルージョン体育」との関連も併せて考察したい。

　なお保育所，幼稚園，小学校，発達支援センター，教育相談センター，地域の療育施設などを見学し，顔見知りの人間関係をつくっておくとよい。力量のある教員やスクールカウンセラーはこれをやっている。保護者と話すとき，相互に顔がみえるネットワークの中にいることが安心感を与える。教育相談に携わる教員やスクールカウンセラーは自分なりの教育相談ネットワークをつくる必要がある。換言すると，このネットワークづくりが，その人が持つ教育相談の力量の一つといえる。

（5）保護者が困っているかもしれない現象を共感的に知る

　図表Ⅱ-6-3 は発達障害のある子どもを持つ保護者が，子どもの行動理解を除き「最もつらかったストレスの原因」の一覧である。

　これらはストレスの原因であると同時に，教員やスクールカウンセラーへの問いかけでもある。こう答えればうまくいくというマニュアル的な回答はない。ただし，経験上，「あなたはどんな人間か」を必ず問われている。教員もスクールカウンセラーも，独善に陥る危険に留意しながら，自らのコア

図表Ⅱ-6-3　最もつらかったストレスの原因

① 発達障害の診断が怖い。障害受容の問題→考えたくない
② 生活が変わることを避けたい。人生計画の変更
③ 夫婦間の温度差
④ 育て方のせい？　という悩みが消えない
⑤ これからどうなるのか。今それを考えるのはしんどい（見通しが立たない）
⑥ 実はこんなことが起きている……噛まれている，子どもをぶっている
⑦ 性的問題への対応
⑧ 周囲の無理解
⑨ 学校の理解のなさ。海外と比較してとても遅れているのでは？
⑩ 自分の死後の子どもの生活の不安

バリューを磨くほか，これに対応する方法はない（斎藤 2013）。

（6）これから学校で起こることを知る

　図表Ⅱ-6-4 は地方自治体の教育相談センターの協力を経て教員に「学校で起きた困ること」について，アンケート調査を行った結果である（斎藤ら 2014）。

　「授業内の問題行動」とは，「話し合い学習ができない」「立ち歩く」「対人関係が維持できない」などである。「対人関係問題への対応」の多くは喧嘩や衝動的行動である。パニック行動は自傷他害もあるが，パニックで逃走し，トイレに長時間こもる，脱力して動かなくなるなどが挙げられた。

　つまり，（環境調整も含めた）対人関係のスキルと学習支援の方法，そしてパニック対応が，学校で「これから起きるかもしれないこと」である。視覚支援のような方法もあるが，それ以上に学校ができることは，障害への偏見予防と子ども同士の良好な人間関係に基づく支援的な学級経営だろう。それこそが保護者を最も安心させる要因と考えられる。そのためには発達障害のある子どもを取り出して，個人のスキルを上げる訓練ではなく，その学級全体の人間関係の質の向上を促進する介入が効果的である。

　図表Ⅱ-6-5 は小・中学校の教員（139 名）の調査協力に基づき，障害の有無にかかわらず，通常学級で行うソーシャルスキルトレーニング（以下

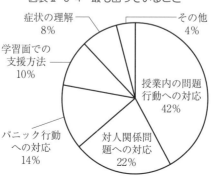

図表Ⅱ-6-4　最も困っていること

症状の理解
8%

その他
4%

学習面での
支援方法
10%

授業内の問題
行動への対応
42%

パニック行動
への対応
14%

対人関係問
題への対応
22%

図表Ⅱ-6-5　通常学級で行う SST モデル

失敗をおそれないで（落ち着いて）		
よくみて よく聞いて	＋　ルールを守って ルールを理解して	＋　適切に振る舞う （座る，話す，走る，遊ぶ， 意見をいう，協力する）
（集中）	（理解）	（動作と行為）
（身体・感覚領域）	（認知領域）	（行為領域）

SST）のモデルである（斎藤 2015）。

　このモデルは多くの小・中学校のクラス目標をもとに作成されている。このモデルのポイントは，「集中すること」と「ルール理解」と「行動」がワンセットになって展開する点にある。ともすると教員と児童生徒は「適切な振る舞い」の次元だけでもめてしまう。しかし，集中力を欠いたり，障害のためインプットがうまくいかないとき，その場面でどう振る舞えばよいのかを理解できなかったり，「自分のルール」の影響も受けるなどして，「適切な振る舞い」が疎外され，ネガティブな情動が生じる。これを防ぐには，行動の次元だけではなく，集中の次元とルール理解の次元のスキルを育てる必要がある。こうした SST は障害の予防というよりも，良好な学級経営のファシリテートを目標としている。発達障害のある子どもも参加しやすいワークショップやクラス単位の SST は，一見間接的であるが，より本質的な発達障害のある子どもへの支援方法である。試行錯誤を経つつ，こうした取り組みを行う学校と保護者は，より協働的な関係になりやすいだろう。

　たとえば小学校では連絡帳を使って担任，スクールカウンセラー，保護者の情報交換ができたのに，中学校ではできないと断られたことに不安を感じる保護者は大変多い。教科担任制である中学校の言い分も理解できないわけではない。しかし学校と保護者の協働関係こそ，学校が最も求めるべき発達障害を持つ子どもへの支援といえる。合理的配慮のもと，学校は「わからない」を最小限にして，できるところから協働関係をつくる方向での努力が常に求められるだろう。

7 精神疾患の理解

（1）子どもの精神疾患を理解する意味

　近年，さまざまな「子どもの心の問題」が注目されているが，その一つに「子どもの精神疾患」がある。精神医学の発展により，子どもにみられる精神疾患が指摘されるようになってきた。そのため教育相談においても，子どもの精神疾患に関する知識は必要不可欠なものとなってきている。

　子どもが学校不適応の状態を示すと，教員や保護者はその原因を考えるが，精神疾患の知識がないと何らかのストレスや子どもの性格に原因を帰属させがちである。具体的には，子どもが不登校になった際，何か学校でストレスを感じるようなことがあったのか，あるいは内気な性格で学校にうまく適応できないのではないかといった形の原因帰属である。

　もちろんこうした要因で学校不適応になることはあるが，子どもの学校不適応はストレスや性格などの要因だけではなく，精神疾患の結果としての学校不適応も存在する。つまり先の例でいえば，何らかの精神疾患の症状の結果として，不登校になっているということである。

　背景に精神疾患がある場合の学校不適応への支援は，ストレスや性格などを背景とする不適応への支援とは異なる。精神疾患を背景に持つ学校不適応の支援においては，学校での支援だけではなく医学的な支援も必須になるため，教員には子どもの学校不適応の背景に精神疾患があるかを見極める力が求められている。

（2）精神疾患の診断基準

　では，子どもの精神疾患にはどのようなものがあるか。精神疾患を理解するにあたっては，どのような症状がみられたら精神疾患を疑うかについての基準が必要である。そのため精神疾患を理解するには，それぞれの精神疾患の診断基準を理解する必要がある。

　国際的な精神疾患の基準には以下の2つがある。一つは，世界保健機関（WHO）が提示している「疾病及び関連保健問題の国際統計分類」（International Statistical Classification of Diseases and Related Health Problems：以下 ICD）である。もう一つは，アメリカ精神医学会が提示している「精神疾患の診断と統計マニュアル」（Diagnostic and Statistical Manual of Mental Disorders：以下 DSM）である。

　ICD には，精神疾患に限らないさまざまな病気の診断基準が示されており，精神疾患は，第5章に「精神及び行動の障害」として示されている。一方 DSM には，精神疾患のみの診断基準が示されている。両者とも定期的に改定が行われており，ICD は 1990 年に 10 回目の改定が行われ，さらに 2018 年に改正された「ICD-11」が最新のものであり，DSM は 2013 年に改定された「DSM-5」が最新のものである（両者とも 2020 年現在）。

　なお，わが国における厚生労働省の統計は ICD に基づいて出されているが，現場レベルでは DSM に基づいた診断名が出されることが多く，精神疾患に関する文献についても DSM の基準で書かれていることが多い。

（3）子どもにみられる精神疾患

　子どもにみられる精神疾患についてはどのようなものがあるだろうか。代表的な精神疾患を「幼児期・児童期」「青年期」の2つの発達段階に分けて図表Ⅱ-7-1 と図表Ⅱ-7-2 に示す。なお，発達障害についてはⅡ部5章・6章に詳しいので省略する。

　幼児期・児童期にみられる精神疾患の特徴としては，行動面の問題やコミ

図表Ⅱ-7-1　幼児期・児童期にみられる代表的な精神疾患

障　害　名	概　　　要
コミュニケーション障害	コミュニケーションに関する障害で，言語理解や言語の表出に問題を示す「言語障害」，語音に問題を示す「語音症／語音障害」，音声と音節の繰り返しを特徴とする「小児期発症流暢症（吃音）」などがある。
発達性協調運動障害	協調運動技能の獲得や遂行に遅れがあり，物を落とす，物にぶつかる，物をつかんだり，はさみを使ったり，字を書いたりするなどの微細運動の苦手さ，自転車に乗る，スポーツをするなどの粗大運動の苦手さを特徴とする。
チック障害	突発的で，繰り返し起こり，律動的でない運動または発声を特徴とする。また，多くの運動性チックと1つ以上の音声チックが併存，あるいは併存した時期がある場合には「トゥレット障害」と呼ばれる。
分離不安障害	愛着を持っている人物から離れることに過剰な恐怖や不安を示すことを特徴とする。分離への不安から，外出することを拒否したり，愛着対象から離れる悪夢をみたり，分離によって頭痛や吐き気などの身体症状を示したりすることがある。
選択性緘黙	話し言葉に関する知識は持っており，他の状況では話をしているにもかかわらず，特定の社会的状況（保育園，幼稚園，学校など）において話さないことを特徴とする。
反応性愛着障害	苦痛を感じても養育者に対して最小限の助けしか求めない，他者に対する対人交流や情動反応が少ない，陽性感情（楽しい，うれしいなどの感情）をあまり示さないなどを特徴とする。また不十分な養育環境を経験している。
脱抑制型対人交流障害	見慣れないおとなにためらいなく近づいて交流する，過度になれなれしい態度を示す，ためらいもなく見慣れないおとなについて行こうとするなどを特徴とする。また不十分な養育環境を経験している。
心的外傷後ストレス障害（PTSD）	生命の危機や重傷を負うような出来事を体験，目撃し，その出来事が頭の中で繰り返される，その出来事に関することを回避する，持続的な恐怖や罪悪感を感じるなどを特徴とする。
反抗挑戦性障害	怒りっぽく，しばしばかんしゃくを起こす，子どもや青年の場合にはおとなとしばしば口論する，規則に従うことを積極的に拒否する，故意に人をいらだたせるなどを特徴とする。
素行障害（旧行為障害）	人や動物に対して身体的な攻撃性を示す，他人の所有物を故意に破壊する，自分の利益のために人をだます，物を盗む，13歳未満に夜間外出をする，怠学傾向を示すなどを特徴とする。罪責感の欠如や共感性の欠如を示すこともある。

図表Ⅱ-7-2　青年期にみられる精神疾患

障害名	概　　要
統合失調症	妄想，幻覚，まとまりのない会話や行動，感情表出の減少や意欲の欠如などを主な特徴とする。子どもの発症は稀であるが，子どもの発症の場合は発達の不均衡が目立ち，ゆっくりと発症することが特徴である。
双極性障害	躁のエピソードとうつのエピソードを特徴とする。躁状態のときには気分の高揚，多弁，注意散漫，自尊心肥大などがみられる。抑うつ状態のときには興味，喜びの減退，不眠または過眠などがみられる。
うつ病	抑うつ気分，ほとんどすべての活動に対する興味，喜びの減退，体重の減退や増加，不眠または過眠，疲労感，気力の減退，過剰な罪責感，思考力や集中力の低下，反復的な自殺念慮などを特徴とする。
社交不安障害	社交的な場面（雑談する，よく知らない人と話をする，人前で食べたり飲んだりするなど）に対して顕著な恐怖と不安を感じる，人前で不安症状を示すことが恥ずかしいことだと感じる，結果として社交的な場面を回避するなどを特徴とする。
パニック障害	繰り返し起こる予期しないパニック発作（激しい恐怖とともに，動悸，発汗，息苦しさ，窒息感，気が遠くなる感じなどを体験する）が生じ，パニック発作に対する予期不安，あるいは不慣れな状況を回避するなどを特徴とする。
強迫性障害	強迫観念（強い不安を伴いながら，繰り返される持続的な思考，衝動，イメージなどが浮かぶ）と強迫行為（強迫観念と関連して生じる繰り返しの行動で，手を洗う，順番に並べる，確認する，数えるなどがある）を特徴とする。
解離性障害	解離（記憶や意識，アイデンティティなどが一時的に失われた状態）を特徴とするもので，1人の中に2つ以上のパーソナリティが存在する「解離性同一性障害」，ストレスの高い特定の出来事を思い出せない「解離性健忘」，離人感や現実感が消失する「離人感・現実感消失障害」などがある。
神経性やせ症	年齢，性別，成長曲線に対して必要とされるカロリー摂取を制限して，期待される最低体重を下回っている，体重増加や肥満に対して強い恐怖感情がある，自分の体重に対して歪んだ自己評価を持っているなどを特徴とする。「摂食制限型」と「過食・排出型」の2つのタイプがある。
神経性過食症	平均的な人よりも明らかに多くの食べ物を摂取し，食べることを抑制できないという感覚を有している。過食による体重増加を防ぐために不適切な代償行動（自己誘発性嘔吐，下剤の使用など）をとったり，自己評価が体重の影響を受けていると思うことなどを特徴とする。

ュニケーションの問題が中心である。一方，青年期にみられる精神疾患は，成人期にみられる精神疾患とほぼ同様のものが挙げられる。

　子どもの精神疾患を理解するうえで，教員はいくつかのことを念頭に置いておかなくてはならない。第一に，子どもの状態像を楽観視してはならないという点である。子どもは成熟途上にあり，家庭や学校などの環境要因から多くの影響を受けるため，表に示したような症状を「一時的に」示すことがある。しかし，精神医学の研究によれば，成人以降に発症する重篤な精神疾患の多くが，児童期・青年期にこれに関連するエピソードを持つことが明らかになっている（神尾 2008）。そのため，予防的な観点からも早期の治療につなげることが重要になることを理解しておかなくてはならない。

　第二は，子どもの状態像を否定的に捉えてはならないという点である。山﨑（2008）は，子どもの示す問題行動や異常行動は，否定的な意味合いで捉えられがちだが，これらの症状には重要な意味があることを指摘している。つまり，子どもの示す症状には，現在子どもが置かれている状況についてのSOS のメッセージが含まれているということである。そのため，教員には子どもの症状を否定的に捉えず，症状にどのような意味が込められているかについても考える姿勢が求められる。

（4）子どものうつ

　日本では，自殺が大きな社会的問題になっている。子どもの自殺についてみてみると，文部科学省（2020）のデータによれば，2019 年度の小・中・高校生の自殺者数は 300 人を超えており，増加傾向である。少子化が進んでいる中で数が増えているということは，実際にはかなり増加しているといってもよいだろう。

　自殺と強い関連があるとされている精神疾患に「うつ病」がある。子どものうつ病が注目されるようになったのは，1980 年代後半である（村田 2005）。欧米の疫学研究によれば，有病率は児童期で 0.5〜2.5 ％，思春期では 2.0〜8.0 ％とされている（傳田 2005）。子どものうつに関して，井上（2014）は，成

長過程で生じる劣等感や思春期特有の人間関係の問題など，年齢ごとの発達課題から生じる「気分としての抑うつ」と医学的な対応が必要である「抑うつ症状」は分けて考える必要があると指摘している。この点からみれば，「気分としての抑うつ」への支援は教育相談でも可能である。

　それに対して「抑うつ症状」がある場合には，医療機関につなげる支援が必要である。DSM-5の診断基準によれば，①抑うつ気分，②興味・喜びの喪失が主症状であり，関連症状として③食欲障害・体重障害，④睡眠障害，⑤精神運動性焦燥または制止（客観的に見て落ち着きがなくなった，あるいは行動が遅くなった），⑥疲れやすい・気力低下，⑦無価値観・不適切な罪悪感，⑧思考力・集中力の低下，⑨自殺念慮・自殺企図が挙げられている。

　基本的には成人と症状は同じであるが，子どもの場合は抑うつ気分の代わりに，「イライラ」が中心の症状となることがあったり，過食や過眠がみられたりすることが指摘されている。また，DSM-5では，子どものうつとして新たに重篤気分調節症という疾患が加えられた。この疾患は「気分の落ち込み」ではなく，「怒りっぽさ」を主症状とするものであるため，注意が必要である。

　子どもの場合，抑うつ症状を身体的不調や成績低下，不登校といった形で示すことが多いため，これらの状態像がみられた場合には，背景に抑うつ症状がないかを確認する必要があり，保護者から家庭での子どもの様子を聞きながら支援を行っていく必要がある。

（5）精神疾患の子どもの支援

　精神疾患のある子どもの支援には，大きく「精神疾患が疑われたときの支援」と「回復期の学校での支援」の2つがある。

1）精神疾患が疑われたときの支援

　精神疾患が疑われた際に優先されるべきことは，医療機関への受診である。とはいえ，受診はそう簡単に進むわけではない。特に日本は精神科や心療内科への偏見があるため，本人や家族に受診を勧めても抵抗を示し，すぐに受

診しないことも少なくない。その場合，医療機関への受診については，専門性の観点からスクールカウンセラーや教育相談センターのカウンセラーから勧めた方がうまくいく場合も多いため，まずはカウンセラーにつなげることが重要である。その際，教員は日々の学校での生活の様子を具体的に伝えられるようにしておく必要がある。

　また，学校生活における支援においては，精神疾患の可能性がある場合には「治療」が優先されるため，無理に登校を促したりはせず，ときには休むことも保障しながら支援を行っていくことが重要である。

2）回復期の学校での支援

　支援のもう一つの側面が，回復期における支援である。医療機関を受診し，治療が進むと個人差はあるものの徐々に症状が回復し，少しずつ登校を再開するようになってくる。こうした状況での支援は，医療機関や家族と連携を図るとともに，スクールカウンセラーとも連携をとりながら，登校の計画や登校した際の学校での過ごし方を具体的に検討し，チームで援助していく体制を整えることが重要である。

　学校は治療機関ではないため，精神疾患を治すことはできない。しかし，教育の目的の一つに「社会適応」がある。子どもたちにとって学校は「社会」である。つまり学校は精神疾患そのものを治すことはできなくても，「精神疾患を抱えながらどのように社会に適応していくか」を支援することはできる。これは，学校ができる重要な支援である。

（6）サイコロジカル・ファーストエイド（心理的応急処置）

　近年，わが国では阪神・淡路大震災，東日本大震災，集中豪雨などに代表されるように，多くの自然災害が起こっている。また，子どもたちは学校内外で予期せぬ事件や事故の被害に遭うこともある。自然災害や事件・事故の被害に直面すると，子どもによっては身体面（心拍数の増加など），思考面（思考が狭くなるなど），感情面（恐怖感や悲しみなど），行動面（落ち着きがなくなるなど）においてさまざまな反応を示すことがある。こうした反応は自然災害や

図表Ⅱ-7-3　PFA で行われる支援（WHO のガイドラインより作成）

・実際に役立つケアや支援を提供する。ただし押しつけない。 ・ニーズや心配事を確認する。 ・生きていくうえでの基本的ニーズ（食料，水，情報など）を満たす手助けをする。 ・話を聞く，ただし話すことを無理強いしない。 ・安心させ，心を落ち着けるように手助けする。 ・その人が情報やサービス，社会的支援を得るための手助けをする。 ・それ以上の危害を受けないように守る。

　事件・事故などの被害に遭った直後に生じやすく，支援が必要になるが，このときに行われる支援がサイコロジカル・ファーストエイド（Psychological First Aid：以下 PFA）である。

　WHO が PFA のガイドラインを示しており，「PFA とは，深刻な危機的出来事に見舞われた人に行う人道的，支持的，かつ実際的な支援」と定義している。PFA では図表Ⅱ-7-3のような支援が行われるが，支援の目的は「もとの元気な状態に戻る」ことにある。人格の成長などを目的としているカウンセリングとはこの点で大きく異なる。WHO のガイドラインでは，PFA は専門家だけが行うものではないとされていることから，教員も児童生徒に対して PFA を実施することは可能である。

　なお，PFA は教員が一人で行うものではない。学校で緊急事態が生じた場合には，一般に「緊急支援チーム」がつくられ，組織的に支援が行われるが，PFA はこの支援の一部として行われる。学校で緊急事態が生じた際の支援の手引きについては，福岡県臨床心理士会が『学校コミュニティへの緊急支援の手引き（第3版）』を出版しているので参考にされたい。

コラム：教育相談と解離症状

1. こんな症状の子どもはいませんか。

・小学校 6 年生の男子。性格はおとなしくて，気が小さい。護身用のナイフを持ち歩いていて，からかわれた際，急にナイフを取り出して，人相が変わってしまった。

・中学 2 年生の男子で，盗癖が治らない。「優しくて，気が弱い」と誰もがいう性格で，周囲に流されるけれど「悪い友だちと切れれば盗癖も治る」と指摘されている。家庭環境にも特別な問題はない。しかし，「盗める状況」に陥ると，万引きを繰り返す。

・ネグレクト傾向のある家庭の中学 3 年男子。放課後，彼は教室でボヤ事件を起こした。しかし，記憶があいまいで，よく覚えていない。彼に重篤なストレスがかかっていたことは了解できるが，彼自身の説明が不明瞭なため「なぜ教室で放火だったんだろう」と教員は腑に落ちない。

2. 解離症状とは何か。

　解離症状があるからといって，すべてが精神疾患になるわけではありません。「症状としての解離」（解離症状）があり，それが病理化した場合，解離性障害となります。ですから，上のような症状があっても，必ずしも病気と診断されるわけではありません。

　解離症状には 2 種類あります。第一は「普段の意識状態が変容し，自分から離れたような感覚になること」で，離隔（detachment）と呼ばれます。第二は「普段なら気づける情報に気づけなくなり，日常的にできていた行動ができなくなること」で，区画化（compartmentalization）と呼ばれます。マスコミでセンセーショナルに報じられる解離性同一性障害（多重人格）などは区画化の病理ですが，教育相談で大切なのは病気がどうかではなく，解離症状としての離隔です。

　柴山（2007）が指摘するように，解離症状の本質は離隔ではないかと思います。リストカットやプチ家出を繰り返す子ども，あるいは「非行」に分類されている子どもの背後に離隔が潜んでいることがとても多いことを実感します。先生方に覚えていただきたい精神疾患の一つは「解離症状」です。

　とても重要なことですが，解離症状が解離性障害でなかったとしても，それは病理が浅いというだけのことで，児童生徒が生きていくうえでの苦しみが軽いことにはなりません。状況によっては病院につながらないだけ，解離症状だけの子どもが実存的な生命の危機に追い込まれているケースがあります。この点に関心のある方は『ルポ虐待―大阪二児置き去り死事件』（杉山春　ちくま新書）をぜひご一読ください。精神疾患でないからといって，「軽いケース・重いケース」などと判断してはいけないのです。

Ⅲ 部

教育相談の方法

1 アセスメント

（1）心理アセスメント

1）心理アセスメントの方法

　心理アセスメントは，一般的に以下の3つの方法を用いて行われる。

　① 観察法　　観察を通して児童生徒の情報を得る方法である。児童生徒の言動の変化，態度や行動の変化などの情報は，日常生活場面での観察を通して得ることができる。また，問題行動について考える際には，それがどのような場面で生じ，どのくらいの時間続き，問題行動の後どのようなことが起こるのかといった情報が必要になるが，これらの情報も観察を通して知ることができる。

　② 面接法　　直接会って話をすることで児童生徒の心の状態を知る方法である。児童生徒が今どんなことを考えたり，感じたりしているのか，どんなことに困っているのか，どうしたいと思っているのか，どのような状況に置かれているのかなどの情報は，面接をして直接話をする以外にはなかなか得られない。そのため直接会って話をすることはとても重要なアセスメントの方法である。

　③ 検査法　　心理検査を用いることで児童生徒の情報を得る方法である。心理検査は，大きく「性格を知る検査」と「能力を知る検査」に分けることができる。

　心理検査は，医療機関や教育相談センターなどで行われるのが一般的であるため，教員にとってはあまり身近なものではないが，児童生徒の支援を効果的に行うためには，教員も心理検査の結果を知る必要がある。実際，児童

生徒や保護者が病院や教育相談センターで受けた検査結果や所見を持ってくることがある。そのため，教員の立場でも具体的な心理検査の種類とそれぞれの検査がどのような側面を測定しているのかを理解しておく必要がある。

２）心理検査の種類

　ここでは，主に心理検査について説明する。心理検査には，児童生徒の「能力」の側面を測る検査と「パーソナリティ」の側面を測る検査の２つに分類され，それぞれはさらに図表Ⅲ-1-1 のように分類される。能力検査には，「知能検査」「発達検査」「適正検査」があり，パーソナリティ検査には，「質問紙法」「作業検査法」「描画法」「投影法」がある。

　また，具体的な能力検査とパーソナリティ検査については，図表Ⅲ-1-2 から図表Ⅲ-1-6 にまとめた。

　知能検査（図表Ⅲ-1-2）は，発達障害のアセスメントでは必ず行われる検査であり，子どものアセスメントではほぼ行われる検査である。全体的な知能をアセスメントするものとして「ウェクスラー式知能検査」「ビネー式知能検査」がある。また，より細かい部分の能力をアセスメントするものとして，「K-ABC」（K-ABC Ⅱ）や「ITPA 言語学習能力診断検査」がある。

　発達検査（図表Ⅲ-1-3）は，主に乳幼児のアセスメントを行う際に使用され

図表Ⅲ-1-1　心理検査の分類

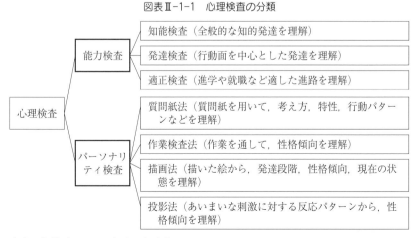

出典：友納（2014 p.64）を一部改変。

図表Ⅲ-1-2　代表的な知能検査

ウェクスラー式知能検査	現在，日本で最もよく用いられている知能検査。幼児用のWWPSI，児童用のWISC，成人用のWAISの3種類がある。知能を複数の要素から構成されていると考えており，「全検査知能指数」だけでなく，「言語理解」「ワーキングメモリ」「知覚推理」「処理速度」の4つの群指数と呼ばれる概念も導入され，知能をより細かく分析できるようになっている。
ビネー式知能検査	知能は要素に分析できるものではなく，統一体としての一般知能が基礎にあると想定している。知能検査により，「生活年齢」と「精神年齢」が算出され，これによって「知能指数」が算出される（知能指数＝精神年齢÷生活年齢×100）。日本には，いくつかのビネー式知能検査があるが，「田中ビネー式知能検査」が広く用いられており，2003年に「田中ビネー知能検査Ⅴ」が発表された。
K-ABCとK-ABC Ⅱ	カウフマン夫妻によって開発された知能検査であり，ルリアの神経心理学モデルを基礎にして作成された検査である。認知処理の過程を同時処理と継次処理の2つの点から評価する。また改訂版のK-ABC Ⅱはさらに発展し，ルリアのモデルとCHC理論の両方のモデルに基づいており，同時処理と継次処理に加えて学習能力と計画能力の4つが測定される。
ITPA 言語学習能力診断検査	カークを中心に開発された検査で，子どもの知的能力と言語学習能力を測定する検査である。言語学習能力を「回路」「過程」「水準」の3つの次元から説明している。特に学習障害や言葉の発達に遅れのある子どものアセスメントに使用されることが多い。

る。代表的なものとして「津守式乳幼児精神発達診断検査」「新版K式発達検査」「遠城寺式乳幼児分析的発達検査法」がある。乳幼児は言語が未発達であるため，日常生活の行動を通してアセスメントが行われる。

　代表的な質問紙法のパーソナリティ検査（図表Ⅲ-1-4）としては，「Y-G性格検査」「Big Five」などがある。質問紙法は，用意された質問に対して選択肢に丸をつけるなどして回答する検査である。実施が簡単で，採点も容易であるという長所があるが，一方で嘘の回答によって回答が歪んだり，回答者の言語能力に依存するなどの短所もある。

　代表的な作業検査法のパーソナリティ検査（図表Ⅲ-1-5）として，「内田・クレペリン精神作業検査」「ベンダー・ゲシュタルト検査」などがある。作業検査法は，単純な作業を与えてその作業の結果からパーソナリティなどを

図表Ⅲ-1-3　代表的な発達検査

津守式乳幼児精神発達診断検査	乳幼児の日常生活場面の観察に基づいて発達のアセスメントを行う検査である。養育者への面接を通して評価を行い，発達的な側面だけでなく，養育環境の情報も得られるなど幅広い情報を得ることができる。「運動」「探索」「社会」「生活習慣」「言語」の5領域のアセスメントが行われる。
新版K式発達検査	京都市の児童院で開発された乳児や児童の発達の状態を測定する検査であり，「姿勢・運動」「認知・適応」「言語・社会」の3領域について評価を行う。新版K式発達検査では，「DQ（Developmental Quotient）」と呼ばれる「発達指数」が算出される。
遠城寺式乳幼児分析的発達検査法	九州大学の医学部小児科において作成された検査で，「移動運動」「手の運動」「基本的習慣」「対人関係」「発語」「言語理解」の6領域から評価が行われる。

図表Ⅲ-1-4　代表的な質問紙法

Y-G性格検査	矢田部ギルフォード性格検査。特性論に基づくパーソナリティ検査でわが国でもよく使われている検査の一つである。「はい」「？」「いいえ」の三件法で回答する検査であり，情緒安定性に関する尺度が4つ，社会適応性に関する尺度が3つ，向性に関する尺度が3つで構成されており，項目数は120項目である。また，結果のプロフィールのパターンからA型，B型，C型，D型，E型の5つの類型論的な解釈もできる。
Big Five	「五因子モデル」と呼ばれるパーソナリティに関する仮説から作成されたパーソナリティ検査である。村上ら（2001）は，性格の基本次元として「外向性」「協調性」「良識性」「情緒安定性」「知的好奇心」の5つの次元を仮説として「主要五因子性格検査」を作成している。

図表Ⅲ-1-5　代表的な作業検査法

内田・クレペリン精神作業検査	検査用紙に印字された数字を連続加算し，その結果を表す曲線（作業曲線）のパターンに基づいてパーソナリティを評価する検査である。前半15分，休憩5分，後半15分で実施され，作業量，曲線の定型特徴，非定型特徴の組み合わせから24パターンに分類して意思緊張などが評価される。
ベンダー・ゲシュタルト検査	ベンダーによって開発された検査で，さまざまな模様や図形を描写してもらい，書き方や正確さなどから視覚や運動機能，脳の器質的な損傷などのアセスメントを行う検査である。

図表Ⅲ-1-6　代表的な描画法

バウムテスト	コッホによって考案された検査で，「1本の実のなる木」を自由に描いてもらうことによって知能やパーソナリティをアセスメントする検査である。描かれた樹木画をもとに「形態分析」「動態分析」「空間分析」の3つの視点から分析を行う。
風景構成法	日本の精神科医である中井久夫によって考案された検査である。川，山，田，道，家，木，人，花，動物，石の10個の構成要素を1つの風景になるように描いてもらうことでパーソナリティを分析する検査である。彩色はクレヨンで行い，描いた絵を自由連想してもらい，その内容からパーソナリティを分析する。
HTP テスト	バックによって考案された検査で，「家」→「木」→「人」の順番で絵を描いてもらうことでパーソナリティをアセスメントする方法である。また，日本では「人」の後に「反対の性の人」の絵を描いてもらう HTPP テストも考案されている。

アセスメントする方法である。作業検査法は，言語能力に依存しないため多くの子どもに実施できるといった利点があるが，結果の解釈に主観が入りやすく，パーソナリティの限られた部分しかアセスメントできないという短所がある。

　代表的な描画法によるパーソナリティ検査（図表Ⅲ-1-6）に，「バウムテスト」「風景構成法」「HTP テスト」などがある。描画法は，絵を描いてもらい，描かれた絵を通してパーソナリティをアセスメントする方法である。描画法は，幅広い層に実施でき，言語能力にも依存しないという利点があるが，結果の解釈に主観が入りやすいなどの短所もある。

　投影法によるパーソナリティ検査（図表Ⅲ-1-7）には，「ロールシャッハテスト」「主題統覚検査（TAT）」「絵画欲求不満テスト（P-F スタディ）」「文章完成法（SCT）」がある。投影法は，あいまいな刺激を提示し，その刺激に対する反応からパーソナリティをアセスメントする方法である。刺激があいまいで，どのような回答が望ましいかわからないため，回答が歪むことが少ないという利点があるが，結果の解釈に主観が入ってしまうという短所がある。

（2）知 能 検 査

　知能検査は知的発達に遅れがあるかを判別するために考案されたもので，

図表Ⅲ-1-7　代表的な投影法

ロールシャッハテスト	ロールシャッハによって考案されたパーソナリティ検査で，左右対称からなるインクの模様の図版10枚を提示し，その反応によってパーソナリティを評価する検査である。具体的には，「何がみえるか」「なぜそうみえるのか」を説明してもらい，その回答に基づいて知的活動，衝動性，情緒的反応性，対人関係の特徴などが評定される。日本において最も使用されている投影法検査である。
主題統覚検査 （TAT）	マレーによって考案されたパーソナリティ検査で，あいまいな状況を表す絵画を提示して，その反応からパーソナリティを評価する検査である。具体的には，30枚の図版の中から20枚を選択して提示し，絵画の人物の性格や感情，時間的な経過を含んだ物語をつくってもらう。そしてその反応結果を逐語的に記録し，動機，感情，コンプレックス，葛藤などが分析される。児童版にCATがある。
絵画欲求不満テスト （P-Fスタディ）	ローゼンツァイクによって考案された検査で，日常的な欲求不満場面の描かれたカードを提示して，それに対する反応から攻撃性の型と方向性を分析する検査である。攻撃性の型は，「障害優位型」「要求固執型」「自己防衛型」の3つに分類され，攻撃性の方向性は，「自罰型」「他罰型」「無罰型」の3つに分類される。
文章完成法 （SCT）	「子どもの頃私は……」「私が嫌いなのは……」などの未完成の刺激文に対して，その続きを思うがままに記述してもらうことで，その人の自己概念，対人関係，家族関係などをアセスメントする検査である。

知的な発達水準を精神年齢（MA＝Mental Age）と知能指数（IQ＝Inteligence Quotient）で表す。わが国では一般的な知能を図る知能検査として「田中ビネー知能検査Ⅴ」が広く使われている。しかし，2000年頃から「特別支援教育」という新しい概念が生まれ，発達障害を持つ子どもにも積極的に教育的支援を行っていこうと，学校現場においてもさまざまな取り組みが始まった。子どもに適切に対応するためには，子どもの特徴を把握し，それをもとに子どもの能力や特性に応じた具体的指導を明らかにし，個別支援計画を作成して効果的に教員らがその子どもにかかわる一連のプロセスが必要となる。そこで，子どもの発達状況を把握するとともに，その子どものさまざまな能力のバランスを分析することが必要となるが，このニーズに応えるものがWISC-Ⅳ（Wechsler Intelligence Scale for Children Ⅳ：ウィスクフォー）という知能

検査である。WISC-Ⅳの測る知能は「目的的に行動し，合理的に思考し，能率的にその環境を処理しうる総合的，全体的能力」と定義され，個人の知的発達の状態をプロフィールで表し，個人内差（能力のバランス）という観点から分析的に知能を診断する優れたアセスメントツールで，とりわけ発達障害を抱える子どもの特徴を理解するうえでは，教育，心理の分野で欠かせないものとなっている。

1）IQ の分布

　知能検査で測定される数値は，年齢ごとに図表Ⅲ-1-8 のように正規分布するという仮説をもとに，統計的に基準化された値（IQ など）で表す（図表Ⅲ-1-9）。

2）知的障害と自閉スペクトラム症

　図表Ⅲ-1-10 は，知的障害，学習障害（LD），自閉スペクトラム症を IQ の高低と偏りから，知能の状態像の特徴を示したものである。教育相談の中では，子どもの知能の状態を理解するため，このような図の中で子どもがどのあたりに位置しているかを推定する。しかし，知的障害，LD，自閉スペクトラム症の境界を明確に線引きすることは難しい。子どもの持つ特性の強弱などはその子どもによってさまざまであり，誰一人として同じ状態像を示すことはないからである。子どもの状態像を図中のどこに位置するかを視覚的

図表Ⅲ-1-8　IQ 値の正規分布

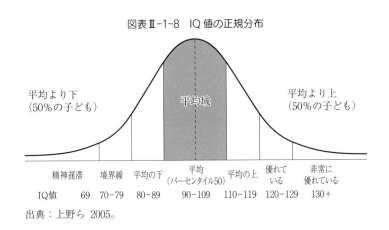

出典：上野ら 2005。

図表Ⅲ-1-9　知能水準の分類

IQ	分類	理論上の割合（％）
130 以上	非常に優れている	2.2 %
120〜129	優れている	6.7 %
110〜119	平均の上	16.1 %
90〜109	平均	50.0 %
80〜89	平均の下	16.1 %
70〜79	境界線	6.7 %
69 以下	精神遅滞	2.2 %

出典：上野ら 2005。

図表Ⅲ-1-10　IQ の偏りの特徴

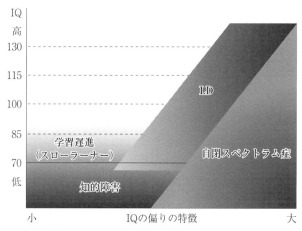

出典：上野ら 2005。

に捉えることで，その知能の特性をイメージできるようにすることが大切である。なお，知的障害，自閉スペクトラム症の詳細はⅡ部5章，6章を参照されたい。

3）WISC-Ⅳの概略

　WISC-Ⅳは2003年に出版され，5歳から16歳11カ月の子どもに適応される知能検査である。実施時間はおよそ65分〜80分。検査者は心理アセスメント分野の専門家による。子どもの全体的な知的能力（全検査IQ：FSIQ）

が測定できるほか，下位の合成尺度として言語理解指標（VCI），知覚推理指標（PRI），ワーキングメモリー指標（WMI），処理速度指標（PSI）に関する能力も測定できる。さらに，この4種の指標の下に15の下位検査があり，細かく知的能力の特徴を把握することができる（図表Ⅲ-1-11）。

4）結果の解釈

　WISC-Ⅳを実施し，結果の数値が出れば終了ということではない。結果は検査に取り組んだ子どもへの適切な支援につなげ，その子どもの学校生活や日常生活上の困り感が改善されるように還元されなくてはならない（図表

図表Ⅲ-1-11　WISC-Ⅳの構造

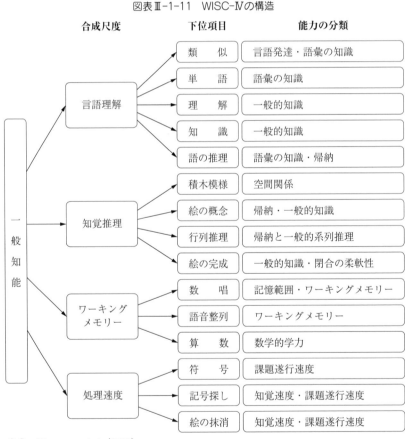

出典：Flanagan et al（2009）.

Ⅲ-1-12)。結果の解釈にあたっては2つの活用法がある。一つ目は，子ども
の日頃の行動に関する理由や背景を検査結果によって明らかにする場合であ
る。たとえば「○○ちゃんは忘れ物が多い，なぜだろう？」「△△くんは何
度も同じ注意をされる，どうしてだろう？」など，知能検査により日頃の疑
問について答えの一つをみつけようとするものである。

図表Ⅲ-1-12　WISC-Ⅳの下位検査

下位検査	検査内容
1.　積木模様	一連のモデルあるいは2次元幾何学模様を赤と白の積木を使って時間内につくるように求められる。
2.　類似	日常的な物や概念を表す2つの単語がどのように類似しているかを説明するように求められる。
3.　数唱	順唱は，検査者がいった通りに数字を繰り返すよう求められる。逆唱は，検査者がいったものと逆の順序で数字を繰り返すように求められる。
4.　絵の概念	共通の特徴でグループをつくるように，2列または3列の提示された絵の中から1つの絵を選択するように求められる。
5.　符号	手がかりを使って幾何学的図形または数とペアになった記号を制限時間内に書き写すよう求められる。
6.　単語	絵の名称をいうか，単語の定義をいうように求められる。
7.　語音整列	一連の数字と文字を読まれ，数字は昇順に，文字は50音順で思い出すように求められる。
8.　行列推理	5つの選択肢の1つを選択することによって，絵の行列の欠けている部分を完成するように求められる。
9.　理解	一般原則や社会的状況の理解に基づいた一連の質問に答えるように求められる。
10.　記号探し	記号グループを調べて刺激記号があるかないかを制限時間内に示すように求められる。
11.　絵の完成	絵をみて，絵の欠けている重要な部分を制限時間内に示すように求められる。
12.　絵の抹消	不規則に配置された，あるいは規則的に配置された絵をみて，制限時間内に目標の絵に印をつけるように求められる。
13.　知識	広範囲に一般知識の話題を扱う問題に答えるように求められる。
14.　算数	口頭で出されたいろいろな算数問題を制限時間内に暗算で回答するように求められる。
15.　語の推理	一連のヒントによって述べられた共通概念を答えるように求められる。

出典：Flanagan et al（2009）.

　二つ目は，WISC の結果をもとに，学校における合理的配慮や個別指導計画の内容を議論し，決定する場合である。合理的配慮を行うために必ずしも WISC の結果は必要ではない。しかし，他の児童生徒とは異なる配慮を学校として行う際，その根拠として WISC の結果があった方が望ましいことが多い。とりわけ診断書が出るほどではないが，発達のばらつきの大きさから配慮を必要とするグレーゾーンの児童生徒の場合，WISC の結果に基づく判断は説得力を持つ。また，自治体によっては，教育相談センターによる WISC を適応指導教室や通級，情緒障害児学級への入級判定に使用することもある。

　いずれの場合にも，検査結果が子どもの生活や学習の課題とどのように関連しているかを把握することである。これにより，予防策を考えたり，具体的な支援を講じたりすることができるし，保護者にも説明して学校と家庭で子どもの対応法について統一，連携できるのである。

　また，結果の IQ だけに注目することも慎まねばならない。なぜなら，IQ は，検査時の子どもの体調，検査者との関係性，直近で同じ検査をしたなどの学習効果，折しも友人関係で悩んでいて不安と緊張で検査に集中するどころではなかったなどの心理的影響など，さまざまな要因で結果の IQ は ±10 の誤差はあるともいわれている。よって，検査結果の解釈にあたっては，子どもの生育歴，教育歴，家族状況，普段の性格，学校生活の様子，家庭生活の様子，検査時の子どもの状況と体調，潜在的な身心の疾病の有無などが検査結果に影響を与えていないか，あるいは結果とつながるところはないかなど，さまざまな視点から検討しなければならない。

5）検査結果のフィードバック

　検査結果のフィードバックは，子どもにはもちろん，保護者にも実施する。たとえば「どうして僕は忘れ物ばかりしてしまうのだろう」などの子ども自身の困り感に対し，結果を踏まえた具体的対処法を伝えて子ども自身が苦手部分をコントロールできるよう支援したり，保護者に子どもの特性を踏まえた適切なかかわり方を提示したりして親子の相互理解を図るなど，子どもや保護者の支援につなげなければならない。

　子どもにフィードバックをする際は，子どもの年齢，理解力に合わせた言葉で説明する。なお，IQを子どもに伝えるかについては，慎重に判断する。検査結果の意味するところを正しく理解しないまま数値だけが一人歩きをし，子どもが自信をつけるどころか，数値に捉われて「落ちこぼれ」の烙印を押されたかのように感じて自尊心を弱めることは想像にやすい。しかし，子どもが自覚しているよりよい結果であった場合，「小学校〇年生だけど，中学△年生の課題もできていたよ。□□が得意分野だってことがわかったね」等，子どもの自信につなげるためにフィードバックが有効である。どちらも場合も，子どもの価値観，物事の捉え方，性格など十分に検討して判断する。

　一方，生活や学習でつまずくわが子に「どのようにかかわったらいいのだろうか」と悩み苦しみ，しかし，子どもがのびのびと成長することを誰よりも願っているのが保護者である。よき理解者として子どもに寄り添い，励まし，ねぎらい，応援できるのも保護者であるため，保護者が子どもの状態像を正しく客観的に理解し，子どもに適切な支援を行うことは，ひいては子どもの利益につながっていく。そこで，保護者へフィードバックする際は，知的な遅れや発達障害について保護者がどれくらい知識を持ち，結果を受け入れる心の準備が整っているかなど十分把握しておく必要がある。たとえば，検査を受けた子どもの兄弟がすでに発達障害の診断を受けている保護者は，今回検査を受けた子どもについてフィードバックを受けたら「やはり，兄弟と似ているところもあったから，結果がわかりすっきりした」と感じるかもしれないし，「兄弟の対応だけでも大変な思いをしてきたのに，この子も同じ障害だなんて……」と落胆し，すぐに結果を受け入れることが困難であるかもしれない。また，保護者自身，知的な遅れがある場合には，簡潔＆完結に，書面や図なども利用してわかりやすく伝える配慮が必要である。

6）プロフィールの例と書面によるフィードバックの例

　図表Ⅲ-1-13は，小学校3年生の児童で，忘れ物やなくし物が多い，宿題にとても時間がかかる，親が注意をしても「はぁ～」とため息をついて話を聞いていないような態度をとることに困った保護者からの相談でWISC-Ⅳを実施した結果とフィードバックの例である。

図表Ⅲ-1-13　WISC-Ⅳのプロフィール例

| | | | 検査日 | 25 | 年 | ○ 月 | ○ 日 |
受験者：　○○○○

検査者：　△△△△

検査日	25 年	○ 月	○ 日
生年月日	16 年	△ 月	△ 日
年齢	8 年	7 月	1 日 (103)月

下位検査	粗点	評価点				
積木模様	39	11		11		
類似	13	10	10			
数唱	14	9			9	
絵の概念	14	9		9		
符号	23	5				5
単語	12	7	7			
語音整列	11	7			7	
行列推理	24	14		14		
理解	14	11	11			
記号探し	23	11				11
（絵の完成）						
（絵の抹消）						
（知識）						
（算数）						
（語の推理）						
評価点合計	94	28	34	16	16	
		全検査	言語理解	知覚推理	ワーキングメモリー	処理速度
		FSIQ	VCI	PRI	WMI	PSI
合成得点		95	95	109	88	88

	評価点合計	合成得点	パーセンタイル順位	信頼区間	
				90%	95%
全検査	94	95	37	90-101	89-102
言語理解	28	95	37	88-103	87-104
知覚推理	34	109	73	101-115	99-117
ワーキングメモリー	16	88	21	82-96	81-97
処理速度	16	88	21	82-98	80-99

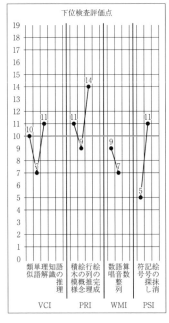

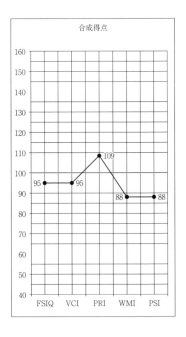

フィードバック書面の例

お子さんと気持よくすごすために

お子さんの得意なところとちょっと苦手なところ

WISC-Ⅳからみてみましょう！ （2014年○月○日実施）

項目	検査内容	IQ	力のめやす	説明
全検査	全てを平均した力	95	ほぼ年齢相応の力をもっています。	★しかし，得意なところと苦手なところの差が大きいです。詳しくは下記をご覧下さい。
言語理解	言葉で伝える力，表現力，理解力	95	ほぼ年齢相応に言葉で表現することができます。	★大意を表現することは得意ですが，具体的にわかりやすく表現する作業は少し苦手です。
知覚推理	目で形の特徴を捉え，分解したり構成したりする力，推理力	109	算数の図形問題，漢字の書き取りなどは得意分野です。	★パズルや間違い探しなど，目でみて気づいたり法則を探したりすることが得意です。
ワーキングメモリー	注意力，集中力，耳から聞いて記憶する力	88	1～2学年下を想定した力です。	★コツコツ単純作業を続けたり，頭の中で整理して覚えることはちょっと苦手です。
処理速度	作業を手際よく進める力・計画力	88	1～2学年下を想定した力です。	★手際のよさ，計画性が今一歩。マイペースさんの所以はここにあり。

1.　行動面のフォロー
①　忘れ物が多いことについて
　注意力，耳から聴いて記憶する力，記憶を保持する力は今一歩。目で見て把握する力は高いので，メモをとる，メモを目につくところに貼る，手に書く，トイレに貼る，必ず見るところに貼るなどの工夫が有効です。具体的なやり方はお子さまと相談してみてください。何度も定規をなくすなどは，カレンダーに失くしたことがわかるようシールを貼って「○個目だよ」と意識づけさせるような対応も時に必要かもしれません。

②　マイペースさんのところ
　手際のよさが今一歩。かつ，単純作業（漢字の宿題なども）をコツコツということも苦手です。早めに始める，最終的に終わればよしとする，といった構えで居る方がこちらも気が楽です。要領もよくないので，同時並行で何かと何かをすることも苦手です。「1つずつでいいよ，これが終わったら次をやればいいよ。結果は同じだから○○ちゃんスタイルでいいよ」と，認めてあげるほうが本人も気持ちよくできるでしょう。

2.　情緒面のフォロー
　子どものためを思って話をしても「はぁ〜」とため息で答えられると，こちらもイライラするのは当然です。しかし，この程度の反発は小学生なら普通です。成長段階に見合った意思表示の1つと捉え，気にせずスルーし，伝えるべきことだけさらりと伝えてあとは本人の判断やペースを見守りましょう。

【これからの応援体制】
　今回，お子さまの課題は環境要因（育て方）ではなく，もともとの持って生まれた特徴に由来するものということがわかりました。お伝えした工夫で飛躍的に問題が解決するわけではありませんが，「ちょっとマシ」になることは期待できます。そこは本人の努力を認め，少しでも有効だった方法を継続していくことがベターな支援です。

◆これからもなんなりとご相談ください。よろしくお願いします！！

他に困っていることはありますか？
　少しでもうまくいったら続ける価値がある工夫だワン！

2 教育相談の基礎理論

(1) 基礎なるものとコミュニティアプローチ

1) 教育相談は共通性（基礎なるもの）を志向する

　学校は病院のような「治療または療育を目的とした有料の予約管理システム」ではない。保護者はもちろん，地域の社会資源（教育相談センター，児童相談所，適応指導教室，発達支援センター，フリースクール，学童クラブ，病院など）と多様なレベルの交流を絶えず行いながら活動する地域の生態学的拠点である。この生態学的拠点としての学校で行われる相談が教育相談である。教育相談の「基礎なるもの」は，学校という生態学的システムの性質を反映している。

　現在少なく見積もっても250前後の心理療法や心理的アプローチの流派が存在している。これに教育や医療，福祉などの領域，発達年齢，症状という要因を加えていくと，流派はさらに細分化される。「私の専門は教育領域の認知行動療法で，児童期の自閉スペクトラム症の学習支援が得意です」「私は病院で精神分析を中心としたサイコセラピーをやっていて，青年期の摂食障害で論文があります」などの発言は決して珍しいものではない。教育と訓練を受けるほどに，専門性は細分化される。ダンカンらが指摘するように（Duncan et al 1999），一つの理論だけですべてのケースに対応するような「one size fit's all」の時代は良くも悪くも終わっている。

　その一方で，制度的な枠組みの中で地域に開放されている学校システムにおいて，教育相談担当の教員やスクールカウンセラーは，どのような相談がいつ来るかわからない状況で，ほぼ無限の主訴（相談者が困っており，相談して解決したいこと）に対応している。したがって教育相談では「特定の何か」に

しか対応できない「細分化された専門性」よりも，流派の垣根を越えた共通の原理による幅広い対応力が求められる。あらゆる現象に対処できる巨大な一つの理論ではなく，さまざまな流派の根っこにあたる共通性が教育相談の「基礎なるもの」といえるだろう。

　共通性の重視は流派の価値を否定するものではない。流派とは自らの個性をぶつけ，我流にならないための鋳型として，つまりは上達論として必要である。また特定の症状や疾患の対応に強い特定の流派があるのも事実である。流派というネットワーク自体も多様なレベルで役立つことが多いだろう。しかし教育相談において共通性を踏まえない「流派」は，認知行動療法でもユングでも，アドラーでも，すべて「独善の枠」である。教育相談は共通性（基礎なるもの）を志向する。

　共通性への志向性は「教育相談の理論」というよりも「教育相談の事実（fact）」といえる。図表Ⅲ-2-1 はスクールカウンセリング室の昼休みまでのスケジュールの一例である。これをみると，スクールカウンセリング室のケースは「主訴が想定できるクライアント」と「あらかじめ主訴がわからないクライアント」「緊急対応」の３つのカテゴリーで構成されていることがわかる。

　緊急事態がそんなに多いのかという反論もあろうが，児童生徒にとってパニックを起こしやすい環境が（何らかの理由で改善されず）維持されているとき，

図表Ⅲ-2-1　スクールカウンセリング室の昼休みまでのスケジュールの一例

時間	クライアント	内容
8 時 30 分～9 時 30 分	生徒指導部会・教育相談部会・特別支援部会合同会議	情報交換
9 時 35 分～10 時 25 分	不登校生徒保護者	面接（継続）
10 時 30 分～11 時 20 分	不登校生徒	面接（継続）
11 時 20 分～11 時 40 分	学校内で発達障害のある A 君がパニック。「対応してほしい」	面接（緊急）。病院等，連絡。関係者に説明など
11 時 40 分～12 時 15 分	保護者（新規）	学校への不満
12 時 20 分～13 時 15 分	不登校生徒 2 名と給食	話し相手。居場所
13 時 20 分～13 時 40 分	話し相手（8 名～）	話し相手。居場所

発達のばらつきに由来するパニックはほぼ慢性的に生じる。

　そのほか，家出が報告されたケース，学校内で病理的なストレス反応がみられたケース，教員のうつ病相談，校内でのリストカット，プチ家出によるトラブル，解離症状など精神病理的現象の発現などは学校の内側から生じる外乱といえる。他方，学校の外側からも外乱は生じる。保護者の突然の訪問なども珍しくはない。そのほか，児童虐待事例，警察との協働ケース，スクールソーシャルワーカーとの協働ケース，適応指導教室との連携事例，通級との連携事例もごく普通に存在する。このように学校というシステムは予測不能の外乱がシステムの内外で同時に多数発生している。これは学校という居場所システムの特性といえる。

　外乱が同時に多数発生する学校ではあるが，地道で長期的なかかわりが行われるのも学校である。たとえばスクールカウンセリング室に発達のばらつきに関する相談を教員がしたとしても，発達に関する相談は数としても時間としても最も多く，その内容は病院のアセスメントのセカンドオピニオンから，家庭での療育の指導，社会資源の情報提供まで多岐にわたり，すぐにスクールカウンセリング室を利用できないことも多い。教員やスクールカウンセラーは，これらの対応の合間に地方自治体の教育相談センターや児童相談所，教育委員会指導主事，適応指導教室，病院，スクールソーシャルワーカーとの連絡をとっている。

　発達のばらつきは長期的展望に沿って行われる。その意味で，長期的な相談になることが多い。また一口に不登校といっても，小学校から中学校に至るまでの長期にわたる相談はかなりの数に上る。このように，学校とは長期的な相談が定期的に発生する場でもある。多くの教員とスクールカウンセラーは長期にわたる地道な相談に取り組んでいる。これも学校という居場所システムの特性である。

　以上のように，学校とは外乱と長期的相談の双方を特徴とした教育相談に取り組む，地域に開かれたオートポエシス・システム（autopoiesis system：そこに集う人々の相互作用と変化を通じて，学校という居場所で生まれる関係のネットワークが持続的な再生成されるシステム）である。このシステムの中で「話し相手か

ら自殺未遂まで」の幅を持って教育相談活動は行われている。この「幅」は「予防から心理療法まで」の幅ともいえる。このとき，「○○派なので△△の対応はできるけど，××の対応はできません」という専門性は不適切である。学校現場で求められる教育相談の専門性とは，対象を限定するような専門性ではなく，「多様な主訴に対して，教育相談の専門性を持った対応ができること」である。そうした専門性を保証するものとして，学校現場の専門性は「流派を越えた共通性」を踏まえていなければならない。

２）ミラーらによる「心理療法の基礎なるもの」

　①　関係性要因─クライアント中心の原則と傾聴　　教育相談の基礎なるものとは何だろうか。次節でみるように，現在の臨床心理学は，精神分析学を基調とする力動派，とりわけロジャーズによるクライアント中心療法の影響が大きい人間性心理学派，そしてエビデンス・ベースドを基本とする認知行動療法の３派に大別できる。これらのうち，流派を越えて「基礎なるもの」として重視されている要因の一つは，ロジャーズの「クライアント中心の態度」に代表される「関係性要因」と思われる (Miller et al 1997)。教育相談で最も大切なものを専門家に聞くならば，「クライアントへの傾聴」が首位になるだろう。クライアントへの傾聴は関係性要因の代表的な要素である。

　ある聞き方や態度が傾聴されているか，いないかを決めるのはクライアントしかいない。すなわち，関係性要因は子どもとその家族の声を起点にし，良好な関係性を維持し続けるという意味でクライアント中心が原理といえる。

　教育相談は変化を目的として最大の効果を目指すべきである。それは子ども（と保護者）の主訴の表明に始まり，その傾聴から開始される。関係性要因とはクライアントにとっての傾聴認識ともいえる。主訴の表明と傾聴の認識において，相互作用の起点という意味で，教育相談は原理的にクライアント（子ども）中心にならざるをえない。精神分析であれ，人間性心理学であれ，認知行動療法であれ，うまくいく教育相談は児童生徒やその家族の主体性を尊重して，その人が持つ本来的な可能性を利用しているだろう。

　心理療法の効果に寄与する要因を統計的に検証したミラーら (Miller et al 1997) は，Lambert (1992) を参考にケースの成功に最も影響を与える要因が，

カウンセラーの理論や技法の説明（15 ％）あるいはプラシーボ効果（15 ％）以上に，治療外要因（40 ％）であり，とりわけクライアントの自発性が重要であることを主張している。ミラーらの主張には批判もあるが，教育相談の基礎を考えるうえで，とても示唆に富む。

　関係性要因はクライアントに肯定的な変化を与える影響力の第二要因であり（30 ％），すべての要因と関連性を持つ。すなわち，関係性要因が機能しなければ，心理療法という取り組みは成立しづらいか，全体的な変化のうち，一部だけを受け持つ特殊なものにならざるをえない。関係性要因は心理療法の基礎なるものといえる。

　教育相談では，クライアント中心を重視するが，それはしばしばいわれるような「子どものわがままを受容すること」ではない。まず，聞く。これは関係をつくる際，最低限必要なことである。教育相談の場面で「話してくれなくてはわからない」というおとなの声をしばしば聞く。しかし，おとなであれ，子どもであれ，話しても絶対に聞いてもらえないと思い込んでいる状況でそういわれても，一体何を話せばよいのだろうか。したがって，教育相談では関係性をつくる第一歩として，クライアントを理解するために聞く。これはわがままを受容することではない。関係をつくるアプローチである。その聞き方は個性的であってよい。

　あまりに大きい過ちが主訴となるケースでは，「罰だけ与えればよく，子どもの言い分なんて聞く必要はない」と考えたくなることもあるだろう。しかし，傾聴は「相応の責任をとらせること」と矛盾しない。相応の責任をとらせることは教育相談において大変重要な作業といえる。「事情があるのだから，責任をとらせなくてもよい」などという主張は教育相談には存在しない。

　②　ミラーらによる変化モデル　　ミラーらの主張を時系列でまとめたものが「熟慮前」から「終結」までの変化モデルである。ミラーらはクライアントの変化の段階を 6 段階に分類している（Miller et al 1997）。

> **ミラーらの変化モデル**
> 「熟慮前」→「熟慮」→「準備段階」→「行動」→「維持」→「終結」

　熟慮前（precontemplation）とは，ある問題についてクライアントがあまり関係を持っていない状態を意味する。クライアントはたいてい誰かにいわれて相談室に来ているので，できれば帰りたいし，動機も弱い。しかし，1カ月の間に熟慮前から次の熟慮に移行すると，クライアントがその後6カ月の間で「行動」段階まで移行する確率は2倍に高まる。教育相談では，「先生にいわれて相談室に来た児童生徒」や「担任に呼び出されて（実はいやいや）スクールカウンセリング室に来た保護者」など，病院臨床と大きく異なる点の一つはこの「熟慮前」のクライアントが多いことにある。熟慮前のクライアントへの対応力は，相談者の力量を反映するだろう。

　熟慮（contemplation）とは，クライアントが自身の問題と関連性を深めた状態で，内発的な動機づけに基づいて相談に訪れる状態である。問題自体は認めていても，「Yes, but」思考で，変化のための行動をとることに躊躇している。熟慮中のクライアントに必要なことは，クライアントのペースに合わせて，変化した場合に失うものと，得るものの双方を吟味することである。

　準備段階（preparation）とは，行動（action）の一歩手前で「ちょっとやってみよう」「試しに〜やってみようか」などのような形で臨床的行為をクライアントが実施する段階である。「絶対にこの方法しかない」という指導性は教育相談からの離脱を促してしまうので注意が必要である。

　この3段階を経てクライアントは行動（action），維持（maintenance），終結（termination）という3段階に向かう。

　ほとんどの教科書は準備段階かそもそも熟慮から始まるクライアントを事例として報告しており，「行動」段階に自分の流派の技法をあてはめている。しかし，教育相談の特徴はそれらの教科書に掲載されていない「熟慮前」と「熟慮」（特に熟慮前）の多さにある。教育相談の担当者は熟慮への対応を基礎にして，変化モデルをクライアントとともに歩むべきである。熟慮と熟慮前

の対応力は流派による技法だけでは解決しない。後にみるように教育相談の真の基礎なるものであるその個人の人間性が関与する。

3）コミュニティアプローチ—居場所と協働モデル

　教育相談という立場を踏まえるならば，ミラーらが提唱した「基礎なるもの」に「協働性の原理」が加わるだろう。この原理も教育相談の現実に基づくもので，理屈が優先されたものではない。

　教育相談の対象は一般に「要配慮生徒（児童）」と呼ばれ，生徒指導部会や特別支援委員会，いじめ防止委員会の中で情報が交換される。ここで挙げられる児童生徒の3分の2程度は何らかの社会資源と連携しているだろう。教育相談担当者や担任，あるいはスクールカウンセラーとだけ面接するという対応はむしろ少ない。ほとんどの教員とスクールカウンセラーは（好むと好まざるとにかかわらず）コミュニティアプローチに基づき，社会資源との協働モデルで活動している。「厳密なコミュニティ心理学の見方からすると，こうしたことをコミュニティアプローチと呼ばない」という主張も一部にあるが，呼び方は本質的な問題ではない。「学校の教育相談はその学校だけで完結しない」原理が，この制度と事実に基づいている点が重要である。

　日本のコミュニティアプローチで最も多い連携先は地方自治体の教育委員会と，自治体の教育相談センターである。換言すると，日本の教育相談は，教育委員会（特に指導主事）と，自治体の教育相談センターの連携が制度的にも前提となって進んでいる。教育相談担当者やスクールカウンセラーの実務感覚とは，教育委員会や教育相談センターと連携しつつ進む教育相談のあり方を受容し，その活動を現実的にクライアントに還元できる熟練度である。もちろん，教員やスクールカウンセラーの独自の活動も認められているが，活動がその地域の教育委員会の方針に抵触すれば，やがてスクールカウンセリング室にも直接・間接的に指導が入るだろう。

　特別支援学級において，通級指導教室を利用してこなかった生徒はむしろ少ない。早期に発達障害の診断がなされている子どもは，何らかの社会施設を利用して療育を受けているケースが多い。不登校であっても，適応指導教室やフリースクールなどの外部機関とつながっている（少なくとも家庭以外の

居場所があった方がよいケースが多いだろう）。もちろん，社会的背景としての貧困は教育の世界に大きな影響を及ぼしており，スクールソーシャルワーカーや児童相談所，子ども家庭支援センターとの連携ケースは日常的に行われている。非行臨床であれば警察との連携も多いだろう。そもそもスクールカウンセリング室自体が学校内の社会資源の一つといえる。

　教育相談において担任だけ，スクールカウンセラーだけとつながっているケースはむしろ少数である。教育相談は他職種との連携に開かれ，その協働により事態の解決や打開をもくろむ。つまり，教育相談の協働性の原理は「つないで，解く」ことである。

　協働のあり方については，教育相談担当と担任と管理職，スクールカウンセラー，ケースによっては教育委員会など必要な関係者が会議を開き情報を共有しながら，実践する方法が最も多いだろう。ただし協働システムができていても，基礎なるものを踏まえた教育相談活動が実現しているかは，常に検討する必要がある。

　最後に注意点だが，協働性の原理とは学校文化や教育行政にその学校の教育相談体制が飲み込まれることではない。学校文化や教育行政と良好な関係を持ちながらも，自律性と独自性を失ってはならない。現代にあって，学校もまたさまざまな再生への努力を行っている。学校の努力に敬意を払い，児童生徒の最善の利益をもたらすための独自性ならば，学校は相当な懐の深さをみせる。

　学校文化の潜在性を引き出すことも巨視的には教育相談の力量といえるだろう。学校は潜在性を持ち，ケースを通じて学習し，成長するシステムである（Senge 2012）。教育相談を通じて，学校の変化を促し，学びを創造することは可能である。

4 ）基礎なるものの中核にあるもの―embodiment と心理療法・教育相談

　ミラーら（Miller et al 1997）の学説とコミュニティアプローチによる協働性の原理をまとめると，「クライアントとの信頼関係を基礎にして，クライアントの生活を丁寧に押さえながら，必要に応じて技法を導入したり，社会資源との適切な連携によって，クライアントのモチベーションを維持し，その

主体的な取り組みを通じて，クライアントの能力が発揮できるように支援する」ことが，流派を超えた教育相談の「基礎なるもの」といえるだろう。

　この「基礎なるもの」は平均的な教員やスクールカウンセラーであれば，（すべての点で上手に実践できているかは別として）ある程度，実践しているものである。教育相談やスクールカウンセリングの力をつけるには「基礎なるもの」を個性的に実現する地道な努力の継続以外に方法はない。

　「個性的に実現する」と書いたのは，これらの原理が個人を通じて現れるためである。本節で指摘した「基礎なるもの」の原理も，教育相談担当者やスクールカウンセラー個人を通じて実現する。

　セラピストが納得する「基礎なるもの」の数や名称や内容がミラーらの学説と同じなのか，異なるのかが重要なのではない。研究者の数だけそれらは出て来よう。しかし，大切なことは「基礎なるもの」が存在し，それが一人の個人の中にプロセスとして統合されている認識と，それに基づく実践と研鑽である。

　現れ方は異なっていても，それぞれが各自の習熟度で原理を身につけている。つまり教育相談を担当する者は，その原理を個性的に学び取り，その原理を生きている。習熟度に差があっても，その原理を生きていることに変わりはない。そのあり方を「エンボディメント（embodiment）」と呼ぶ。心理療法の中核には，心理臨床と教育相談の原理と技法を個性的に取り入れたほかならぬ「その人」の全存在がある。実際のケースでは，心理的接触がある限り，原理を生きるその存在感は必ず子どもに伝わるだろう。

（2）個別理論（精神分析・認知行動療法・人間性心理学）

1）理論とは

　教育相談は，大きくいってしまえば，「心」を扱う分野である。しかし，「心」は目にみえない。また，物理的に存在しているわけではない。それでも「心」については古くから議論されており，実際に心理学という学問も存在する。つまり，「心」は目にみえず，物理的に存在するわけでもないが，

とりあえず存在するものとして捉えられている。

　そうなると「心はどこにあるのか」という疑問がわくが，これについては本書の趣旨と外れてしまうので，とりあえず「心」はどこかに存在するとして，次にわく疑問は，「心はどういう仕組みになっているのか」，あるいは教育相談という視点からみた場合，「悩みや問題行動はどうやって生まれるのか」等の心の仕組みについての疑問である。

　この疑問を解明するために生まれてきたのが，「理論」と呼ばれるものである。つまり「理論」とは，簡単にいってしまえば，「心の仕組み」を理解するためにさまざまな研究者によって，それぞれの視点から提唱されてきたものである。

２）教育相談における理論の重要性

　教育相談を実践するにあたって，心理学で提唱されてきた理論を理解する意義としては以下のことが挙げられる。

　①　児童生徒の悩みや問題行動の発生プロセスを理解できる

　②　支援の見通しを持つことができる

　③　児童生徒を共通の枠組みで理解できるようになる

　①については，私たちはある出来事や現象が起こった際，原因がわからなかったり，どう理解してよいかわからなかったりすると，基本的に居心地が悪い。教育現場でも同様で，児童生徒の悩みや問題行動がどのような原因で生まれたのか，あるいはどういうプロセスで生まれたのかが理解できないと，非常に不安になる。しかし，理論を理解することで，悩みや問題行動のプロセスが理解できるようになるため，こうした不安は低減する。

　②は①と関連しており，児童生徒の悩みや問題行動の支援する際，「どのように支援すればよいかわからない」という思いが常に生じる。しかし，理論的な理解を通して児童生徒の悩みや問題行動の発生プロセスが理解できれば，支援の方向性について見通しを持つことができる。

　③については，児童生徒の支援は，基本的に教員，スクールカウンセラー，スクールソーシャルワーカー，あるいは外部機関の人たちと連携して行われる。そのため情報交換は必須なものになるが，その際共通の理論的枠組みを

共有していると，共通の言語で情報交換ができるようになり，効率的な情報交換や連携が行えるようになる。

　以上が「理論」を理解する意義である。そこで本節では，教育相談を実践するにあたって，基本的な理論とされている「精神分析」「認知行動療法」「人間性心理学」の3つを取り上げて説明する。

3）精神分析

　精神分析とは，フロイトによって創始された理論である。非常に複雑で，壮大な理論であり，完全に理解するにはかなりの時間を要する。本項では，教育相談を進めるうえで役立つ部分についてのみ取り上げる。

　a）　人間観　精神分析では，人間は本来本能的な生物であり，本能充足的な生物だと考える。この原則を「快楽原則」と呼ぶ。学校をさぼる，掃除をさぼる，腹が立ったから殴るなどはこの快楽原則である。

　しかし，当然のことながら，人間は快楽原則のみに従って生活することはできない。さぼったら先生や親に叱られるし，誰かを殴ったら警察に逮捕されることもある。私たちはこうした現実的なことを考えながら実際には生活している。これを「現実原則」と呼ぶ。この2つの視点から考えれば，いわゆる健全に作用している人間というのは，現実原則に従いながら，欲求充足している人であるということになる。

　b）　基本的な考え方　精神分析では，欲求充足を基本的な人間観にしているが，この欲求充足の仕方には人それぞれ特徴が出てくる。先述したように現実原則に従いながら，健全な形で欲求充足できる人もいれば，快楽原則にのみ従って欲求を満たす人もいたり，あるいはその逆に現実ばかり考えて，欲求を我慢する人もいる。こうした違いは，精神分析では「性格」によるものだと考え，さらに性格は幼少期の体験によって形成されると考える。

　また，人間の基本的な性質である欲求充足を我慢し，過度に現実にのみ従ってしまい（これを「抑圧」と呼ぶ），欲求が「無意識」にとどまることがある。精神分析では，この「無意識」にとどまっている欲求が，心身の不調をもたらすと考えており，「無意識」を非常に重視している。

　國分 (1980) は，精神分析の骨子は「幼少期の体験による性格形成」と「無

意識」の２つであり，精神分析による治療は，無意識下に抑圧されている幼少期の体験を想起（無意識の意識化）することによって問題の解決を図る治療であると述べている。

c)　性格論

①　構造論　　フロイトは，人間の心は「意識」「前意識」「無意識」から構成されていると考えた（局所論）。前意識とは，普段は意識されていないが，意識しようと思えば意識できる部分のことである。

そして，この局所論をさらに発展させ，性格の構造を「イド（エス）」「自我」「超自我」の３つから説明した。「イド」とは，快楽原則に従っており，本能的欲求の部分である。「自我」とは，イド，超自我，外界からの要求をコントロールして調整する部分であり，現実原則に従って適応的な行動を導く役割を担っている。「超自我」は，いわゆる良心に相当するもので，養育者やおとなから取り入れられて形成される部分である。

これら３つの考えから性格を考えると，イドが強過ぎると自分勝手で衝動的，イドが弱すぎると活力がないといった性格になる。自我が強過ぎる場合には，理屈っぽく，ずる賢くなり，弱過ぎる場合には，引っ込み思案，わがままといった性格になる。また，超自我が強過ぎる場合には，自罰的で，自己非難が強くなり，弱過ぎる場合には，厚かましく，ずうずうしい性格になる。

②　発達論　　精神分析では，性格は幼少期の各発達段階にリビドーと呼ばれる性的なエネルギーが十分に満たされたかどうかで決まると考えている。そして，これが十分に満たされないとその発達段階にとどまり（固着），後の性格に影響を与えると考えている。

精神分析では，各発達段階を「口唇期」「肛門期」「エディプス期」「潜伏期」「性器期」の５つに分類している。口唇期に固着すると，甘えん坊，受動的な性格，肛門期に固着すると几帳面，頑固な性格，エディプス期に固着すると自己愛的，競争心が強い性格にそれぞれなるとされている。

③　防衛機制　　自我は，イド，超自我，外界の要求を調整する役割を担っていると述べたが，当然いつもうまく調整できるわけではなく，「どのように調整すればよいか」という葛藤を経験することがある。このとき，人間

は不安を感じ，何とかしてその不安を下げようとする。この心の働きのこと
を精神分析では「防衛機制」と呼んでいる。

　防衛機制にはさまざまな種類（図表Ⅲ-2-2）があるが，人によって使う防衛
機制は異なる。防衛機制は誰もが使うものであり，適応的な使い方をしてい
る点では，「適応機制」とも呼ばれるが，不必要な防衛や過度な防衛，ある
いは柔軟性のない防衛をしている場合には，不適応状態として表面化する。

　d）　教育相談における応用　　精神分析において，問題解決は「無意識
の意識化」である。つまり，支援においても，これが大きな目的となり，そ
れを達成するための方法が必要となる。創始者であるフロイトは心に浮かぶ
ことを何でも話す「自由連想法」を用い，その内容を面接者がどう感じたか
を「解釈」する形で行った。しかしながら，教育現場において「自由連想法」
はほとんど行われていない。

　そこで，教育現場で精神分析を応用するとすれば，児童生徒の語ったこと，
生育歴，家族関係などを聞き，さらに話をしている際の非言語的行動の情報，
性格傾向，防衛機制のパターンなどを総合的に捉えながら，無意識に眠って

図表Ⅲ-2-2　主な防衛機制

抑圧	無意識に欲求の表出や充足を我慢すること。	退行	過去の発達段階に戻ること。
抑制	損得勘定を考えて，意識的に欲求の表出や充足を我慢すること。	逃避	現状の苦しさを別のものにエネルギーを使って回避すること。
昇華	現実に認められる形で欲求を発散すること。	同一化	自分以外のものと自分とが融合した自他一体感を持とうとすること。
合理化	自分の欠点を認めるのが苦痛なため，それを正当化して自他を納得させること。	取り入れ	自分より強い他者の行動や考え方を表面的に受け入れて，心の安定を図ること。
感情転移	特定の人に向けるべき感情を，似た人に向けること。	投影	相手に向かう感情を，相手が自分に向けていると考えること。
置き換え	本来のものとは違うもので欲求を充足させること。	反動形成	本心とは相反する行動をしたり，いったりすること。
知性化	ネガティブな感情の直視を避け，抽象化して表現すること。	補償	劣等感をほかのもので補うこと。

出典：國分（1980 pp.54-55）を一部改編して表を作成。

いるものを探り，それに対して面接者の感じたことを伝えて（解釈），意識化させるという形になるであろう。なお，効果的な解釈を行うためには，精神分析の理論を十分に理解しておく必要があることはいうまでもない。

4）認知行動療法

　認知行動療法とは，行動変容を目的とした行動療法に，内的な変数である認知を変化させる技法を取り入れた治療法である。認知行動療法は，当初 1950 年代に行動療法が発展し，その後 1960 年代から 1970 年代にかけて「認知」と呼ばれる人間の内的なプロセスが注目されるようになり，認知行動療法へと発展してきた治療法である。

　a）　人間観　　認知行動療法は，行動療法から発展してきたが，その行動療法の背景となっている考え方が「行動主義」と呼ばれるものである。行動主義では，どのような人間になるかは，生まれてから経験する後天的な学習によって決まってくるという立場をとる。

　そのため，いわゆる「問題行動」や「異常な行動」と呼ばれるものも，後天的な学習によって獲得されたものであり，「正常な行動」とされるものと質的に異なるものではないという立場に立っている（坂野ら 1996）。

　b）　基本的な考え方　　認知行動療法には，行動変容を目的とした各種の行動療法と，認知の変容を目的とした「認知療法」や「論理情動行動療法」などがある。行動療法における問題発生の考え方は，「学習理論」に基づいており，認知の変容を目的としている治療法は，誤った考え方などを問題発生の原因として捉えている。

　①　古典的条件づけ　　学習理論の一つで，「パブロフの犬」で有名な条件反射理論である。無条件刺激と中性刺激を対提示することで，無条件刺激によって生じていた無条件反応が，中性刺激によっても生じるようになる過程をいう。このとき，中性刺激は条件刺激となり，条件刺激によって生じるようになった無条件反応は条件反応と呼ばれるようになる。

　②　オペラント条件づけ　　能動的な行動の学習を説明する理論で，スキナーが提唱した学習理論である。「刺激─反応─強化子」という三項随伴性から行動を説明する学習理論である。反応はその後の強化子のあり方によっ

て変わるとされており，ある反応の後によいことが起これば，その反応は増大あるいは維持され，ある反応の後に不快なこと，あるいは何もよいことが起こらなければその反応は減少していくというのが基本的な考え方である。

③　社会的学習理論　　バンデューラの提唱した学習理論であり，認知的な側面を取り入れた学習理論である。有名なものが観察学習（モデリング）であり，古典的条件づけやオペラント条件づけが「直接経験」を前提とした学習であったのに対し，他者の行動を観察するだけでも学習が成立するという考えを示した理論である。

④　誤った考え方　　認知療法や論理情動行動療法では，誤った信念や不合理な信念から問題が生じると考える。たとえばテストで悪い点数をとった際，「今回はたまたま点数が悪かったけど，次回のテストでよい点数をとれば大丈夫だ」と考える場合と，「こんな点数をとってしまう自分は本当にだめな奴だ」と考える場合では，後者の方がひどく落ち込んでしまうだろう。こうした後者の考え方が誤った信念や不合理な信念である。

以上が認知行動療法の背景となる考え方であり，認知行動療法では問題行動が生じるプロセスをこれらの理論を使って理解する。特に学習理論では，問題行動とされるものは，間違って学習してしまった（誤学習），あるいはまだ学習できていない（未学習）という視点から問題行動を理解する。

たとえば，先生からの関心を得たいと思っている児童生徒が，授業中に席を立つと先生が注目してくれるので，授業中に席を立つようになってしまうというのは，オペラント条件づけによる誤学習として理解できる。

あるいは誰かが持っているものをほしいと思ったときに，相手を叩いてそのほしいものを奪うといった行動がみられる場合，オペラント条件づけの誤学習から説明できるが，乳幼児の場合などは言葉でほしいことを伝えるといった行動が未学習であるとも理解できる。あるいは誰かが叩いてものを奪うのを観察して学習したとも考えることができる。

c）　教育相談における応用　　認知行動療法は，行動変容を目的としているため，教育現場でも非常に活用されている。とはいえ，スクールカウンセラーが認知行動療法を行うことはあっても，教員が認知行動療法そのものを

使うことはなかなか難しい。それでも認知行動療法の考え方を知っているだけで，児童生徒への理解は深まり，支援も幅広いものになる。また，認知行動療法は実証的な研究に支えられており，定式化されているため，非常にわかりやすく，使いやすいという利点がある。

　特定の場面で緊張してしまう児童生徒にリラクセーションの方法を教えて，特定の場面での緊張を低減させたり，不登校の児童生徒をスモールステップで再登校につなげたり，学級や学校全体にソーシャルスキルトレーニングの心理教育的なアプローチを行ったりすることなどが学校で行われているが，これらは認知行動療法が背景となっている。また，近年では特別支援教育において，オペラント条件づけを基礎にした「応用行動分析」も盛んに取り入れられている。

5）人間性心理学

　人間性心理学は，1960年代に発展してきた立場で，その中でもクライアント中心療法を提唱したロジャーズが有名である。本項ではロジャーズの考え方について説明する。

　a）　人間観　　ロジャーズは，人間には本来自分自身の中に自己実現する力，成長しようとする力が備わっていると考えた。そのため，ロジャーズはカウンセリングを，「治療する」という考えではなく，人間に本来備わっている成長しようとする力を支援するものと考えた。この考え方は，これまで説明してきた精神分析や認知行動療法とは大きく異なる部分である。

　こうしたロジャーズの考え方は，当時の社会情勢もあいまって広く受け入れられ，日本においても急速に広まっていった。現在でもその影響は強く残っており，ロジャーズの考え方は，カウンセリングを学ぶうえで最も基本的なものとされており，教育の世界にも広く普及している。

　b）　基本的な考え方　　ロジャーズは，「自己理論」という理論を提唱した。自己理論は「自己概念」と「経験」という概念から説明されており，パーソナリティや心理的な不適応をこの2つの関係から説明している。

　「自己概念」とは，自分の中で感じている「主観的な自分」のことである。この中には個人の特性や対人関係などさまざまなものが含まれている。この

自己概念は生まれてから後天的に自分の中につくられていくもので，意識化できるものである。

「経験」とは，生活の中で実際に個人に体験されるものである。いわゆる日常生活での現実的な自分のことである。

ロジャーズはこの2つの概念を用いて，個人の中で自己概念と経験が一致しているほど健全なパーソナリティを発展させていくと考え，逆に心理的に不適応な人は，自己概念と経験が不一致の状態になっていると考えた。

そのため，ロジャーズの治療目標は，自己概念と経験を不一致の状態から一致した状態にすることであり，その中でも現実の自分を取り入れた自己概念をつくることが大きな目標となる。

c)　カウンセリングにおける必要十分条件　　ロジャーズ（Rogers 1957）は，カウンセリングにおいて，クライアントが自己概念を修正し，自己概念と経験の不一致から一致した状態に変化するためには，以下の6条件が重要であることを示した。

①　2人の人が心理的な接触をもっていること

②　クライアントは，不一致の状態にあり，傷つきやすく，不安な状態になること

③　セラピストは，その関係の中で一致しており，統合していること

④　セラピストは，クライアントに対して無条件の肯定的配慮を体験していること

⑤　セラピストは，クライアントの内的照合枠を共感的に理解しており，この体験をクライアントに伝えようとつとめていること

⑥　セラピストの共感的理解と無条件の肯定的配慮が，最低限クライアントに伝わっていること

この中で，③〜⑤は特にカウンセラー側の条件として，カウンセリングを学ぶ際に必ず紹介され，重要なものとされている。これについては，Ⅲ部3章で説明されている。

d)　教育相談における応用　　教育相談において，ロジャーズの考え方は応用というよりも，基礎的なものである。そのため，教育相談関係の研修

会，カウンセリング関係の研修会などでも必ず紹介される理論であり，現役の教員もこの理論を知らない人はほとんどいないだろう。

　しかし，ロジャーズの理論については，違った形で伝わっている部分もあるように感じる。たとえば，児童生徒の話を「頷いて聞いていればよい」「カウンセラーは自分の意見をいってはいけない」「話を聞いているだけでは，児童生徒はよくならない」といったものである。

　ロジャーズは，カウンセリングにおいてカウンセラーとクライアントの「関係性」を重視した人でもある。この点が①と⑥に現れている。それにもかかわらず，①と⑥については教員を対象としたカウンセリング研修において，省略されることが多い。しかし，6条件が「必要十分条件」とされているわけであるから，一つも欠けてはならない。

　よくある教員研修会に，③，④，⑤だけを紹介し，これに基づいて技術的な要素の強い傾聴トレーニングをするというものがある。もちろん，これ自体は意味のあるトレーニングではあるが，技術的な側面ばかりが強調されて，関係性の重要性が無視されている場合がある。これは大きな間違いである。

　ロジャーズはクライアントと関係がつくられていくと，カウンセラーは先述した③〜⑤を体験することを指摘している。岡村（2007）は，ロジャーズから「受容せよ，共感せよと言われているのではなく，（中略）クライアントさんを受容でき，共感できるような，その治療者自身のありようを探求せよと言われている感じがする」と述べている。つまり③〜⑤は，関係をつくるための「方法」ではないことを理解しておく必要がある。

　以上のことから，教育においても「関係性」が重要であることを再認識し，自分なりの関係性のつくり方を常に模索していく姿勢が大切であることがロジャーズの理論を通して理解することができる。

3 対 応 法

（1）三原則と基礎対応

1）カウンセリングの基本的な考え方

　教育相談における支援方法にはさまざまなものがあるが，その中でも一般的な支援方法とされているのが「カウンセリング」である。しかし，「カウンセリング」を定義するとなると非常に難しく，また社会的に「カウンセリング」にはネガティブなイメージを持たれている印象がある。では，カウンセリングとは何か。定義については，本書のⅠ部2章「教育相談の方法」で國分（1980）の定義を紹介したが，カウンセリングの基本的な考え方について簡単に触れておきたい。

　カウンセリングは，悩みや問題を解決することを目的の一つとしているが，カウンセラー主導で悩みや問題を解決するという考え方をしない。悩みや問題を解決するのは，クライアント自身であり，カウンセラーはあくまでもクライアントの自己解決，あるいは「自分はこうして生きていこう」といった自己決定を支援する場としてカウンセリングを捉えている。

　そのため，カウンセリングにおいては，クライアントの語る内容，表出される感情などを非常に大切にし，それらを丁寧に聞くことが重視される。よくカウンセリングを受けた児童生徒や保護者から「話は聞いてくれるが，何もアドバイスをもらえなかった」といわれることが多いが，その理由はこのためである。

　また，カウンセリングの際には，一人のおとなとして，受け入れがたいような内容や感情が子どもから表現されることがある。しかし，カウンセラー

には，こうした受け入れがたい気持ちを脇に置き，表現された内容や感情や表現を受け入れ，理解しようとする姿勢（容認とは違う）が求められる。もちろん，これはいうほど簡単ではないが，最低限こうした姿勢でクライアントと会おうとする姿勢がカウンセラーには求められる。

　以上をまとめると，カウンセリングは，「児童生徒一人ひとりのこれまでの生き方，あるいは今後の生き方を尊重しながら，児童生徒の自己決定を援助し，それぞれの人間的な成長を通して悩みや問題を解決する場」であるといえるだろう。

２）カウンセリングにおける三原則

　では，カウンセリングの場面において，カウンセラーは具体的にどのような態度で話を聞けばよいのだろうか。最も基本的なものとされているのが，ロジャーズの提唱した三原則である。

　Ⅲ部２章で述べたように，ロジャーズは，カウンセラーとクライアントの「関係性」を重視した人であり，クライアント中心療法という立場から，「クライアントに建設的な変化」が生じる条件を６つ挙げ，その中でカウンセラーについて３つ言及している。

　①　純粋性（自己一致）　　純粋性（自己一致）とは，カウンセラーが自分自身の体験していることや感じていることにしっかりと目を向けて，ありのままの自分に気づいていることである。また，ときにありのままの自分をクライアントに表明することも純粋性の中には含まれている。

　教員も人間である。ときにはある特定の児童生徒を好きになれなかったり，あるいはその逆のことを体験したりすることがある。つまり純粋性とは，こうした体験にちゃんと目を向け，「教員なのだから，児童生徒を嫌いになってはいけない」などと無理に心に蓋をしてはいけないということである。もっといえば，「今自分は，教員なのだから，児童生徒を嫌いになってはいけないと思っている」ということにさえ気づく必要があるということである。

　なお，ときにこうした体験をクライアントに表明することも，純粋性には含まれてはいるが，表明することでその後の児童生徒との関係性がネガティブなものになってしまうことがあるため，これは慎重に行わなければならな

い。

②　無条件の肯定的配慮（受容）　　無条件の肯定的配慮（受容）とは，ク
ライアントを一人の価値ある人間として尊重し，クライアントの人間像をそ
のまま受け入れることを意味している。「こういう人であれば受け入れ」「こ
ういう人でなければ受け入れない」などの態度を示さないことである。

教育相談を行うと，児童生徒は，教員として，あるいはおとなとして受け
入れがたい話や感情を表現することがある。たとえば「学校に行きたくな
い」「○○がムカつく」「○○先生が嫌いだ」「親がウザイ」等である。要す
るに受容とは，こうしたネガティブな体験をしている児童生徒をも，その体
験を尊重しながら，一人の人間として受け入れることである。

ここでよく出る質問がある。それは「カウンセラーは反社会的な行動を認
めるのか」というものである。これについては，次のように考える。つまり，
反社会的な「行動」は許容しないが，そうせざるをえなかった，あるいはそ
うしたいと思ってしまった「気持ち」については受容するという立場をとる。
別の表現をすれば，「罪を憎んで人を憎まず」という立場である。

③　共感的理解（共感）　　共感的理解（共感）とは，クライアントの内的
照合枠（クライアントの世界）をあたかもカウンセラー自身の世界のように感
じることである。その際，「あたかも〜のように」という感覚を失わずに感
じることが重要であるとされており，クライアントの感じている不安や混乱
とカウンセラー自身の感じている不安や混乱を混同しないことが大切である。

よく「事実」には，「主観的事実」と「客観的事実」があるといわれている。
簡単にいえば，主観的事実とは，「その個人の中で正しいと思っていること」
であり，客観的事実とは，「誰がみても正しいと思えること」であり，物理
的な法則などがこれにあてはまる。

つまり，共感的理解とは，この「主観的事実」の枠組みでクライアントを
理解することであるといえよう。たとえば，「自分はいじめられている」と
訴えてくる児童生徒が相談室にやってくることがある。当然，どのようない
じめを受けているのか話を聞くが，これだけでは不十分である。よくあるこ
ととして，先生が「どのようないじめを受けているのか」だけを聞いて，そ

の内容から「いじめとはいえない」と判断して終わりにしてしまい，その後
関係がこじれてしまうというケースがある。

　もちろん，「どのようないじめを受けているか」を聞くのは大切なことで
あるが，カウンセリングにおいては，仮にいじめとは思えない内容であった
としても，「いじめられていると感じていること」や「それによって不安を
感じていること」について話を聞く必要があり，こちらの方がより重要とな
る。

（2）ノンバーバル（非言語行動）

1）教育相談に求められるノンバーバル行動—2つの前提

　a）　ホスピタリティ　　教育相談のノンバーバル行動というと，座席の
配置や頷き方，前傾姿勢，おだやかな笑顔などで構成される一連の傾聴姿勢
を指す。そうした要因はもちろん大切だが，ここではノンバーバル行動を語
る前に，最も大切な要因としてホスピタリティ（hospitality）の重要性を指摘
したい。

　カウンセリングのいわゆる傾聴姿勢などがうまくない教員もいる。表情表
現が乏しい，固いイメージの教員もいる。保護者対応が苦手な教員もいる。
市区町村のカウンセリング研修を受け，上級資格を持っている教員で傾聴姿
勢ができない人はまずいない。それにもかかわらず，傾聴姿勢をとればとる
ほど敬遠される人がいる。この人たちに共通しているのは，ホスピタリティ
の自己不一致である。反対に，標準的な傾聴姿勢からはほど遠いのに，やは
り保護者対応も児童生徒対応もうまい教員もいる。この人たちに共通してい
るのは，ホスピタリティをその人らしく持っていることである。

　ラテン語のServus（奴隷）を語源に持つサービス（service）とは，サービ
スを受ける側が主で，サービスをする側が従という人間関係を前提としてい
る。一方，ホスピタリティの語源は，ラテン語のHospics（訪れた人を保護す
る・迎え入れる）であり，それがHospital（病院）やHospice（ホスピス）に発展
している。このことからもわかるように，ホスピタリティとは利益を求めて

もてなすものではない。教育相談におけるホスピタリティとは，迎える側の人間性や個性，共感性に基づいてクライアントに「よく来てくれた」と来室をその人らしく表現し，歓迎を伝える気持ちである。

クレーマーといわれる保護者であっても，明らかに指導が必要だと（そのときは）思える児童生徒であっても，教育相談という文脈で出会うとき，起きている事象の背景に対する共感性に基づいて，来室自体には真に感謝できること。その状態で出会い，そこでの共感性を維持し，展開させながら傾聴姿勢をとり続ければ，その傾聴は生きる。これを欠いた状態で，サービスやマナーの範疇で保護者と出会い，習いたての傾聴姿勢を行っても，やがて見破られ，傾聴姿勢を維持できなくなる。

傾聴姿勢の前提には来室に至るクライアントへのポジティブな共感性がなければならない。うまく表現できるかは別として，来てくれたことを労う心情に嘘があってはいけない。スクールカウンセリングの中で，傾聴姿勢とはほど遠い無骨な教員の対応が，保護者に深く通じる場面を幾度もみた。そういう教員と話してみると，共感の焦点が的確で，背景への理解が深い。

ホスピタリティを通じて，面接で安心感を与えることは教育相談の原則といえる。

b）　クライアントは変わる（変化の可能性）　　ホスピタリティのほか，もう一つ，傾聴姿勢の前提としてつくらなければならない心理状態がある。「どんなクライアント（事態）も変わる」という前提である。しかし，ベテランになっても，つい「ああいう子は〜」や「ああいう親は〜」という固定観念を抱いて，クライアントに会ってしまう場合がある。

カウンセラーや教員が固定的な見方を持っていることをクライアントが感知し，「このカウンセラー（先生）は実際のところ，私のことをどう思っているのだろう」と疑念を抱くとき，クライアントからすると，傾聴姿勢はカウンセラーの本音を隠す霧となる。「あの先生は一見優しいけど，本当は何も聞いてくれない。優しげに頷いているだけだ」とクライアントが話す背景には，固定的過ぎる見方を感知したケースが多い。

固定的な見方は，最初から結論が決まった話し合いのようなものである。

クライアントがそれに気づいたとき，不快に思うのは当然だろう。「○○障害」「○○症」「このクライアントの背景はおそらくこうだ」という認識などは研鑽を積み，経験を重ねるにつれ的確になるだろうし，うまく行くケースもあるが，このやり方は難治の事例にはすぐ通用しなくなる。

　難治事例に対応できる教員やカウンセラーは，相談中，診断的見立ても行っているが，同時に，クライアントの変化の可能性について注意深く身構えており，それを感知しようとする見方を維持している。

　自身の内部にホスピタリティをつくっておく。見立ては自然と浮かんでくるが「こういう親は〜」「こういう子どもは〜」と演繹的にクライアントを解釈しない。この2つの状態を維持しながら傾聴姿勢をとるとき，初めてノンバーバル行動は生きる。

2）代表的なノンバーバル行動

a）　ノンバーバル行動の3つのポイント　　ここで保護者が来たときのノンバーバル行動を例にして，必要なポイントを指摘してみたい。ホスピタリティは前提とする。

　保護者が来談した場合，①相談の最初には来てくれたことへの感謝を伝える。②会話中，前傾姿勢で頷きつつ，柔和な表情を意識する。③帰るときは立ち上がり，仮に話し合いが対立していたとしても，礼儀正しく挨拶をする。

　この3点である。これらは社会常識ともいえるが，実際，保護者を前にすると，自然に（上手に）実践するのは難しい。特に教員は目に力が入ることが多いので，柔和な表情の表現が苦手な場合は，意識的に修正した方がよい。

　保護者対応が上手な教員は，教科書にあるような「礼儀正し過ぎる挨拶」や芝居がかった頷きなどしていない。しかしその教員が意識していなくても，「相談者が来たときの挨拶」「相談中の頷きと，柔和な表情でいること」「帰るときの挨拶」という3つのポイントは，その先生らしく表現している。

　とりわけ重要なことは，教員と保護者の意見が違っていたとしても，この3点を守ることである。意見が対立するからこそ，感情的対立は最小限にする工夫が必要であり，その方法の一つが上記のノンバーバル行動である。ときには保護者や児童生徒と話し合うのに，柔和な表情よりも対立的な態度が

必要なときもあるだろう。非行臨床や保護者の子育てに疑問を覚える場合，にらみつけるような態度が当然という気持ちになることも多い。

　そのときは管理職や指導的な立場の教員への相談が前提であり，他者に「なぜそういう対立的な態度をとったのか説明できる」ことが前提である。無意図的な「対立的な態度」の多くは，生産的な結果を生まないだろう。力量のある教員が保護者に対立姿勢をとるときには，たいてい管理職の了解を得ているものである。

　児童生徒との教育相談では，上記の３つのポイントのうち，特に「相談中の頷きと，柔和な表情でいること」が大切になる。このときのポイントは表情と声色だが，笑顔には注意したい。子どもはネガティブな話題を笑顔で語るときがある。話題がネガティブな場合，決して笑顔で聞いてはいけない。表情は相手の話題の内容に合わせて表現する。思春期の子どもは教員やカウンセラーがつらい話に笑顔をみせたことを決して忘れない。

　b）　注意したいノンバーバル行動　　以下の３つのノンバーバル行動は保護者に不快感を与えたり，児童生徒に驚かれるケースがあるので，特に注意する。

　①　病院臨床でみられる「全身耳になる聞き方」　　病院臨床では絞り出すような声で，顔をみるでもなく，全身を耳にしてゆっくりと聞くテクニックがある。これは統合失調症やうつ病の患者の心理療法（それも力動的心理療法）にしばしば有効である。教育相談センターでも使用するカウンセラーがいるだろう。しかし，学校内の教育相談でこの聞き方はかなり異質な印象を与える。この聞き方の優れた点もあるが，教育相談においてこの傾聴表現には注意が必要である。

　②　観察者の無表情　　教育相談では，「話を聞く係」と「記録をとる係」のように役割分担をして保護者に対応することがある。学校でも教育相談センターでも「いった，いわない」の問題に対処するため，複数対応が原則になっているところが多いだろう。このとき，クライアントが，観察者で記録をとっている人が気になり，観察者に話しかけたり，視線を向けて表情を求めるときがある。こうした動作がみられるとき，クライアントは観察者にも

う少し表情をみせてほしいと訴えている。観察者は軽く頷きながら記録をとると保護者に安心感を与えられるだろう。

③　無表情その他　　実際に驚くほど無表情で対応する教員はいる。児童生徒に対するように保護者と面接してしまい，トラブルになるケースもある。東京都の調査では，保護者が学校に相談する際，3〜6回思い悩んでから相談に踏み切っているという結果がある。平均すればまだ学校は敷居が高いといえる。ようやく相談に踏み切ったとき，無表情で迎えられたら，保護者はなお緊張するだろう。それは教育相談の大原則である「安心感を与えること」に反している。

　2つの心理状態（ホスピタリティと変化の可能性）に基づき，3つのポイントを守り，ある程度構造化された面接を行えば，「態度」などの問題で起きるトラブルは回避できる。面接におけるノンバーバル行動は奥が深く，この後も「いきの合わせ方」など身体感覚と身体表現・動作を用いた面接技法は，継続的に研鑽されるべきである。

　常識的な礼儀とホスピタリティを持って，来てくれたことを労いつつ，社会人として当たり前の共感性を持ってクライアントと接するとき，専門的に磨くべきその人らしい傾聴姿勢の核が生まれる。この核を客観視しつつ，専門的なカウンセリングの傾聴技法と折り合いをつけるとき，心理臨床におけるノンバーバル行動は個性化され，生きたものになるだろう。

コラム：体罰からの脱却

　体罰を受けた生徒は心に深い傷を負います。この生徒の気持ちを深く理解することがなければ，体罰から脱却した指導を本当に実現していくことはできません。体罰は法律で禁止されているから，体罰により教職員は処分されるから体罰を否定するのではなく，教育者としての確固たる信念として体罰を否定していかなければなりません。生徒も教員も誰一人として，体罰によって心の平穏や信頼が築き上げられることはないからです。

　授業妨害や，生徒を指導する場面での話を聞く態度や言葉遣いがよくない。このようなことで，生徒の言動に対し一時的な感情高揚により体罰に及ぶケースがあります。しかし，この結果として起こる状況は，形だけの授業規律の回復や，生徒の見た目の変化だけにとどまることでしかありません。授業規律が整わないことの原因はどこにあるのか。生徒の言動を整えるために，その生徒が心に抱えている問題を捉え改善していかなくては，根本的な生徒指導の解決にはなりません。体罰により，一時的な抑止力になり効果が出たと思ってしまうことがあります。しかしながら，根本的な解決がない限り，その後の指導に関しては逆に大きな課題を残すことになります。表面的な変化はみられても，体罰を受けた生徒の内面には教員への不満や不信がつのり，その他の生徒や学校全体にも教員への不信が深く根づき，生徒の自立的な活動に結びつく根本的な生徒の心の成長にはつながらなくなります。

　「攻めの生活指導と守りの生活指導」という言葉にかつて出会いました。テレビで中学生を扱ったドラマがあり，金曜の夜，多くの先生方が，その中のシーンを注視していました。週明けにそのシーンを真似，生徒たちが起こす言動へ対処するためです。生徒の起こす非違行為や問題行動に対し，もぐら叩きのように一つひとつ処理していく，対症療法の生活指導＝守りの生活指導の日々が続きました。先生方はとにかく疲れ果て，その頃には，一部の教員の力による指導に頼ることもあり，体躯の大きな教員や言動が強く抑圧的な指導が生徒指導の中心となっていました。その後，攻めの生活指導＝生徒たちの自浄力・自治力を高める指導を続け，何年かかけて安定した学校生活をつくりあげることに取り組み，改善を図ることができました。

　基本的生活習慣を徹底させること，人としての立ち居振る舞いや社会的な規範を守らせることは生徒指導の基本です。相手を思いやる言葉遣い，悪に対し毅然とした姿勢，人や社会に対し責任ある行動をとることは学校教育だけではなく，社会全体として子どもたちに指導し身につけさせなければなりません。このために，是々非々の姿勢で毅然とした指導を行うことは重要です。教職員が，体罰という間違った指導ではなく，生徒の心を育てる指導で自信を持って生徒に対していくことを，今一度心に刻むことが大切です。

コラム：生態学的調整力とインプロ教育

　学校現場の性質の一つに同時多発性があります。学校という居場所の中でさまざまなことが同時に起こっていて，教員であれ外部講師であれ，これに対応しなければなりません。

　たとえば，外部講師としてソーシャルスキルトレーニング（SST）を初めて実践するある小学校で，クラスに入ろうとしたら，担任が今は入らないでくれと目で合図を出している。休み時間に起こったトラブルの指導をしているためで，男の子が泣いています。

　クラスに入ったときには重い雰囲気が漂い，男の子はまだ少し涙目です。外部講師はこの後を引き継ぎ，「楽しい」SST を実践しなければならないけれど，明るい挨拶や冗談をいえる雰囲気ではありません。

　別のクラスでの出来事ですが，「かなり手ごわい崩壊寸前のクラス」と聞いて気合いを入れて SST を行っていました。努力の成果も実り，最初の 10 分は子どもたちに笑いも出て，とてもいい感じに SST が進んでいったそのとき，保健室に行っていた「かなり反抗的な男子たち」が大きな音でドアを開き，話しながら入室。途端にクラスが静まりかえります。アイスブレイクからターゲットスキルに移行するのが定石ですが，再びアイス（冷えきった）状態に戻され，「今からペアを組んでほしい」とはとてもいえません。

　このほかにも「今日は 3 年生です」といわれて行ってみたら「インフルエンザのために学級閉鎖で，すみません，急きょ，6 年生でお願いします」と指示されました。3 年生と 6 年生ではできることが異なりますが，考える間もなく，6 年のクラスに投げ込まれました。

　これらはすべて「その場で起きたこと」で，「学校現場に内在する出来事の偶発性」です。学校ではそのときにならないとわからない偶然の出来事に満ちていて，教員は「学校現場とはそういうものです」と答えるでしょう。

　他方，これを嫌う外部講師は統制された環境を好みます。換言すれば，「落ち着いた学校の落ち着いた学年」でのワークショップを行うことを好むわけです。しかし，学校現場で心理士が役立つためには，現場の偶発的な出来事に即興で対応する調整力（生態学的調整力）が求められます。

　学校は出来事の偶発性に満ちていて，念入りに用意してきた内容を，その場で生まれる新たな文脈によって調整することが苦手な人には，とても不条理な場所にみえるかもしれません。また，せっかく用意してきたプログラムを「壊してしまう」子どもに（少し）腹が立つことがあるかもしれません。斎藤研究室では生態学的調整力を養うために高尾隆先生によるインプロ教育を重視しています。インプロ教育が持つ即興性の利点はいろいろありますが，教育相談の視点からみたとき，学校で起きる偶発的な出来事を教育相談に活かせる力を養うことが目的の一つです。

Ⅳ 部

教育相談の技法

は じ め に

　Ⅳ部では，教育相談で使われる具体的な技法について説明する。本部で示されている技法は大きく，①教員が使うことはないが，教育相談において心理の専門家等によって日常的に使われているもの，②一部の学校で使われているもの，③多くの教員によって使われているものの３つに分けられる。

　まず，心理の専門家等によって日常的に使われているものとして「箱庭療法」「アートセラピー」「プレイセラピー」「臨床動作法」を取り上げる。このうち，箱庭療法，アートセラピー，プレイセラピーは治療的な意味合いが強い技法である。一方，臨床動作法は，治療的な側面だけでなく，予防的にも使われる技法である。

　次に，一部の教員あるいは学校で使われているものとして，「ビジョントレーニング」と「ワークショップとインプロ教育」を取り上げる。両者は，近年急速に発展，導入されるようになってきた技法で，学校現場においては比較的新しいものである。ビジョントレーニングは，発達障害の子どもたちに効果を発揮しており，治療的な側面が強い。一方，ワークショップとインプロ教育は，予防的，開発的な側面の強い技法である。両者は，今後ますます教育現場に導入されていく可能性があるため，本書でも取り上げる。

　最後に，多くの教員によって使われているものとして，「ソーシャルスキルトレーニング (SST)」「エンカウンターグループ」「ストレスマネジメント」を取り上げる。この３つは，文部科学省 (2010) の『生徒指導提要』にも心理教育的アプローチとして示されている技法であり，これまでも多くの学校で取り入れられている。SST は，社会生活で必要なスキルの向上を目的として使われており，エンカウンターグループは学級での人間関係づくりに頻繁に利用されている。また，ストレスマネジメントはストレスに対する対処方法を身につけるために行われる技法であり，これら３つの技法は，予防的な側面としての意味合いが強い技法である。

1　箱庭療法

（1）箱庭療法とは

　精神科医として子どもの治療に取り組んでいたローエンフェルト
(Lowenfeld 1939) が，砂の入った砂箱とミニチュアを用意し，子どもたちに
自由に遊んでもらう治療技法として「世界技法」を考案したことが箱庭療法
の起源である。当時，言語的解釈を主技法としていた児童精神分析とは一線
を引き，遊びを通して表現すること自体に治癒力があるとローエンフェルト
は考えていた。その後，ローエンフェルトの教えを受けたカルフ (Kalff
1966) が，世界技法に分析心理学の知見を融合し，さらに制作者と治療者と
の関係性を重視して発展させたのが「箱庭療法」である。当初，カルフは分
析心理学の知見をベースとした作品解釈を積極的に行う治療を行っていた。
しかし，箱庭療法を日本へ紹介した河合隼雄を中心とする日本の治療者と議
論を重ねる中で，解釈よりもその制作プロセスの変化に焦点をあてるように
なった。そのため，箱庭療法は特に日本において大きな発展を遂げている。
　箱庭療法の適用年齢は子どもから成人までと幅広い。子どもであれば箱庭
制作というよりも，砂箱内でミニチュア同士を戦わせて遊んだり，ミニチュ
アを用いておままごとを展開したりと，遊びの要素が強いものとなる。成人
であればミニチュアで遊ぶというよりは，箱庭制作という創造的活動を通し
た遊びとなり，童心に返りながら制作を行うことが多い。
　一方，治療者は制作者の制作プロセスを見守るという姿勢でその場に存在
する。このとき，制作者からの問いかけに対して，制作の流れに影響が出な
い程度に答える。なぜならば，その応答によって制作者の自由な表現を制限

してしまう可能性があるためである。

　制作後の作品に対する一般的態度として，治療者は「箱庭の表現を『解る』よりも，『味わう』」(河合 1982)ような態度で接することが大切であるとされている。さらに，箱庭制作が複数回行われる場合には，各々の作品の変化に注目しつつ，系列的にみていくことが推奨されている。

　箱庭療法を知らない人にとっては，「箱庭療法を提供する治療者は，一つ作品をみるだけで何か作品の解釈をしてくれるだろう」という誤解がある。実際，何も情報がない状況では，作品一つをみて制作者のパーソナリティがわかるわけではない。制作者の詳細を知らず，十分な関係性もない状況で，単発で制作した作品一つだけをみて解釈をすることは大変危険であり，また無責任であるため慎まなければならない。たとえば，大学における演習において学生同士で箱庭制作をする機会があった場合，解釈を述べるのではなく，制作プロセスや作品から受ける印象を自分の言葉で述べる程度にすべきである。

（2）箱庭療法用具

1）砂　　　箱

　通常用いられる砂箱は57×72×7 cmの内側が水色に塗られた木製のもので，少量の水を入れても外に漏れ出さないような加工が施されている。内側が水色に塗ってあるのは，砂を端に寄せれば海のイメージにも空のイメージにもなる仕掛けのためである。ただし，この仕掛けがあることを制作者に伝えるか否かは治療者の考え方による。伝えれば制作者がイメージを膨らませるきっかけになる場合もあるが，逆に制作者のイメージを誘導してしまう場合も考えられるためである。

　また，箱庭療法における砂箱には「枠」という考え方がある。砂箱は制作者が安心して自由に表現できる空間を保護する役割があるが，暗にその空間内に表現させようと仕向ける役割もあり，つまり，自由な制作を促す一方で限界を設定しているのである。矛盾しているようであるが，実は限界を設定

するからこそ，無限に広がる制作者のイメージを一つの形にすることが可能
となる。それゆえ，その砂箱内の空間は制作者が内的イメージの表現を躊躇
するような危ういものであってはならない。制作者と治療者との間に安定し
た関係性が醸し出される空間でなければならず，そのためには両者の間に十
分な関係性が熟成している必要があるといえる。

2）砂

　砂はサラサラとした手触りのよいものが用いられる。綺麗な砂浜の砂をイ
メージするとよいだろう。箱庭療法用に販売されている砂には，色や手触り
が異なる数種類の砂があり，多くの人は指の間を通るサラサラした感触に心
地よさを覚える。砂を盛って山にすることや，水を用いて砂を固めることも
可能であり，成人であれば幼少期の砂遊びの記憶がよみがえることもある。

　先に述べた制作中に童心に返るという点では，砂が果たす役割は大きいと
いえる。しかし，砂箱と同様，砂への接触や造形が可能であることを制作者
に伝えるか否かも治療者の考え方による。また，水の使用をどの程度許可す
るのかは，治療者や箱庭療法用具が設置してある場所によって異なる。たと
えば，水たまりができるほど多量の水を使った作品を制作したいと申し出が
あっても，サラサラとした乾いた砂を希望する制作者が次に控えているかも
しれず，どの程度の水を許可するのか判断に苦慮することがある。

3）ミニチュア

　箱庭療法においてどのような種類のミニチュアを用意すればよいのかは，
河合（1969）が述べたものを参考にするとよい。何をどれだけ用意するのか
正確な基準はないが，経験的にある程度の種類と数量が必要である。制作者
のイメージは豊かでユニークであるため，さまざまなミニチュアがあればあ
るほど，制作者のイメージに沿う作品が仕上がることが推測される。

　しかし，いくら多種多様なミニチュアを用意しても，制作者のイメージは
無限に広がっているため，すべてのイメージに合致するミニチュアを用意す
ることは現実的に不可能である。実際は，制作者が自らのイメージに似通っ
たミニチュアに見立てたり，イメージを変更したりする。つまり，制作者と
ミニチュアとの間でイメージの相互作用が生じ，新たなイメージが生成され

図表Ⅳ-1-1　箱庭作品の一例（筆者制作）

ていくのである（図表Ⅳ-1-1）。

（3）箱庭療法における楽しさと難しさ

　「ここにあるミニチュアを使って自由に何かつくってください」という教示のもと，砂が半分ほど入った砂箱にミニチュアを置いていく。作品テーマの指示はなく，面接時間内であれば制作時間の制限もない。また，完成した作品は美的観点から評価されるものではなく，治療者以外にみせるものでもない。その状況において，制作者は自身のイメージを豊かに育み，自由に創造していくことになる。幼少期の遊びのように，制作し始めると成人でもその楽しさに没頭することが多いのが事実である。自らのイメージを視覚的観察可能な作品として，そして，唯一無二の作品として現実の世界に誕生させる創造的活動は，非常に魅力的で楽しい活動であることは容易に推測できる。

　一方で，その実際は難しさも存在する。たとえば，用意されているミニチュアではイメージに合致せず，自身のイメージの通りに見立てたり，イメージを変更したりすることが許容できない制作者にとってはミニチュアの種類

や数量が制限の一つとなる。また，一連の箱庭制作を客観的にみれば，相談室という密室に制作者と治療者の2人しか存在しないという緊張感が漂う中，治療者は沈黙して制作プロセスを見守るだけなので，制作者はその存在を意識してしまい，自由な表現に制限がかかることがある。おおよそ思春期以降の制作者であれば，制作することで自分を見破られてしまう（解釈されてしまう）のではないかという不安から制作を拒否することがあるし，制作後の作品に対し，これでよかったのかという急な不安が襲ってくることもある。

　このように，箱庭制作は創造的で魅力的な活動であるが，誰でも安易で楽しい活動に必ずなるわけではない。だからこそ，箱庭制作は強要されるものではなく，制作するか否かは制作者の意思に任されているのである。先に述べたように，継続的に制作された作品を系列的に理解していくことが望ましいが，もちろん，単発の箱庭制作で終わったからといって意味がなかったわけではない。その制作プロセスや作品，関係性などを慎重に考察することで，新たな見立てや治療方針が生まれてくるかもしれないのである。

（4）箱庭療法をより理解するために

　箱庭療法についてさらに知見を得たい場合は関連書籍等を探すとよいが，それよりも実際に自身で継続的な箱庭制作を体験することを強く推奨する。実際に制作すれば，ここで述べられてきたことを体験的に理解することができるだろう。まさに「百聞は一見にしかず」である。同時に，治療者役となって箱庭制作を見守る体験をすることも重要である。他者の箱庭制作を見守っていると，疑問がわいたり感動したりして，何かコメントをしたくなる気持ちが生じる。しかし，それが制作者にとって侵襲的になる危険がある。何を質問するのか，何をコメントするのか，十分考慮したうえで行わなければならない。これも体験してみないとわからないことである。

2 アートセラピー

（1）アートセラピーとは

　アートセラピーは，日本では芸術療法といわれ，心理療法に位置づけられる。一般的に，芸術療法における芸術活動とは，絵を描いたり，粘土などで立体的な作品をつくったりする創作活動としてイメージされやすいが，広義には音楽，ダンス，ドラマなどの表現形式を媒介とするものも含まれている。日本における芸術療法は，それらのほかに箱庭療法や詩歌なども芸術療法の範疇に含まれている。この章で扱うアートセラピーにおける表現形式は，絵画造形活動を媒介とするものに限定する。

　アートセラピーの実際の療法場面では，提供者（セラピスト）が素材や技法を提供し，創作者（クライアント）の創作過程を見守ることから始まる。創作後，創作者と提供者が創作過程や作品について対話することによって，創作者は日常レベルでのコミュニケーションとはまた異なった次元で自分をみつめ，自分の内面について発見することができる。

　提供者は，創作者が創作を通して心をみつめる作業を支援する役割を担う。そのため，提供者は，芸術活動による作品の出来不出来から創作者を解放し，創作者が自由で安心して創作が行える場にすることが重要となる。このような創作空間を提供するには，提供者自身が創作体験を事前に行い，創作過程の心の動きや技法を体得しておくことが必要となる。提供者自身が1回の創作体験にとどまることなく，創作を継続することによって，創作者の援助のための空間や素材・技法の提供に，広がりと深みができると考えられる。

（2）「芸術で治す」と「芸術が治す＝art as therapy」

　アートセラピーでは，心理療法やアセスメントなどに，芸術を介在して行う「芸術で治す」という側面と，芸術そのものの力が心理的なものに自然と影響していくことを表す「芸術が治す」という側面の両面がある。

　心理療法的な側面を重視した場合，ともすればできあがった作品のみが注目される傾向が強くなる。アートセラピーには，描画テストのイメージが強く，作品をみて解釈や分析が行われるといった側面が強調される。そのような場合においても，心理アセスメント（判断・診断）は1枚の描画だけで解釈するのでなく，多方面の検査や面接等を通して行われており，専門的なトレーニングが必要である。そのため，1枚の描画から安易に解釈や分析ができるものと考えると，創作者との信頼関係が損なわれたり，創作者を傷つけてしまうことがある。さらに，創作過程や作品から隠喩（メタファー）や象徴などをみいだすためには，心理学や芸術療法の専門知識や技法の体得が必要となる。

　一方，「芸術が治す＝art as therapy」という側面は，解釈よりも創作過程に内在する自己治癒的な要素を大切にするという視点である。"art as therapy" という言葉も同様で，芸術活動そのものが療法的な側面を持ち，活動そのものが自然に治療的な働きを促すという視点である。創作体験そのものから自己治癒的な働きを期待する場合，提供者は，創作過程の指示や評価をしない，作品の上手下手にこだわらないなど，提供者自身の創作や作品に対する態度や構えがより重要と考えられる。作品の巧拙に捉われず，安心して創作が行える場を提供することが，本人の自分への探索行動や表現を促し，その効用として心の成長が促される場合がある。

　現代社会は視覚情報が氾濫している。インターネット，テレビなどの流布で視覚情報や聴覚情報のみの体験になり，身体や五感のすべてを使わない疑似体験が多い。そのような現状の中で，創作体験は，素材に触れることから始まり，五感を用いて創作者自らが新しいイメージを創造する過程となる。

創作体験は，言葉やイメージだけではなく，創作者をより実感や体感を伴った現実的な体験に誘うことができ，現実吟味や自分らしさの探求に自然とつながると考えられる。

（3）コラージュ技法

　実際の心理療法場面でも多く活用されており，比較的導入がしやすいコラージュ技法を紹介する。コラージュという技法は，さまざまな雑誌やイメージを切り抜き，それを再びレイアウトし，一つの作品にする技法である。ピカソをはじめ芸術家が用いた現代美術の技法の一つである。この技法を日本で心理臨床に深く結びつけたのが，コラージュ療法である（森谷 1990 pp.27-37）。

　コラージュ技法は，雑誌などの写真やイラストを切り抜き，自分の気になるものや好きなものを画用紙の画面に構成していく技法である（図表Ⅳ-2-1）。雑誌から直接，写真などを切り抜いて台紙に貼っていくマガジンピクチャーコラージュ法と，事前に提供者が雑誌から切り抜いたイラストや写真を箱に入れたものから創作者が選んでレイアウトしていくコラージュ・ボックス法

図表Ⅳ-2-1　コラージュ（作品例）

がある。

　コラージュ技法の利点は，創作者が絵の巧拙を気にすることなく導入することが可能であることが挙げられる。雑誌からの切り抜きのイメージを用いる技法であるため，社会的な事象に触れ自分の世界観を広めて，自分をつくりあげようとする思春期以降に適した技法であるといわれている。

（4）教育現場でのコラージュ技法の応用例

　筆者のうち，栗本は，コラージュ技法を展開して，学校の相談室で実践したり，養護の先生が保健室に来る子どもたちに提供できるアートセラピーとして提案している。

1）コラージュ手紙・コラージュカード

　コラージュ・ボックス法を用い，昼休みの相談室解放のときに提供していた。昼休みの短時間の間でも，取り組みやすい大きさの手紙やカードを使った。今日の自分にあてた手紙や誰かに渡すカードなどを手づくりしている生徒もいた（図表Ⅳ-2-2）。

図表Ⅳ-2-2　コラージュの素材（コラージュ・ボックス法）

２）コラージュカレンダー・箱コラージュ

　コラージュカレンダーは，季節感を感じるような切り抜きを提供し，カレンダーをつくる。季節の行事が年齢を重ねるごとに遠のいていくことが多い現代において，コラージュ創作によって時間の流れや季節の移ろいなどをイメージする機会になるときもある。

　箱コラージュ（図表Ⅳ-2-3）は，箱の内側と外側にコラージュをする技法である。箱は自然に内と外があるので，自分の内面と外面というテーマになったり，創作者が，具体的な何かを入れるものをイメージしてつくったと話してくれることもある。継続してものをつくっている場合，自分のつくった作品を入れておくためにコラージュ箱をつくるということもできる。

３）デコパージュ

　デコパージュ（図表Ⅳ-2-4）は，ペーパーナプキンを使って行うクラフト技法である。できているイメージを切ってレイアウトするのはコラージュ技法と同様である。デコパージュは特別な定着液を使うので，提供する際は準備が必要であるが，コラージュのようにマスメディア的なイメージがないので，どの年代でも活用でき，提供者側も解釈などは気にせず，ものづくりの空間を楽しめる時間を提供できる。養護教諭に，この技法を使い日常で使う石鹸やソープディッシュをつくるワークショップを行った。後日，保健室に置い

図表Ⅳ-2-3　箱コラージュ（作品例）

図表Ⅳ-2-4 デコパージュ（作品例）

たら生徒がみつけてつくりたがったという話が多く聞かれた。

（5）作品について

　アートセラピーの場合は作品ができあがるのも特徴の一つである。作品は
その人の心の動きや内面が表現されたものである。そのため，作品をどのよ
うに扱うのかが重要となる。さらに，グループで創作するときは，他の人か
らの批判や中傷などにも注意が必要である。作品の保管や持ち帰りについて
も，創作者の希望を聞いたり，ときには提供者が大切に保管したりすること
も必要になる。作品を提供者が大切に保管することはその人の心を大事にす
ることにもつながるので，ある程度の期間を保管することは念頭に入れて始
めることが望ましい。

3　プレイセラピー

（1）プレイセラピーの理論と活用

　プレイセラピーは遊びを媒体にして行われる心理療法のことであり，遊戯療法ともいう。子どもにとって自分の内的世界を表現するには言葉よりも遊びの方がふさわしく，子どもの心理療法はプレイセラピーが行われていることが多い。対象となる子どもは2,3歳から11,12歳であるが，子どもの特性・個性や発達の程度によって適用年齢は変わり，12歳を超えてもプレイセラピーが行われる場合もあるし，12歳以下の子どもでも，遊びではなく言語主体の心理療法が行われる場合もある（弘中 2014）。

　プレイセラピーにはさまざまな理論があるが，子どもを対象に遊びを媒体にして行われるものなので，特定の理論によって実施の仕方が決まっているわけではない。しかし，プレイセラピストのかかわり方はどの理論を用いても温かく受容的な姿勢を基本としている。その具体的な内容はアクスラインの「8つの基本原理」（Axline 1947）に集約されており，ほとんどのプレイセラピストが実際に遵守している原理といえる。アクスラインの「8つの原理」を以下に示す。

① 子どもとセラピストの間によい治療関係を成立させる
② 子どもがどのような状態であってもあるがままの受容を行う
③ 子どもが自分の気持ちを自由に表現してもよい許容的な雰囲気をつくる
④ 子どもの感情を敏感に察知し，適切な情緒的反射を行う
⑤ 子どもは自分で自分の問題を解決できる能力を持っていることを信じ

て，子どもに自信と責任を持たせる

⑥　非指示的態度をとり，子どもがプレイをリードしていく

⑦　早く治療しようとするのではなく，治療はゆっくり進む過程であるからじっくり待つ

⑧　子どもが現実から著しく逸脱することを防ぐために必要な，またセラピストとの関係に対して持つべき責任を自覚するために必要な制限を与える

以上の8つの原理は，子どもが持っている問題が何かではなく，その子自身に焦点をあててアプローチすることになる。

（2）プレイルーム

プレイセラピーは，普通プレイルームと呼ばれる一定の設備を備えた部屋で行われる（図表Ⅳ-3-1）。前節で述べたようにプレイセラピーは遊びが大事であり，広義でのプレイセラピーは実施場所が固定ではなく，遊びを媒体にできればよいと考えられる。実際，施設によってはそのような設備が準備できない事情もある。しかし，心理療法としての狭義のプレイセラピーを考え

図表Ⅳ-3-1　プレイルームの例

撮影協力：神奈川大学心理相談センター。

た場合，プレイルームを準備することが望ましい。では，どんなプレイルームが望ましいのかは，相談機関や施設の実情，来談する子どもたちの状況やプレイセラピストの考え方によって変わるが，一般的な傾向を紹介する。

　まず，部屋の広さは子どもがどのような遊びをするかによっても変わるが，広さよりも，子どもが安心して遊べることが第一条件である。そのためには，プレイルーム専用に使える部屋が望ましいといえる。窓が多く外部から簡単にみえる部屋や，ドアがなく誰が入ってくるかわからない共用の部屋をプレイルームとしてしまうと，遊びが中断したり，子どもが自由に遊べなかったり，自分を十分に表現できない可能性が出てくるからである。また，遊びを媒体とした心理療法であるため，玩具・遊具が重要になる。玩具・遊具は，壊れにくく，子どもの遊びを引き出すことができそうなものを一通りそろえておきたい。定番のものとして，人形，ぬいぐるみ，ままごとセット，積木，ミニカー，キャラクター玩具，ごっこ遊びができるものから，トランプやボードゲームなどを用いていることも多い。また，絵を描いたり，粘土遊びをしたりするための道具も必要である。プレイルームによっては，箱庭やボールプール，ブランコ，サンドバック，滑り台，平均台，砂場や水遊びができる場所が準備されているところもある。

（3）遊びの治療的意味

　幼稚園の創始者フレーベル（Fröbel 1826）は，子どもたちの遊びについて「意味と重要性が溢れている」と述べたように，遊びは遊びそのものに治癒力を持っている。遊びは子どもにとって「内的にも外的にも現実」（Zulliger 1952）として体験されることによってその治癒的な機能が強く影響する。図表IV-3-2は遊びの治癒的な機能についてまとめたものである。遊ぶことによって他者（セラピスト）との「関係性」がつくられ，遊ぶことによって自分を「表現」することができ，遊びの中に「守り」があることで安全に自分の願望を満たし，再び現実の世界に帰ってくることができるのである。

図表Ⅳ-3-2　遊びの治療的機能

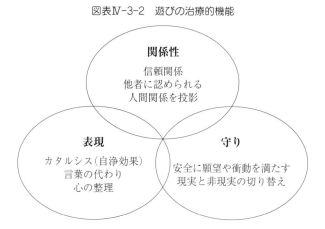

関係性
信頼関係
他者に認められる
人間関係を投影

表現
カタルシス(自浄効果)
言葉の代わり
心の整理

守り
安全に願望や衝動を満たす
現実と非現実の切り替え

（4）学校現場とかかわるプレイセラピー

1）学校の相談室

　現在，日本全国ほとんどの小・中・高等学校において相談室が設置されており，その多くにスクールカウンセラーが来校している（地域や場所によっては相談員等の場合もある）。特に小・中学校の相談室にはぬいぐるみをはじめ，オセロや将棋，トランプなどちょっとした遊具が置かれている場合がある。また，地域による違いはあるが，学校によって箱庭やボールプールを用意している相談室もある。相談室における玩具は，来室する子どもの心をほぐし，自己を表現する手助けとなる。実際，玩具があることで，児童生徒にとって相談室に通いやすくなり，また相談室が安心できる場所になりやすい。またカウンセラーをはじめとする，相談者との関係づくり，相談の進展にも大いに役に立つ。一方で，子どもの遊び心を大いにくすぐるため，一歩間違えると相談室を「遊び場」にしてしまう危険性もある。玩具の導入，および使用のきまりについては，学校ごとの雰囲気や考え方にもよるが，大切なのは担任をはじめとする多くの教員が相談室で何が行われているかをきちんと把握し，玩具や遊びの有効性と危険性の両方を理解したうえで，随時，相談室の

担当者と協議しながら活用していくことである。

２）教育相談所等，学校外でのプレイセラピー

　教員になってプレイセラピーとかかわる機会が多くあるとすれば，教育相談所（室）ではないだろうか。教育相談所にはプレイルームが設置されており，定期的に通っている幼児児童がいる場合，その多くはプレイルームにおいて臨床心理士によるプレイセラピーが行われていることが多い。不登校，緘黙，コミュニケーションの課題があるといったケースでは特にプレイセラピーが用いられる。また，親子で通っている場合は，子どもはプレイセラピーを行い，親は他の担当者と相談を行っていることが多い。これを親子並行面接という。

　プレイセラピーの内容としては，病院や専門の相談機関と大きくは変わらないが，一番の強みは学校とのつながりがある機関であるということである。可能な限りでの情報交換を行い，学校と相談所とが協力しながら，児童生徒の支援を考えていくことが理想である。

（5）学校の先生に求められる保護者への対応

　近年，教育機関においてもプレイセラピーが有効活用されるようになってきたが，特にプレイセラピーが始まった段階では，保護者の中において多くの疑問が起こりやすい。それは「遊んでいるだけで何か意味があるのでしょうか」という疑問である。プレイセラピーは即効性を持っている心理療法ではないため，専門家ではない保護者がそのように感じるのもなるほどと頷ける。実際，教育相談所などでは保護者がプレイセラピーを観察させてもらえることもあるのだが，それをみても，保護者にとっては子どもがただ担当者と遊んでいるようにしかみえないことが多い。また残念なことに，そこでプレイセラピーを担当している者でさえ，その保護者の疑問に対してきちんと納得のいく答えが出せるとは限らないのが現状である。それはプレイセラピーには簡単なようで実は大変高度な技法・技術を必要とするが，それを深めていく研修や研究が進んでいないことに原因があるといえる。

　そんなときに，担任も「遊んで何になるのでしょう？」「学校は勉強する
ところなのに相談所（室）では何をしているのでしょう？」などと否定的に
答えてしまうと，どうなるかを想像してみてほしい。それこそ，保護者は意
味を感じられず，途中で相談所に通うのをやめて，本当に無駄な時間で終わ
ることになる。また学校と相談所（室）との関係も悪くなり，子どもたちに
必要な支援が適切に行われなくなってしまう。

　このような現状の中で，学校の先生がプレイセラピーについて知っている
ということは保護者の不安を除き，相談の効果を高める大きな力になるとい
える。大事なのは，学校が外部機関と連携を密にし，子どもたちが必要とし
ている支援を適切に受けることで問題が改善されていくことである。もちろ
んプレイセラピストにとっても，プレイセラピーに理解を示し情報を交換し
合える教員が増えることはとても心強いことである。

コラム：スクールカウンセラーがいてくれるから

　学校にスクールカウンセラー（SC）が配置されて，おおよそ25年になります。当初は，いじめ問題や不登校生徒への対応が多かったと思います。その後，学校生活のみならず家庭生活の中で起こる非行や事件，人間関係から起きる問題，心の変調や，発達障害などさまざまな悩みへの相談が生じてきています。また，災害や生徒の事故などにおける，被害児童生徒をはじめ子どもたちの心のケアなど，緊急事態への対応を行うこともあります。

　SCが配置された当初は，まだ学校ではカウンセリングに対する意識が低かったと感じています。子どもたちの学校での問題に，教職員以外がかかわることへの拒否反応が学校に強くありました。生徒指導は教員の一番の仕事であり，担任や直接子どもたちにかかわる学年の先生方が担当すべきであるとの考えが主流で，部外者を排除する考えがありました。しかし，次第に子どもたちの抱える問題が学校だけではどうしようもない状況が起きていきました。

　心理的な問題を背景としたこれらの問題には，学校の先生や保護者だけで対応していくことは難しく，サポートするおとなが疲れきってしまうことも多くあります。教員になるために学生時代に，心理学の一端を学んだ経験はあっても，心理のプロではなく，子どもたちの心のうちにある声を十分に聞き取ることはできません。朝のホームルームで，子どもの様子に「あれ，いつもと違うかな……」と変調に気づくことがあります。体調が悪いのか，家庭で何か不安なことがあったのか，友だちのことで悩みがあるのか，それとも勉強のことなのかと思うことはできても，その後の対処に行き詰ってしまうことがあります。生徒に，「カウンセラーと話してみる？」と投げかけて，「うん，いいよ」とすぐに答えが返ってくると，ちょっと悔しい気持ちもありましたが，そこは心理のプロの力を借り，的確なアセスメントとコンサルテーションがいただけることで，指導に的確に活かせることができ，教員個々が持つ指導力や対応力を発揮していけるようになります。また，特別支援教育が進められてきた中で，生徒のちょっとしたこだわりや発達のバランスへの支援や，コミュニケーションスキルの支援など，教員はさまざまな研修の機会をつくりスキルアップを図ってきています。でも，まだまだ十分な支援体制が築かれているとはいえない面が多くあります。

　学校には，SCの力が必要です。校内研修や生徒への支援のコンサルテーションで伝えられることに，教員が聞きたくても聞けなかったことや知らなかったことがたくさんあります。子どもたちや保護者への支援活動とともに，教職員への支援もSCの大きな役割になってきています。生徒が学校生活の中で健全な成長を遂げるように指導し，支援していくためにも，SCが学校の職員の一員として専門性を発揮していってほしいと思います。

4 臨床動作法

（1） 動作を主とした心理援助法

　臨床動作法とは人の動作という視点から，「心だけ」や「体だけ」にとど
まらず，健やかな人の営みを育む心理援助法である。

　人は心と体が一体となって，バランスよく動いて生きている。しかし生き
づらいとき，心は緊張した不適応状態であり，必ず同時に体にも緊張を加え，
危険から身を守りつらさに耐えている。そしてバランスが崩れたとき，心の
思うように体は動かなくなり不調として現れてくる。たとえば学校に行きた
いのに腹痛になる。考えたいのにぼんやりしてしまうなど不適応状態となる。

　この不調な動作に対してカウンセラーが援助し，クライアントが動作の仕
方を変え，不調な体を改善する努力をする。この努力の中で心のありようも
変わり，より適応的になってくる。このように臨床動作法を行うことによっ
て，心身のバランスがよくなり，実感する日常の体験も変化することで生き
やすくなると考える。

　なお，ここでいう動作とは，「本来動く体を，本人が思うように動かそう
と努力して体が緊張したり動いたりする現象」をいう。

（2） 臨床動作法の方法

１） 主な動作課題
　臨床動作法ではクライアントに合う動作課題を選んで行う。その種類は多
いが，ここでは基本の動作課題を４種類，座位前曲げ・肩上げ下ろし・ペコ

図表Ⅳ-4-1　基本の動作課題の4種類

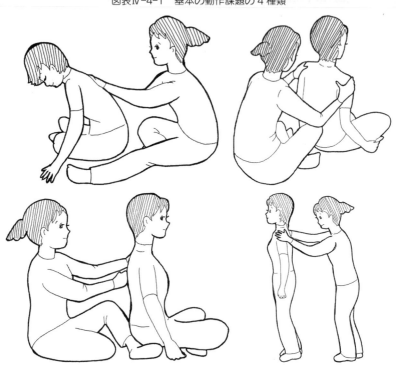

　ポコ縦まっすぐ立て・立位を図表Ⅳ-4-1にイラストで示したので，参考にしていただきたい。

２）臨床動作法の進め方

　実際の臨床動作法の方法については，以下の通りである（成瀬 2013）。

① 　場所は畳でも椅子でも良い。クライエントの訴えに応じて，セラピストが動作課題を選択し導入する。

　　クライエントはその課題に取り組み，動作の不調に気持を向け，からだの動かし方や不都合に気づく。最初は硬くて動かない，痛いと感じることがある。

② 　クライエントが動作をする・課題に取り組むことで自分なりの動作の仕方に気づき，セラピストの援助で課題通りの動作をするように努力す

る。そしてからだに入っていた緊張が解消し動かせるようになると，ホッとして不安感がなくなり落ち着いてくる。これまでこんなに力んでいたのかなど自分のこころに気づく。すると自ずとからだの動かし方が変わる。

③　クライエントは課題ができるようになると同時にこころの使い方が変わる。

　つまり動作（からだ）の調子が良くなり，こころの不適応が減ると，クライエントの感じ方やとらえ方・構えや生き方が変わる。その結果，「適応的な生き方」ができるようになる。すなわちクライエントは動作の仕方が変わり，からだもこころも楽になる。

3）臨床動作法試行を通して味わう多様な体験

　クライエントが動作課題に真剣に向き合っているということは，自分自身に集中して向き合っているということでもある。そして，動作が変化してくるプロセス中や終わった後に以下の実感を体験することが多い。

・体を動かしている感じ

・体が動いている感じ

・全身に及ぶ自己弛緩とリラックス体験

・自分の体の感じ

・現実に今，体を動かしている感じ

・自分自身が重力と感じ，大地に，まさにここに存在している感じ

この体験は心のバランスにとって非常に有効であるといえる。

（3）臨床動作法の目的

1）体験重視の治療的援助

　セラピストは動作課題に取り組みやすいように寄り添って，一貫して指示や励ましなど心理療法としての援助を行う。

　この支持的環境のもと，クライエントは自分に向き合い，提示された課題の動作をするプロセスの中で，自分の体の不調・不具合をしみじみと実感す

る。その結果，今までの【動作の仕方＝日々の体験の仕方】を適応的なものに変えていくという目的を持つ心理療法となる。

2）臨床動作法で心が変わる

①　動作をしている自分を実感できるようになる

②　内界・外界に対するかかわり方が変わる

③　現実感を持って，自分自身を感じることができる

　臨床動作法は体験しないとわからない不思議な心地よさがある。体験すると上記の3点をまさに心が実感するのである。

（4）臨床動作法の適応と適用場面

1）臨床動作法の適応

　緊張してずっと力を入れていると肩凝りや腰痛など不調の原因となり，姿勢の偏り（猫背・側弯など）をつくる。無意識に入れた体の緊張は，不安・緊張・強迫などさまざまな心の状態に対応するものである。クライアントの心身の訴えに対して臨床動作法は対応できるので適応範囲は広いといえる。

2）臨床動作法の適用場面

　臨床動作法は，主に学校や精神科・小児科など医療において活用されているほか，被害者支援，災害等緊急支援活動などアウトリーチでも活用しやすく，適応場面の広がりをみせている。また身体障害児・者への動作訓練，スポーツ動作法，健康動作法，高齢者動作法，ストレスマネジメント教育などとして乳幼児から高齢者までさまざまな対象者に用いられている。

（5）学校で使える臨床動作法

　クラスで普段から短時間，定期的に臨床動作法を取り入れると次第にリラックスや自己コントロールができるようになる。緊張が高い場面でも，一人ひとりが集中したり冷静な行動ができる可能性がある。朝の会・体育の整理体操後・合唱コンクールの練習前後・受験前・部活時など工夫次第で取り入

れ可能である。実際に心身の緊張や体の動きの不調への効果が得られるが，自分で落ち着く方法を知っていることが安心感につながって，突然の危機状態でも冷静に判断できる心理的効果も期待できる。なお，反発したり，やりたがらない子どもには強制しない。その子なりにがんばっている場合があるからである。また，小学校高学年や中・高等学校では同性でペアを組むなど基本的な注意も必要である。

初心者向けの動作課題「肩上げ課題」をやってみよう。

①　2人でペア（AとB）を組み，Aはいすにもたれないで座る。Bが援助者となる

②　教員がAに「ゆっくり肩を上に上げていきましょう」と声をかける。続いて「これ以上上がらないところに来たら，5秒止めてから，ゆっくり肩の力を抜きながら，元のところまで戻しましょう」と教示する。これを3回繰り返す

③　今度はBがAの後ろに位置し，Aの肩の中央より少し腕側に手のひらを置き（手の重みを感じる程度），教員は先ほどの教示を繰り返す。その後A，Bに感想を話し合ってもらう。その後交代して行う（山中ら 2000）

5 ビジョントレーニング—教育現場における効果

（1）ビジョントレーニングとは

　学校現場において，学習障害（限局性学習症）の診断が出ていなくても，読み書きや算数，あるいは球技に過剰な苦手意識を持つ子どもがいる。この子どもたちへの対応法として，ビジョントレーニングが注目されている。視力と「ものをみる力」は同じではない。そしていくら視力がよくても「みえ方」に問題があれば対象物を正確にみたり，理解したりすることができない。

　ビジョントレーニング（vision training）とは読み書きの苦手な子どもの視覚機能（ものをみる力）の発達を促すトレーニングである。眼球運動には「跳躍性眼球運動」「追従性眼球運動」「輻輳運動（両眼のチームワーク）」などがあり，両目の運動が適切に機能することにより，外界を認知し，適切な表象を形成することができる。しかし，何らかの齟齬によりその機能が阻害されるとき，両目の運動を中心とした視機能のトレーニングにより，認知的機能の回復が行われる。こうした認知機能の向上を目的とした視機能トレーニングの総称をビジョントレーニングと呼ぶ。

　現在，ビジョントレーニングの手法は多くの適応指導教室や発達支援センター，発達障害に対応する病院で採用されている。通常学級においてもこのトレーニングにより読み飛ばしが減り，正確に読むスピードが向上するなどのデータも出そろい始めた。学校においてビジョントレーニングは，単なる学習支援ではなく，学校生活の自己効力感の向上といえる。

（2）技　　法

1）お手玉にタッチ

　ひものついたお手玉の近くに立ち，縦・横・斜め・ランダムに動いている
お手玉を目で追いタッチする。右手・左手・膝・肩など，体のいろいろな部
分でタッチする。

2）ア　ボ　ロ

　2種類の色があり，形は三角や四角などさまざまな形をした，7種類，計
14個のピースを使ってパズルの枠に見本パターンと同じ形をつくる。はじ
めは見本カードをみて白色のピースのパターンをつくる。次に茶色のピース
のパターンをつくる。課題ができてくると見本カードを覚え，見本をみずに
つくるなどして，スモールステップで認知機能を向上させていく。

3）ジオボード

　5行5列，計25本の突起にゴムを引っかけ，形や文字をつくる。形や文
字の辺や部首によってカラーゴムを使用する。見本をみながら形や文字をつ
くる。課題が難しい場合は，見本の上にジオボードを重ねてつくる。

4）ランダム読み

　縦読み・横読みがあり，不等間隔に並んでいる文字や数字を，目で追い，
声に出して1列ずつ読んでいく。難しい場合は，1列ずつ指でたどって読ん
だり，1列ずつに定規をあてて読んだりする。

（3）測　定　法

　ビジョントレーニングの効果を測定するテストは複数あるが，最も代表的
なDEM（Developmental Eye Movement Test）を紹介する。
　DEMは，衝動性眼球運動の正確性を測定するテストである。並び方が異
なる2種類の数字表を読ませ，速度と読み誤りを記録する。検査実施に際し
て特別な知識や経験はさほど必要なく，定量化された結果が出ることから，

アメリカを中心に広く眼球運動検査として使用されている。

（4）効　　果

　斜視などには多くのエビデンスを持つビジョントレーニングだが，教育現場でのエビデンスは，まだ多いとはいえない。

　竹本（2014）は通常学級と「ことばときこえの教室」においてビジョントレーニングを行い，誤答数（読みの正確さ）の減少など，視覚認知（模写の正確さ）の向上が認められる結果が得られたことを報告している。小学校1年生の約3カ月の学活の時間を利用したビジョントレーニングの成果を図表Ⅳ-5-1，Ⅳ-5-2に示す。

　こうしたエビデンスも今後多数報告されると思われるが，たとえば読字障害のある子どもが，ページを折り，スラッシュを入れながら本を読んでいく方法などは特別支援教育の古典的手法とさえいえる。今後，統計的なエビデンス研究が求められると同時に，これまでの手法を再確認し，ITとの連携を含めて従来の手法をより発展させることもビジョントレーニングの課題といえるだろう。

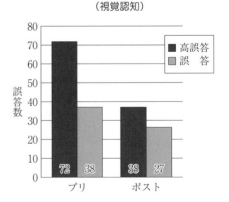

図表Ⅳ-5-1　1年生の誤答数の変化（模写）

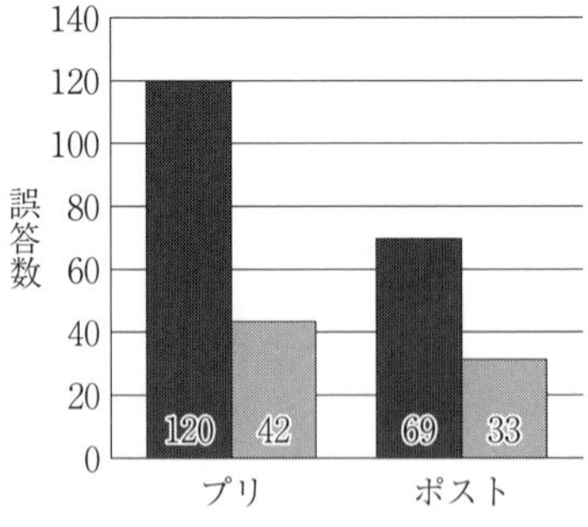

図表Ⅳ-5-2　1年生の誤答数の変化（視覚認知）

6 ワークショップとインプロ教育

（1）学校とワークショップ

現在，学校は「開かれた学校」を原則とした第三の変革期（学校改革期）を迎えている（藤田 2010：吉田 2015）。学校改革で指摘される課題として，「教師が黒板に指導内容を書いて一方向的に教える授業（一斉授業）」への批判がある。佐藤（2012 p.56）はこうした授業スタイルの弊害を指摘したうえで双方向性授業の必要性を主張している。子どもたちの自主性（参加性）と双方向性の学びを中心として，従来の一方向性の授業スタイルの限界を克服する意味で，ワークショップが注目されるようになった。

中野（2001 pp.11-20）によると，ワークショップとは「講義など一方向的な知識伝達のスタイルではなく，参加者が自ら参加・体験して共同で何かを学びあったり，創り出したりする学びと創造のスタイル」である。1992 年の「生活科」と 2002 年の「子どもが自ら課題を見つけ，問題解決をすすめていく能力を育成すること，学び方やものの考え方を身につけて，主体的・創造的に問題解決や探求に取り組み，『生きる力』を形成していくこと」を目標とする「総合的学習の時間」の開始は，参加型で双方向性を志向するワークショップと学校教育が接近する契機となった（高山 2010）。これにアクティブラーニングの重視が加わり，現在ワークショップが大変注目されている。

教育において「ワークショップ」や「ワークショップ型授業」はさまざまな立場から展開されている。教員がワークショップを取り入れた授業を行う場合もあれば，外部から講師を呼んで総合や道徳の時間にワークショップを行う場合もある（斎藤ら 2011）。学校の内外を問わず多様な領域でワークショップは展開されており，あまりに多様な流布を危惧した佐藤（2011）は，そ

の定義を総合的に振り返る時期が来ているとの主張をしている。1980年代から日本に導入されてきたワークショップは日常的な浸透を経て，新たな展開を迎えたといえるだろう。

　ワークショップに関する定義や原理も新たに指摘され始めた。たとえば高尾（2011）はワークショップの特徴として「経験の重視」「参加者の対等性」「省察的思考（ふりかえり）」を挙げている。また高尾（2011）は現代の即興演劇の代表的なファシリテーターであるジョンストン（1933-）の「教えるときの工夫」をまとめ，①即興的なカリキュラム，②間接的に支援する教師の態度，③教師と生徒の適切な権力関係，④安全性を確保した段階的な学び，⑤逆説的な学びという特徴を導いている。いずれの定義や特徴をとるにせよ，「子どもたちの参加と双方向型の学び」と「可能な範囲での個人が尊重された人間関係」が重視されている点は共通している。そこで本章では，学校でのワークショップを「教師と生徒という役割は守りつつ，教師はファシリテーターとして，子どもの主体性に基づいて，授業・課題への参加と双方向性の学びを促進する手法」と定義する。

　不登校の直接的な原因はさまざまだが，「学校がつまらない」という意識は共通している。この素朴な事実は統計的にも自明といえる（小林 2003）。その「つまらない」「面白くない」の内容として，たとえばいじめなどの直接的な原因がある場合と，何ら具体的な原因はないけれど「学校が好きではなく」「学校が面白くなく」なる場合もある。それは学校というシステムに対する子どもの疑問と批判，あるいは怒りといえる。ワークショップは不登校や学校不適応を予防する目的で行うわけではないが，現在の学校のあり方（一斉授業が大部分を占める知の伝達のあり方，一方向的な授業と固い教員と児童生徒の人間関係など）に「生きづらさ」や「息苦しさ」を感じる子どもにとって，結果的に不適応の予防につながるだろう。またフリースクール（Ⅵ部9章参照）の設立期における子どもの声（「主体性」「参加性」「協働性」）を踏まえるならば，ワークショップが学校で果たす役割は今後いっそう大きくなると思われる。

　子どもたちが不適応という形で「その子にとっての学校」を問うように，

ワークショップは，子どもの参加と双方向性授業という形で「学校の現在」
を問う。極論すれば，ワークショップが問う学校のあり方への回答は，（周
囲からみれば）「不適応を起こす子ども」が発する問いへの回答につながる可
能性がある。学校改革が進む現在，教育相談であっても，ワークショップと
いう授業のあり方と知の伝え方，教員と生徒の関係性を無視できない。

（2）学校の中のインプロ教育

1）インプロ教育とは何か

　本節では，ワークショップの中でも「インプロ教育」と呼ばれるドラマ教
育の手法を紹介する。インプロとは「俳優たちが脚本も，設定も，役も何も
決まっていない中で，その場で出てきたアイディアを受け入れあい，ふくら
ませながら，物語を作り，シーンをつくっていく演劇」（高尾 2010）であり，
これをさまざまな学びの場面で適用したものをインプロ教育と呼ぶ。演劇が
持つコミュニケーションスキルや表現力の向上，情操性の向上，自己への気
づき，創造性などが代表的なインプロ教育のねらいである。

　インプロ教育の代表的な実践家であるスポーリンは，子どもの発達に応じ
て学校でのシアターゲームを体系化している。ここでは学校の中のインプロ
教育という視点からスポーリンの考え方を紹介する。

　スポーリンは 1986 年に "Theater Games for the Classroom: A Teacher's
Handbook" という，学校教員に向けたハンドブックをまとめている。彼女
はワークショップを，「核となるシアターゲーム，もしくはシアターゲーム
を複数用いた活動の連続体」（Spolin 1986）と捉え，学校でのワークショップ
についての以下の注意書きをしている。

　　決して焦ってはいけません。子どもが自分の欲求に従って動けるよう
　　な環境を整えなさい。子どもを緊張させるようなアプローチは成長を妨
　　げるでしょう。教え込もうとするかわりに，子どもたちをあたかも演劇
　　の舞台の上に送り出すようにするのです。そうすれば，子どもは「自分

自身のやり方」を見つけるでしょう。

　子どもに演劇を教えるということは，おとなの俳優に演出をするとき
と，まったく同じです。唯一の違いは説明の仕方です。つまり，教室の
ワークショップでは，これから行う活動の問いと導入を，生徒の生活体
験にそくして，はっきりとわかりやすい言葉で伝えることがとても大切
です。

　スポーリンのこのやり方は「目的（purpose）」と「焦点（focus）」と呼ばれ
る独自の意味合いがあるが，こうした彼女の志向性が藤田（1997）が指摘す
る第三の学校改革の方向性と合致することは明白である。以下，「失敗や恐
怖感，他者からの評価から自由になること」を目的として実践されるインプ
ロのアクティビティを紹介する。

２）インプロのアクティビティ

　① 　さしすせそ禁止ゲーム　　　場面だけを設定し，そのほかはすべて即興
でシーンをつくる。その中で話すせりふに「さしすせそ」のいずれかを使っ
た方が負けとなる。

　はじめは自分の話すせりふに「さしすせそ」が入っていないかを考えてか
ら慎重に話す姿が多くみられる。しかし観客としてみている側はおそるおそ
る話す姿より，間違えてもいいから自信を持って失敗した姿を期待している。
このゲームでは，失敗を怖がらず，また失敗してもみている人が楽しんでく
れることで，「失敗」というネガティブな行為をポジティブにする。

　② 　リア・ハンド・ホップラ　　　7，8人で円になり，「リア（上に肘を曲げ
て伸ばした腕を倒す動作）」「ハンド（豆電球のひもを引いて消すような動作）」「ホッ
プラ（頭の上で三角帽子をつくる動作）」というかけ声と動作を素早く回してい
くゲームである。リアは（腕を倒した方向の人に）同じ行為を回す。ハンドは，
いった人から順番が反対になる。ホップラは1人飛ばして次の人に回す。

　円になり，全員が手を伸ばし「わー」といいながら，手のひらをぶらぶら
とさせ，誰からともなく「リア」と始める。時間がかかったり，間違えたり
したら，明るく間違えを認め，再度手を伸ばしてゲームを始める。

③　ワンワード　　2〜4人で，一人1文節ずつ交互に話して，一つのストーリーをつくる。たとえば「ある日」「森に」「小さな」「お城が」「ありました」と続く。途中でストーリーが続かなくなったら，両手を上げて「もう1回！」という。そして，その人からまた新しいストーリーを始める。

（3）インプロ教育の実践—教育相談の視点から

　公教育の中のインプロ教育は新しい試みだが，すでに教育相談の視点から導入が始まっている。高尾は2010年に練馬区総合教育センターの教育相談研修会でインプロ教育のワークショップを実践し，その後ソーシャルスキルトレーニング（SST）とインプロ教育の相補性を述べている（高尾 2011 pp.163-173）。小野ら（2014）は適応指導教室においてSSTとインプロ教育の協働型プログラムを開発し，その効果を検証している。斎藤（2015）はSSTの実践要件の一つに「恐怖感を取り除くこと」を主張し，インプロ教育のアクティビティを導入している。

　現在，インプロ教育は学校改革という背景と「生活科」「総合の授業」への注目だけでなく，通常授業でも取り入れられている（高尾ら 2011）。SSTが特定のスキルの学びを重視するのに対し，インプロ教育が児童生徒にどのような影響を与えるかは今後の課題である。たとえば吉田（2015）はSawyer（2003）の社会的創発理論に基づき，インプロの効果にグループクリエイティビティの向上を仮定している。学校改革を背景として，ワークショップとインプロ教育は教育相談と今後も接近していくだろう。

7 ソーシャルスキルトレーニング

（1）ソーシャルスキルという概念がもたらす視点

　現在，教育相談の領域において，ソーシャルスキルトレーニング (Social Skills Training：以下 SST) は主要な相談技法の一つとなっている。教育現場において SST が主要となった理由を一つ挙げるとすると，ソーシャルスキルという概念がもたらすポジティブな視点の提供にあるかもしれない。たとえば児童生徒がある問題を起こしたとき，SST の視点では「性格」や「家族背景」に原因を帰属させず，ソーシャルスキルの「誤学習」や「未学習」といった行動レベルで問題を捉える。こうした考え方は，教育領域に従事する人々にポジティブな問題解決の視点を提供するといえる (社浦 2011)。

（2）ソーシャルスキルトレーニングとは何か

　SST は，1970 年代頃以降，海外において精神障害者の社会復帰訓練や心身障害者のトレーニングなど多岐にわたる領域で発展し，日本においては，次第に教育領域で使われるようになった (渡辺 1996)。SST とは単独の技法の名称ではなく，行動理論に基づいたさまざまな技法を組み合わせたプログラムを指す名称である。

　名称についてもう一つ付記すると，近年，ソーシャルスキル教育という用語が確認されるようになってきている。ソーシャルスキル教育 (Social Skills Education：以下 SSE) とは，「広義において学校現場で児童生徒にソーシャルスキルを意図的に教えようという試みであり，狭義の意味では学級集団への

集団 SST」のことである（南川 2011）。本章においては，技法的な側面はもちろんのこと，SSE の要素も含めて SST として言及する。

（3）ソーシャルスキルトレーニングの手続き

　SST には一般的な手続きがある。以下に一般的な手続きを示すが，図表 IV-7-1 の「SST 指導案　問題解決スキル：謝るスキル」を参照しながら，一般的な SST の手続きを理解してもらいたい。

1）インストラクション

　言語的教示ともいわれるもので SST の導入の段階である。この段階で児童生徒に対し，これから獲得してもらうターゲットスキルやルールについて説明を行い，児童生徒のターゲットスキルを学習する動機づけを高める。ちなみにターゲットスキルとは，SST を実施する教員やトレーナー側からすれば指導対象のスキルであり，SST を受ける側の児童生徒からすれば獲得対象のスキルである。学級を単位とした大きい集団で SST を行う場合，インストラクションだけでは SST に乗ってこない生徒も出てくる。そこで，インストラクションの前の段階（ウォーミングアップ）でテーマに沿ったゲームを行ったり，リラックスした雰囲気をつくったりして，ターゲットスキルを学ぶことを促進する工夫が望まれる。

2）モデリング

　児童生徒にモデルを観察させてターゲットスキルを学習させようとする段階である。教員やスクールカウンセラー，児童生徒がモデルとなりロールプレイを実際にみせることもあれば，ビデオや DVD などの映像素材をみせることもある。またターゲットスキルの理解促進と誤学習をしてしまったスキルの抑制というねらいのもと，良いモデルと悪いモデルの 2 つのモデルを対比提示させることもある。ただし，2 つのモデルを対比して提示する際には，悪いモデルをふざけて真似しようとする児童生徒が出たり，特定の児童生徒に対する罰の意味合いが強くなってしまう可能性があることに注意する必要がある。

図表Ⅳ-7-1　SST 指導案　問題解決スキル：謝るスキル

		活動の内容	指導上の留意点
授業全体の展開	導入	1.　授業ルールの確認を行う。継続したSSTであるならば，前回の振り返りを行う。 2.　アイスブレイク→非言語の重要性を意識させるようなアイスブレイクを実施する。	○言葉だけでなく，非言語が大事であることを確認する。
		【インストラクション】 ・「みなさんは，今まで人に傷つけられたり，迷惑をかけられたりしたとき，謝ってもらえなかったという経験をしたことはありますか？」 ・謝ることの効果を伝える→①被害を受けた側の不快な感情（怒り）を軽減させる。②加害側の印象を改善する。③結果，罰を与えようとする気持ちや行動を軽減させることがある。 ・ポイントは，傷つけたこと・迷惑をかけたこと・悔やんでいることを表情でみせること。	○今まで，他人に傷つけられたり・迷惑をかけられたりした際，謝ってもらえなかった経験を取り上げ，どんな気持ちになったかを児童生徒に聞いてみる（謝ってもらったときの気持ちも聞いてみる）。→出ない場合は講師が代弁。 ○傷つけた（迷惑をかけた）程度に見合った表現であること。
	活動・展開	【モデリング】 ・「これから，友だちに迷惑をかけた場面で謝る例をみせますので，よくみていてくださいね」 〈ターゲットスキルの説明〉 ①謝罪の言葉→「ごめんなさい！」 ②責任の受容→「ぼくの（わたしの）せいで……」 ③改善の約束→「今度から……」 ④「ごめんなさい」の気持ちを表情で 【リハーサル】＆【仲間からのフィードバック】 ・ターゲットスキルをペアもしくはグループでやってみる。うまくできたときは，ペアやグループの中でみていた人，また講師などが褒める。修正した方がよい場合は，「ここをもっと○○するとよくなるよ」という言い方でフィードバックするように指示をする。	○モデルの非言語的な表現・行動に注目することを繰り返し伝える。 ○児童生徒の観察学習の能力を鑑みて，大げさにやってみたり，スローモーションにしてみたりなどの工夫をする。 ○表情を大げさにやる児童生徒も出てくるかもしれない。そういった場合は，講師が状況に見合った表情でないので，かえって相手によい印象を与えないこともあることを伝える。
	授業のまとめ	【教師からのフィードバック・般化の促進】 ・ふりかえりシート等を作成しておき，学んだスキルのおさらいを行う。 ・家の人と練習してみるように促す（ホームワークを出す）。	○自分の日常生活に定着するよう練習することを促す。 ○学んだことは，性格とは関係なく練習すれば学習できるものであることを伝える。

3）リハーサル

　リハーサルは，モデリングの段階で観察学習させたスキルを児童生徒に練習してもらう段階である。2人ペアや小グループをつくり，ロールプレイの中でターゲットスキルを実際に練習してもらう。学校の状況によっては，SST の実施時間を十分に確保できずリハーサルに時間が費やせない場合もある。そのような場合は，インストラクションやモデリングの段階で得た知識を頭の中で言語的に繰り返し，記憶に残るようにするリハーサル法もある。

4）フィードバック

　フィードバックとは，ペアの相手や同じ小集団のメンバーから，リハーサルでスキルを実践した本人に対し，実践したスキルについての評価を与えることである。その際には，よかった点を伝えることを主とする。またうまく実践できなかった点は，否定的な伝え方ではなく，その箇所を修正すればスキルがよりよくなることを伝える。

5）般　　化

　般化とは，学習したスキルが日常生活で定着・実践されるようさまざまな工夫を行う段階である。SST を実施した際，「SST をやっただけで，スキルが定着したかよくわからない」という意見が出てくることがある。そのため，学校現場でも般化を促すような学校全体での取り組みが必要になってくる。

（4）小学校・中学校・高等学校における　　　ソーシャルスキルトレーニング

　ソーシャルスキルと将来の社会適応との関連が指摘されるようになってから，次第に予防的視点が重視され，近年，学級単位の SST が小学校に普及するようになってきている（藤枝 2012）。研究数の差はあるが，中学校における SST も「個別から集団」「治療から予防」と小学校における SST と似たような展開をみせている。

　小学校や中学校において SST が普及するにつれ，「SST の実践時間の確保」「プログラム作成」「ターゲットスキルの選定」「般化・維持」「訓練効果の個

人差」などの課題も指摘されるようになり，今後はこういった課題に対する各学校のアイデアや工夫が期待されている（濱田ら 2005：金山ら 2004）。

　高校生を対象とした SST の研究および実践は近年散見されるようになってきた。たとえば，感情のコントロールをターゲットスキルとし，感情のモニタリングによる感情のバランス化を重視する SSE プログラムが開発されている（原田 2013）。高校生以降のスキルを発達的な側面から考えた場合，社会という枠組みの中で通用する自立というテーマに即したスキルも重要になってくることが予想される。今後は社会という枠組みを意識したプログラム作成が期待される。

コラム：学校における集団介入技法の必要性と種類について

　東京都では2014年度よりスクールカウンセラーが小学5年生と中学1年生，高校1年生の全員に個別面接を実施しています。「スクールカウンセリング室といっても，どんな人が来ているのかわからない」という一部の批判に対して「少なくとも（一部の子どもにではあるが）どういう人が，どういう場所でカウンセリングをやっているのかが伝えられる」点で前進がみられました。

　しかし，相当な人数になるので10分から15分の面接に終始する限界もあります。個別面接も確かに有効ですが，もう少し時間がとれ，カウンセラーの人となりが伝わる方法はないでしょうか。

　一つの提案としてスクールカウンセラーが道徳なり総合の授業を利用して，クラス単位の集団介入技法を実践すれば，45分から50分，スクールカウンセラーの人となりが伝わり，児童生徒のメンタルヘルスにも予防的なかかわりができ，個別面接の会話も深まるでしょう。

　集団介入技法のすべてを使えるようになる必要はありませんが，スクールカウンセラーならば，クラスへの介入技法を最低1つは持つべきです。筆者のうち，斎藤はスクールカウンセラーの担当校でSSTをクラス単位で実施してきましたが，その効果は抜群で，カウンセリング室の利用度と信用度は，それをやらないときと比較して雲泥の差があります。

　カウンセラーの中には，集団介入技法が苦手な人もいます。彼らの中には，集団が苦手なタイプと，集団介入技法が持つやや退行的な雰囲気を敬遠するタイプの2種類がいます。前者は経験で克服できますし，後者については，退行的な雰囲気にならなくても，普段の授業のスタイルで行える集団介入技法も多数開発されているので，それを利用することを勧めます。

　そうとはいえ，集団介入技法を行うことへの抵抗は相当強いものがあります。しかし，早晩，集団介入技法はスクールカウンセラーだけでなく，教育相談担当者にも必須技法となるでしょう。これから，教育相談に関心のある教員志望の学生と，スクールカウンセラー志望の臨床心理学の学生は，クラス単位の集団介入技法を必要とする場面に必ず出会います。それに，学校という場所は「忙しくない人」と「一斉授業ができない人」はなかなか認めないものです。

8 エンカウンターグループ

（1）エンカウンターグループとは

　エンカウンターグループは，『生徒指導提要』でも紹介されているように，教育相談の手法として，広く活用されている手法の一つである。

　エンカウンターグループの「エンカウンター」とは，「出会い」を意味している。野島（2000）は，エンカウンターグループを，自己理解，他者理解，さらには自己と他者との深くて親密な関係の形成を目的としたグループアプローチの一種であるとしている。教育現場においては，予防的，あるいは開発的教育相談の立場から行われることが多い。

　現在，エンカウンターグループには大きく3つの立場ある。具体的には「非構成的エンカウンターグループ」「構成的エンカウンターグループ」「PCAグループ」の3つである。

　「非構成的エンカウンターグループ」とは，約束事や制約がない中で行われるエンカウンターグループであり，参加者の意思で自由に進められる。クローズドな形で行われ，宿泊など生活をともにしながら行われるのが一般的である。

　「構成的エンカウンターグループ」とは，課題やエクササイズを通して行われるエンカウンターグループである。基本的にはファシリテーターと呼ばれるリーダーが主導権をとって進められるグループである。エクササイズは目的に応じてさまざまなものが開発されている。

　「PCAグループ」とは，村山（2006）の提唱したアプローチで，構成的，非構成的エンカウンターグループを統合したものである。基本的な形態とし

ては，40名〜80名前後の集団に，ファシリテーターが数名入り，宿泊形式で行われ，その中で1，2時間のグループワークを行う。

　以上のように，エンカウンターグループには3種類あるが，本章では教育現場で広く活用されている構成的エンカウンターグループについて説明する。

（2）構成的エンカウンターグループ

　國分（1981）は，構成的エンカウンターグループの原理について，「エンカウンターする」とは，以下の6つの体験であると述べている。

　第一は，自分の本音を知る「自己覚知」である。これは，エンカウンターは本音と本音の交流であることから，まず自分の本音を知る必要があるという前提から導かれたものである。ここでいう自己覚知とは，特に自分の感情を体感する意味で用いられており，知的なニュアンスの強い「自己洞察」とは区別されている。

　第二は，自分の本音を表現する「自己開示」であり，第三は，自分の本音を主張する「自己主張」である。この2つは，他者との交流は自分の本音を表出しないと行われないという前提から導かれたものである。また，この2つが行われるためには，言語，非言語両者の表現が大切であるため，エンカウンターでは両者を含めたエクササイズが行われる。

　第四は，他者の表現や主張を受け入れる「他者受容」である。他者と交流するためには，相手の表現や主張を受け入れることが必要であり，さらに相手が自分を受け入れてくれるからこそ自分も本音を出すことができるという前提から導かれている。

　第五は，他者の行動の一貫性を信じる「信頼感」である。これは，本音を表現しても，他者がしっかりと受け止めてくれるという安心感があるからこそ，本音を表現できるという前提から導かれたものである。また，信頼感は，人から一貫性のあるやさしさを受け取る体験から生まれることが指摘されている。

　最後は，他者とのかかわりを持つ「役割遂行」である。これは，現実世界

において，本音の自分を表現することは，何らかの役割を通して行われるという前提から導かれたものである。なお，ここでいう役割というのは，職業的役割の人もいれば，対人関係上の役割である人もおり，人によってさまざまであるとされている。

　以上が，エンカウンターグループの体験として國分（1981）が指摘しているものである。そして構成的エンカウンターグループでは，こうした体験ができるようなエクササイズがいくつも開発されている。

（3）エンカウンターグループの実施方法

　教員が構成的エンカウンターグループを行う際の実施方法について，岡田（1997）が「エクササイズ実践マニュアル」を示しているため，以下にこれを紹介する。

1）エクササイズの種類と選択

　構成的エンカウンターでは，さまざまなエクササイズが開発されている。エクササイズには，「自己理解」「他者理解」「自己受容」「信頼体験」「感受性の促進」「自己主張」の6種類があり，目的に応じて選択する必要がある。

　エクササイズを選択する視点については，学校の現状や児童生徒の実態に応じて選ぶほかに，初めてエンカウンターを経験する児童生徒にはモチベーションを高めるエクササイズを選んだり，教員の経験度に応じて選んだりすることなどが挙げられている。

　また，エクササイズを選択する際の留意点として，①動きのあるものがやりやすい，②小学校低学年は短いもの，同じものを繰り返す，③小学校中学年は低学年のエクササイズに加えて自己理解や他者理解を導入する，④小学校高学年は，身体接触への配慮を持って内面への探索を意図する，⑤中学校では，抵抗への配慮と学年統一のエクササイズを計画する，といったことを指摘している。

2）実際の流れ

　構成的エンカウンターを1時間の授業の中で実施する際の流れについて，

以下のようにまとめている。

① ねらいと内容の説明　エンカウンターのねらいは，児童生徒にとってわかりやすく，具体的なものにする必要がある。

② ウォーミングアップ　心身の準備運動のことで，雰囲気を盛り上げ，自己開示などをしやすい状況をつくる。

③ ウォーミングアップに対する教師のフィードバック　教師による，ウォーミングアップへの簡単な振り返りを行う。

④ インストラクション　エクササイズのねらいや内容を説明する段階である。インストラクションの際には，ねらいをわかりやすく明確に示し，ルールや指示を明確にするとともに，必要に応じて教員によるデモンストレーションを行う。

⑤ エクササイズの実施　ルールが守られているかを確認しながら，グループを回って援助する。この際，教員は児童生徒の参加の仕方を観察したり，誰かを傷つけたりする行為を未然に防いだり，児童生徒の感情やコミュニケーションのあり方を観察したりして，必要に応じて介入する。

⑥ シェアリング　シェアリングとは，エクササイズを振り返り，気づいたことや，感じたこと，考えたことを分かち合うことである。シェアリングの方法にはいくつかあり，エクササイズをした小グループで行う場合もあれば，全体で行う場合もある。また，用紙に記入する形でも行われる。また，ルールを明確に示す必要があり，感じていることを素直に表現するとともに，仲間の発言を否定したり，途中でさえぎったりしないようにすることを明示して，話しやすい雰囲気をつくることが重要である。

⑦ まとめ　全体が終わったところで，教員からのフィードバックを行う。観察して感じたこと，気づいたことなどを子どもたちに伝える。

（4）エンカウンターグループを実施する際の留意点

最後に，エンカウンターグループを実施する際の留意点についてまとめておきたい。エンカウンターグループは，「本音」を交流することが目的であ

るため，楽しそうなエクササイズであったとしても，児童生徒の心理的負担はそれなりに大きい。たとえば岡田 (1997) は，エンカウンターを実施した後，自己開示のし過ぎを後悔したり，自己嫌悪に陥ってしまったり，あるいは逆に他人を憎悪したりするなど，一時的に不安定になる児童生徒がいることを指摘している。

　また，別の留意点として，エンカウンターグループの雰囲気にうまく乗れない児童生徒も出てくる。小学校高学年以上にもなれば，照れくささがあったり，あるいは自分の問題に向き合いたくない児童生徒がいたりするのも当然である。この場合わざとふざけたり，まったく関係ない話をしたり，あるいは一切参加しないなどの反応がみられたりする。

　こうした状況の中で，ファシリテーター（リーダー）の役割は非常に大きい。大関 (1996) は，リーダーシップのとり方として「母性原理」と「父性原理」の２つが必要であることを指摘している。「母性原理」とは，受容的，支持的，非評価的な態度のことである。一方「父性原理」とは，ルールの徹底，時間管理，エクササイズの明確な指示などである。学校で教員がエンカウンターグループを行う際には，「母性原理」を基本にして，そのうえに「父性原理」を発揮することが必要であることが指摘されている。

9 ストレスマネジメント

（1）ストレスマネジメントとは

　最近では，小学校低学年の児童も「ストレスがたまっているから」とカウンセラーに話をしに来ることがある。このストレスという言葉は，もともとは工業系で使用されていた言葉であり，物体に外から力が加えられたときに生じる歪みのことを指していた。これを医学領域へと応用したのはカナダの生理学者セリエである。

　ストレスについて理解するとき，ストレスの原因となる「ストレッサー」と，ストレスの結果である「ストレス反応」を区別して考える必要がある。また，ストレスの対処のことを「コーピング」と呼んでいる。まずは自分にとってのストレッサーに気づき，ストレス反応を知ることから，ストレスの対処は始まる。

　ストレスマネジメントとは，「本人自身によるストレスの調整・管理を促進させるための，一連の技術」（神村 2012 p.763）といわれる。つまり，自分自身が主体となり，ストレスを管理することを目指している。この活動は，予防的意味合いを強く持ち，セルフケアの視点も有している。ストレスマネジメントの中心となっているものは，さまざまなリラクセーション技法であり，これらは個人でも，集団でも実施することができる。また，ストレスマネジメントには，認知行動療法も有効であることが知られているが，ここでは紙面の関係で割愛し，学校現場で取り入れやすいリラクセーション技法について説明する。

（2）リラクセーション技法

　リラックスした状態とは，心も体も緊張が緩んだ状態であり，自律神経中の副交感神経が優位に働いている状態のことである。このような状態は，自分にとって気持ちがよくなる音楽を聞くことや，眠ること，お風呂に入ることなどの方法でもつくりだすことができる。

　以下に説明するリラクセーション技法の利点は，「いつでも，どこでも」実施することができる点にある。テスト前の短い時間に，部活動の試合前に，友だちとトラブルを起こしそうなときに，さまざまな場面で実施が可能である。呼吸法や漸進性弛緩法については，言葉かけを工夫すれば，小学校低学年にも適用できる。これらのリラクセーション技法は，ストレスマネジメント教育の一環として，道徳の授業や保健体育の授業で取り上げられることも増えている。授業での実施に際しては，養護教諭やスクールカウンセラーと協力して行うと，スムーズに取り組むことができるであろう。

1）10秒呼吸法

　赤ちゃんは深い腹式呼吸を得意としているが，人は成長すると浅い胸式呼吸へと変わってしまう。生理的には，腹式呼吸は胸式呼吸の約7倍の換気量があることが知られている。ゆったりとした呼吸は，心身のリラックス状態をつくりだし，自己コントロールを容易にすると考えられる。

　10秒呼吸法の説明の前に，消去動作（解除動作ともいう）について説明する。これは，呼吸法を終えたときのボーっとした感じから，現実感覚へ戻すために必要な動作である。後説する自律訓練法や漸進性弛緩法でも，それぞれの技法の終了時には同様の消去動作を用いる。

【消去動作】

①　両手に力を入れて握ったり（グーの状態），開いたり（パーの状態）を3〜4回繰り返す

②　手を握ったまま肘を曲げる。肘を伸ばすとき手のひらを開く。ゆっくりと，この動作を3〜4回繰り返す

③　大きく背伸びをする

【10秒呼吸法の実施】

①　楽に座り，軽く目を閉じる。手は，お腹に触れておくと，お腹の動きから腹式呼吸を意識しやすい

②　腹式呼吸を行う。1・2・3・4で鼻から息を吸う

③　いったん軽く息を止める

④　5・6・7・8・9・10。鼻または口からゆっくり息を吐く。この呼吸を数回繰り返す（目安として6〜10回）

⑤　消去動作を行う

　田中和代『先生が進める子どものためのリラクゼーション』にはCDが付属しており，1人でも簡単に呼吸法の練習を行うことができる。音楽に合わせて行う方法もある。

　実際に大学の講義でこのCDを使用し，学生に呼吸法を行った。音楽なしで行ったときと，音楽ありで行った比較では，「音楽があった方がやりやすい」という意見が多かった。また，「息を吐くことで，心にたまったストレスを吐き出す感じがして気持ちよくなった」「すごくリラックスできた」「穏やかな気持ちになった」「呼吸に集中することでほかのことを考えずにいられた」「体が温かくなった」などの感想が寄せられた。

　音楽については，自分がリラックスできる好きな音楽を選んで呼吸法に用いてもよい。

2）自律訓練法

　自律訓練法は，ドイツの精神医学者シュルツが1932年に著した『自律訓練法』によって知られるようになり，その後，研究・実践が重ねられている。もともとは催眠を基礎としており，人は催眠状態になるとイライラや不安が減少するという研究から，自分自身で催眠の状態をつくりだすことで心身のリラックス感を得ようとしたものである。適用範囲は教育領域だけではなく，医療，産業など多くの領域に及んでおり，治療効果だけではなく，ストレスに対する予防効果もあることが確認されている。

　具体的には，軽く目を閉じて，公式（言葉）を心の中で繰り返すことで，自己催眠の状態を意識的につくり，リラックス効果をつくりだしていく。

【公式】

背景公式	「気持ちが落ち着いている」
第一公式（四肢重感）	「両腕・両足が重たい」
第二公式（四肢温感）	「両腕・両足が温かい」
第三公式（心臓調節）	「心臓が静かに正しく打っている」
第四公式（呼吸調節）	「楽に呼吸をしている」
第五公式（腹部温感）	「お腹が温かい（胃のあたりが温かい）」
第六公式（額部涼感）	「額が心地よく涼しい」

　自律訓練法は，研修会等に参加した後，繰り返し練習することで習得ができる。すべての公式をマスターできなくても，両腕・両足の「重たい」と「温かい」だけでも，効果があるとされている。そのため，学校で行う場合は，第二公式までを使用することが多い。この「重たい」「温かい」という感覚を，意識せずに自然に感じられるようになることが大切である。また，終了時には，必ず消去動作を行うことも忘れてはならない。

　自律訓練法を行うときには，姿勢にも気を配る必要がある。基本姿勢には，仰臥姿勢（仰向けに寝た姿勢）といすを用いた姿勢の２つがあり，学校で行う場合はいすを用いることが多い。また，自律訓練法を行うときは，静かな落ち着いた環境で実施することも心がけたい。

３）漸進性弛緩法

　漸進性弛緩法は，アメリカの生理学者のジェイコブソンが発表した方法である。「漸進」とは，段階を追って少しずつ進んでいくことを意味している。漸進性弛緩法とは，それぞれの筋肉に意識して力を入れ，その後，力を抜くと，各部分の緊張が緩むという特徴を利用し，心身のリラックス状態をつくりだそうとする方法である。自律訓練法が心理面からのリラックス状態をもたらす方法だとすれば，漸進性弛緩法は身体面からのアプローチといえる。私たちは，緊張すると知らず知らずのうちに身体に力が加わっている。いっ

たん，あえて力をしっかり入れること（緊張すること）を意識し，その後脱力することで，いかに身体に力が入っていたかを認識し，緊張と弛緩の違いを感じ取りやすくなる。この弛緩の感覚を味わうことが，漸進性弛緩法のポイントともいえる。

【漸進性弛緩法の実施】

　身体の各部位に力を入れる。力を入れる各部位の順序は，①手（右利きの場合は右手→左手，左利きの場合は左右逆で実施）→②足首（右足首→左足首）→③両腕→④両足→⑤両手・両足→⑥両手・両足・胸→⑦両手・両足・胸・腰→⑧両手・両足・胸・腰・顔である。

　しばらくその状態を維持し，合図で力を抜く。そのときは，力を入れた順序と反対に行う。

　身体に痛みやけががあるときには，注意して実施する必要がある。

　言葉かけの例として，「右手首に力を入れてみましょう。指先を立てて，手首を反らせるように，力を入れましょう。力が入っている感じがわかりますか……では，力を抜きます，ストン。力が抜けていく感じがわかりますか」（部位を変えて，同様の声かけを行い，実施していく）。

　漸進性弛緩法終了時も消去動作を取り入れる。

（3）ストレスマネジメントの効果

　学校現場で児童生徒に対して実施しやすいリラクセーション技法を中心に説明を行った。これらの技法は，東日本大震災後に学校や避難所等でも用いられ，被災者のリラクセーションに役立ったことも知られている。

　現代社会は「ストレス社会」ともいわれる。自分で自分のストレスをコントロールするためにも，ストレスマネジメントの考え方や技法が役立つと思える。まずは，自分自身がさまざまな技法を体験し，感じ，習得してほしい。自身のセルフケアのためにもぜひ身につけてほしいと思う。

コラム：モンスターペアレント

　モンスターペアレントとは，担任や学校，あるいは教育委員会などに，理不尽で自己中心的な要求やクレームをいってくる保護者のことをいいます。「モンスター」という言葉に非常にインパクトがあったためか，マスコミでも取り上げられ，社会に急速に広まったように感じます。

　では，モンスターペアレントと呼ばれるような保護者はどのくらいいるのでしょうか。私自身，教育現場でのカウンセラー経験は，十数年しかありませんが，私自身の経験からいいますと，モンスターペアレントと呼ばれるような保護者に会ったことはありません。また，実際の学校現場において，先生方が保護者をモンスターペアレントという視点でみる事例にも出会ったことがありません。

　社会に急速に広まったわりには，実際の現場ではほとんどこの言葉は使われていないというのが私自身の印象です。要するに，保護者をモンスターペアレントとみるかどうかは，学校側が保護者をどう理解するかで変わってくるのだと思います。

　学校や教育委員会には保護者からさまざまな問い合わせや意見があります。そのとき，実際にはもちろん保護者のいっている内容に耳を傾けますが，表面的な内容にだけ注目しているわけではありません。こちらに落ち度はなかったか，あるいは実はもっとほかに訴えたいことがあるのかもしれないということを念頭に置きながらその保護者の訴えたいことを理解していきます。つまり，仮に内容が理不尽なものだったとしても，その内容だけに注目して保護者を理解することはほとんどしません。

　以前，ある自治体のカウンセラーの研修会で，「保護者が学校に何らかのクレームをいう場合，その前に何回かいわないで我慢している時期がある」と聞きました。つまり，保護者からのクレームを理不尽なクレームと考えないで対応することの大切さがここからわかります。

　さらに，カウンセラーをしていて，「モンスターペアレント」という言葉の弊害を思うことがあります。それは，「こんなことを先生や学校にいったら，モンスターペアレントだと思われないだろうか」という不安を感じている保護者が結構いるということです。これはとても大きな弊害で，必要な相談や意見ができずに，問題が先送りになってしまったり，場合によっては状況がこじれてしまったりというケースもいくつかありました。

　これから教員になろうとする大学生たちには，テレビの情報や極端な事例を鵜呑みにせず，しっかりと現状を理解して現場に出て行ってもらいたいと思います。

V 部

教育相談の実際

1 小学校での取り組み

　小学校は義務教育の中でも最も長い6年間を生活する場であり，学校教育の基礎をつくる場である。小学校1年生で入学をし，学校生活や学ぶ姿勢，集団行動，縦横の関係，先生との関係のつくり方などを体験的に学んでいく。そのため，小学校が果たす役割と影響は大きい。

　教育相談では児童の学校生活にかかわる相談（学習，生活，進路相談など）を包括的に対応する。しかし，実際には児童の問題行動が取り上げられることが多い。本章では近年の小学校の「問題行動」に関して説明した後，事例を紹介しながら教育相談について述べていく。

（1）小学校における問題行動

　小学校の現状について文部科学省（2020）は，「児童生徒の問題行動・不登校等生徒指導上の諸問題に関する調査結果」で報告を行っている。ここでは「学校内の暴力行為」「いじめ」「不登校」について触れる。

1）学校内の暴力行為

　近年，小学校における暴力行為の増加が指摘されている。図表Ⅴ-1-1は学校内で発生した暴力行為の発生件数の推移である。

　件数としては中学校と比較して圧倒的に少ないが，2005年以降，増加傾向にあることがわかる。2006年から数が増加した理由には，2005年までは調査対象が公立の学校のみであったのが，2006年から国立，私立も調査対象となったことが挙げられる。しかし，調査対象が変更されて以降も増え続けていることから，単に対象校の増加が暴力行為の増加とはいえないだろう。

　暴力行為の対象カテゴリーは，大きく「対教師暴力」「生徒間暴力」「対人

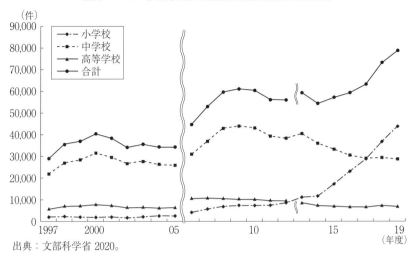

図表V-1-1　学校内における暴力行為の発生件数の推移

出典：文部科学省 2020。

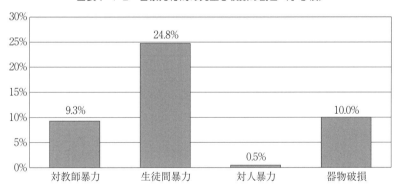

図表V-1-2　各暴力行為の発生学校数の割合（小学校）

出典：文部科学省 2020。

暴力」「器物破損」の4項目に分けられる。このカテゴリーのうち，対人暴力は地域住民や他校生などへの暴力を指す。なお，2019年度における発生学校数の割合は図表V-1-2の通りであり，学校総数は1万9832校である。

　調査の結果，生徒間暴力が最も多いことがわかった。これらは喧嘩の延長線上の行為とも考えらえるが，その背景には近年指摘されている子どものコミュニケーション能力の低下が影響している可能性がある。生徒間暴力は，

最終的には学校内だけではなく各家庭を含んだ問題へと発展しやすい。文部科学省（2020）の調査の結果では，加害児童生徒に対する措置として児童相談所の利用が増えている。

２）い　じ　め

　不登校などと同様に「いじめ」は教育現場における深刻な問題の一つである。特に「いじめ」は，子どもの健全な心身の発達に影響を及ぼすだけではなく，場合によっては「命」にかかわる問題となる。小学生では，2005年に北海道滝川市で小学校６年生の女児が，2010年には群馬県桐生市で同じく小学校６年生の女児がいじめを苦に自殺をしている。

　Ⅱ部２章の図表Ⅱ-2-1を振り返ると，2011年にいじめの認知件数が一気に増加している。これには，同年に大津市の中学２年生がいじめを苦に自殺した事件が影響していると考えられる。

　図表Ⅴ-1-3をみると，小学生の場合，学年が上がるにつれて，認知件数が減少する傾向にある。低学年の場合，「いじめ」は相互に行われることが多く，同一人物が被害者にも加害者にもなっているケースがある。しかし，小学校３年生ほどになると明らかに意図的にターゲットを定めて「いじめ」が行われるようになる傾向があるため，注意が必要である。

３）不　登　校

　不登校はいまだ解決の難しい問題の一つである。図表Ⅴ-1-4は2019年度

図表Ⅴ-1-3　学年別いじめの認知件数のグラフ（国公私立）

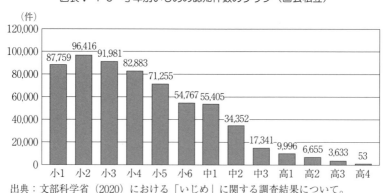

出典：文部科学省（2020）における「いじめ」に関する調査結果について。

図表Ⅴ-1-4　小学校における学年別の不登校児童生徒数

（人）

区分	1 年	2 年	3 年	4 年	5 年	6 年	計
国立	1	6	22	33	26	58	146
公立	2,729	4,521	6,661	9,385	13,187	16,422	52,905
私立	14	22	32	48	69	114	299
計	2,744	4,549	6,715	9,466	13,282	16,594	53,350

出典：文部科学省 2020。

における小学校の学年別の不登校数である。不登校数は学年が上がるのに比例して増加傾向にある。これは成長とともに対人関係や勉強内容が複雑化していくことなどが要因の一部といえるだろう。

　以上が小学校における問題行動の一部であるが，これらに加え学校の教育相談では個別に持ち込まれた相談にも応じる。

（2）相談活動の実際

　本節では，前節で挙げた問題行動の具体例を挙げ，小学校の教育相談について述べていく。

1）暴力行為

【エピソード】　Ａは，3 年生の女子児童である。快活で，クラスでの発言力が強く，リーダー性のある児童であった。また，勉強もでき，スポーツも得意であったため，周囲から頼られる機会も多かった。クラスでリーダーとしてよい活躍をみせる反面，Ａは集団活動をする際に，たびたび強引な面をみせていた。

　Ａは「怒りのコントロール」が難しい児童であった。カッとなると手が出やすい傾向にあった。また，怒りがなかなか収まらない場合には，周囲のものにあたったり，ものを投げたり，ひどいときには掲示されたクラスメートの作品を破る場合もあった。もともとＡが持つリーダー性とＡに対する恐怖心から，周囲の子どもたちがＡに一目置いているように見受けられた。

　担任とスクールカウンセラー（以下 SC）が連携を図り，行動観察を行った

結果，①本人の望みが叶わなかったとき，②本人の行為に対して教員が頭ごなしに注意をしたときに問題となる行動がみられるという仮説を立てた。

　そこで，①については指導する際にはＡがしたことについてのみ，短く端的に指導を行うこと，②についてはＡが問題行動をしている場合（友だちとのトラブルなど），まずＡの話を聞くことを対応策とした。そして，得られた対応策を職員会議で担任から学校教員全体に伝え，対応にあたった。

　暴力行為の事例は，「本人のわがまま」と受け取られやすく，教員の指導は厳しくなるのが一般的である。しかし，単に厳しいだけの指導は，Ａの中に教員への不信感（話を聞いてくれないなど）を強める可能性があり，抑え込みの強い教員のいうことしか聞かなくなる（力関係によってしか従わなくなる）可能性があったため，Ａと教員との信頼関係を重視し，Ａの話を聞くことを優先した。

　対応を教員全体で共有した背景には，学校では担任だけではなく，他の教員がトラブルの現場に居合わせ，対応する必要が出てくる場合があるためである。また進級に際して担任が変わった際，一方的な指導をされた経験などから，新たな担任とＡとの関係性がスタートの段階からネガティブなものにならないよう配慮し，学校全体での情報共有を行った。

２）い じ め

【エピソード】　Ｂが所属するクラスは，おだやかな子が多く集まるクラスであった。クラス内の人間関係にも大きな問題がみられることはなかった。しかし，少人数クラスによる席移動や専科の授業の際に，複数の生徒がＢの座った席に近づくことを拒否したり，Ｂの隣になった際に距離を置いたりする姿がみられた。教室では，あからさまにＢを拒否する態度は見受けられなかったが，やや拒否的な態度を示す児童が数名いた。また，養護教諭の話から，休み時間にＢの保健室利用が増えていることがわかった。

　いじめの可能性があるため，Ｂの件は校内委員会で取り上げられ，対応について論議された。その結果，①再度，担任と専科の教員により，児童間の行動観察を行い，情報を収集する，②担任からＢに対し，保健室利用が増えていることを心配していること，何か困っていることがあれば相談してほ

しいことを伝える，③実際に B を避けるような行動が確認された場合は，加害者側に「その意図がなくても，拒否しているようにみえること」を伝え，やめるよう指導する，④　①と③の内容を学校全体で共有し，情報はすべて担任に伝える，⑤ 1 週間ごとに短時間の校内委員会を開き，生徒間の様子の変化について振り返りを行い，検討した内容は同日の職員会議で報告する，⑥ B だけではなく，加害者側の生徒に対しても日常から小まめな声かけ（挨拶，ほめる，他愛ない会話）を積極的に行う，という 6 つが共有された。

　本事例は，発覚した時点で「いじめ」と断定できるケースではなかったが，「いじめ」に発展してからの介入は，より対応が困難になるため，学校全体で早期に解決することを目標として取り組みを行った。また，いじめに対しては，どのような場合であっても「断固として認めない姿勢」を，学校全体で共有する目的から，情報共有が重要視された。

　本事例は B 本人から直接的な訴えがないため，現状把握が重要であった。そのため，担任から B に声かけをし，B が現状をどのように把握しているかの確認を行った。加害者側に対しては，急な厳しい指導は本人たちの態度を硬化させる可能性が考えられたため，対応を「注意」にとどめ，変化を見守った。同時に，相談のしやすい関係性を得るために，教員からの声かけを継続的に行った。

３）不 登 校

【エピソード】　C は 3 年生になる女子児童である。1，2 年生の頃から，時折休むことはあったが，3 年生になってから頻度が増え，連続して休む日が出てきた。こうした状態が続き，保護者から子どもへの対応について，担任に相談が持ちかけられた。担任は SC の利用を勧め，SC と母親が面談を行った。

　SC が保護者と面談したのち，担任と教育相談担当の教員，SC で情報共有を行った。登校時の本人の様子と面談内容から，C が進級に伴うクラス替えで，親しい友人たちと離れ，クラスでの居場所がつかめなくなっていることが一つの要因として考えられた。そこで，①席替えにより，C のそばにタイプの似たおとなしい子どもを配置する，②休み時間に，担任を含め C とク

ラスメート数名で遊ぶ機会を設ける，③休んでいる間にたまった宿題が要因の一部になっているため，宿題を減らし，提出期限を延長する，④登校が安定するまでSCが保護者と定期的に面談し，保護者のケアを行う，という4つの支援を行った。

　本事例はクラス替えに伴う友人関係の戸惑いから不登校傾向に陥った事例である。当初の理由は親しい友人ができないことによる，居場所の希薄化であった。それに加え，欠席の増加，長期化で宿題がたまったことや，担任の評価に対する懸念がＣの不登校を継続させたと考えられる。

　本事例では，教員が児童間の「つなぎ役」として介入し，友人関係を深めることが最優先された。また，保護者のケア役としてSCを配置した背景には，親子間の関係性の悪化がある。不登校が起きた場合，保護者は，子どもを登校させようと焦り，気づかずに過度なプレッシャーを与えてしまう傾向がある。その結果，子どもは学校からより遠ざかり，保護者の苛立ちがさらに募って，親子間の関係性が悪化する事態が生じる。その際，子どもへの不要なプレッシャーの除去を目的として，SCが保護者のケアを行う。

　本節では具体例を通して，教育相談の実際について説明を行った。上記で示した事例からわかるように，教育相談は，子どもの抱える問題に対し，学校が包括的な支援を行うための有効なシステムの一つである。

　小学校は，中学校とは異なり学級担任制であるため，担任が一人で問題を抱え込みやすい。担任が問題を一人で抱え込まず，組織を有効活用しながら対応する姿勢が，学校全体に普及することが望まれる。また，教育相談部会などの話し合いを通じ，外部機関（病院，子ども家庭支援センター，児童相談所など）との連携を視野に入れながら，柔軟な対応と判断を行っていく必要がある。

コラム：「もまれる体験」か「早期の相談・介入」か

　指導力のある幼稚園のＡ先生がこういいました。「お母さんは自分の子がクラスで浮いていないかと心配しますけど，寂しい時期もあれば，そうじゃない時期もあることを学ぶことは絶対人生の支えになる。寄り添うことばかりが正しい道ではないんです。手放すことも大事です」。これに対して，あるお母さんがキッとした表情で言い返しました。

　「先生，それはクラスの状態次第ではないですか。クラスが落ち着いていれば，『今は見守ろう』と思えます。でも，読み聞かせをするから集まってと指示しても，ほとんどの男の子が『うるせぇよ』とひそひそ話して，結局，読み聞かせができなかったり，動作が遅い子を攻撃する発言がたくさん出ているクラスもあります。そんな中で子どもがクラスではぶかれて，つらい思いをしているときに，『もまれる体験も必要だ』なんて思えません。いつか大きな問題になりそうで不安です。過保護な人もいますけど，ほとんどのお母さんはそんなに過保護ではありません」。このお母さんの子どもがいるＢ先生のクラスは（学級崩壊ではないのですが）指示が通りにくい状況でした。「もまれる体験は必要」という意見は正しいけれど，「保護者に心配事があれば早い段階の相談と介入が有効」という意見にも理はあります。

　保護者との協働は教育相談の鉄則です。（学校側からみると）早期（に思える）相談を過保護とみるべきではありません。「3〜6回の悩みを経て保護者は学校に相談に行く」という東京都教育委員会のデータもあります。もまれる経験は大切ですが，それは学級経営の全体の状況によって「もまれる体験」になるのか「不安の予兆」になるのかが決まります。

　もう一つ，ある程度安定しているクラスでも，一部のグループから子どもが攻撃されているケースもありましょう。そのグループは先生からみると問題がないようにみえるけれど，対立している家庭からみると，不安を煽る理由があるのかもしれません。先生は家庭事情と子どもの人間関係をかなり知っていますが，完璧はありえません。教育相談の立場からは，

①　その学級の経営状況を保護者の目線で理解する
②　学級が安定していても，特定グループ（個人）の攻撃対象になっていないか。その家庭からみると特定グループ（個人）がネガティブにみえてしまう個別の事情がないか

　この2点を踏まえ，ホスピタリティを持って，保護者に対応してください。この意見は甘くみえるかもしれませんが，教育相談では「この家庭と協働できるか，できないか」が大切です。丁寧に話を聞いたうえで，「この体験は見守った方が子どものためになる」と教員として判断したら，保護者に「もまれる体験も必要だ」とお伝えください。きっと伝わるはずです。

2 中学校での取り組み

（1）中学生の子どもたち

　中学生になると子どもたちは思春期と呼ばれる時期に入り，第二次性徴による心身の変化が生じる。また，心身の変化だけではなく，環境面においても大きな変化が生じる。

　具体的には，人間関係においては，同級生との人間関係は「チャム・グループ」（保坂ら 1986）と呼ばれる時期に入り，親友と呼べる友人関係が生まれる一方で，異質性を排除するといった関係性も依然として続く。また上下関係や異性関係の問題も生じ，さらに家族関係においても「依存と自立の葛藤」をテーマにした問題が生じるようになる。

　環境面では，小学校の先生と中学校の先生では明らかに雰囲気は変わり，担任の先生はいるものの，教科によって先生は変わり，試験も中間試験や期末試験といった形で行われるようになる。また部活動も始まり，最終的には受験という大きな問題にも直面することになる。

　もちろん，これらは青年期の主要な発達課題である「アイデンティティの獲得」のために人生において経験するべきことではあるが，そのプロセスにおいて子どもたちはさまざまな苦悩を経験し，結果として一人ひとり固有のストレス反応を示す。

　そこで，本章では中学校の教育相談場面で多くみられるストレス反応をいくつか取り上げ，集団と個人に分けて支援の実際について解説する。

（2）集　団　編

　上述したように，思春期の子どもたちにとって大きな問題となるのが友人，家族，異性を含めた人間関係である。「排他性」と「依存と自立の葛藤」というテーマがあり，さらにこれに「自分が他者からどのように思われているか」といった自意識過剰が加わり，中学生にとって人間関係は非常に難しいものとなってくる。

　そのため，学校では個別の問題だけではなく，予防的，開発的な視点から子どもたちを支援していく必要がある。具体的には，「人間関係とはどういうものか」「どのように対応すれば人間関係がうまく築けるか」「中学生の人間関係ではどのような問題が起こるか」などのテーマである。

１）集団を対象とした教育相談

　こうした問題に効果を発揮するのが心理教育的アプローチ（Ⅰ部参照）である。心理教育的アプローチはさまざまな形で行われ，担任の先生が学級単位で行う場合もあれば，学年全体，学校全体を対象に行う場合もある。また，教員が行うだけでなく，外部から心理の専門家などを招いて実施することもある。

　一般的に使われる技法としては，集団を対象とした場合，ソーシャルスキルトレーニング（以下 SST）や，ストレスマネジメント，エンカウンターグループなどが挙げられる。それぞれの詳細についてはⅣ部の「教育相談の技法」を参照されたい。

２）集団を対象とした教育相談の実際

【エピソード】　１年生の事例である。２学期に入り，生徒たちは中学校生活にも慣れ，クラス内の友人関係も安定してきていた。しかし，その反面でグループ化が進み，学校に来てもクラスの一部の生徒としかかかわらないなど，流動的なかかわりがみられなくなっていた。また，親しくなったクラスメートに対して相手の気持ちを考えない強引な面がみられるようになってきていた。そこで，予防的，開発的な側面から１年生を対象に「心地よい友だちと

のかかわり方」の学習を目的として SST を実施した（図表Ⅴ-2-1）。

　本プログラムは，心地よい友だちとのかかわり方として，特に「相手の話を聞くときの態度」に主眼を置いたプログラムである。はじめに他者とコミュニケーションをとる際の大切な点を簡単に伝え，グループ全体の緊張を解くためにアイスブレイクを行った。

　その後，問題となるコミュニケーション（相手が話をしているときに目を合わ

図表Ⅴ-2-1　心地よい友だちとのかかわり方に関する SST のプログラム

① SST の導入
導入として学習の目的（心地よい友だちとのかかわり方）と授業の流れを伝える。
②　アイスブレイクの実施
▽導入：簡単なゲームなどを通して，コミュニケーションの大切な点について学ぶことを伝える。 ▽実践 実践例①：だまし絵 　　見方によって異なるものがみえてくる絵をみる。みる点を変えることから，違うものがみえてくることを理解させ，友人関係においても見方を変えることによって印象が変わることを伝える。そして，クラスメートのイメージなどを決めつけないことの重要性を伝える。 実践例②：パーソナルスペース 　　2 人組みになり一定の距離を置いて向かい合って立つ。2 名のうち一方が相手に向かってだんだんと近づき，もう一方は「これ以上，近づかれたくない」というところで「止まれ」のサインを出す。止まったところで相手と自分のつま先の距離を確認する。 　　「つま先の距離」が自分のパーソナルスペースであり，人にはそれぞれパーソナルスペースがあり，それを越えて近づくと不快感（緊張や圧迫感など）を感じやすいことを伝える。 　　また，気づかずに相手が不快に感じることをしている可能性があることを指摘し，可能な範囲で相手を気遣ったかかわりをすることが重要であると伝える。
③　ロールプレイの実施
日常生活でよくみられるコミュニケーション場面をみせ，コミュニケーションにおける問題点を理解させる。 ▽導入：実施するロールプレイの内容を伝える。 ▽実践：生徒の前でコミュニケーションに問題のある事例を演じる。 実践例：話をしている相手の目をみず，ほかのところをみながら話を聞いている。また，話を聞きながら，手をいじるなどほかのことをしながら適当に相づちを打っている。 ▽修正点の話し合い：事例の問題点を指摘させる。 ▽修正モデルの実演：話し合いで指摘を受けた問題点を修正した例を実際にロールプレイでみせる。
④まとめ
今回の SST における学習ポイントを振り返り，今後の日常生活において注意してクラスメートとかかわるよう伝える。

せない，ほかのことをやっているなどの態度）を実演して示し，「このとき相手は
どのように思うか」「どのような点が問題か」などについて話し合いをして
もらった。そこで出た意見をもとに問題点を修正したコミュニケーションを
実演して示し，最後に日常生活での意識化を促した。

　本プログラムは，外部から心理の専門家を招いて実施したものであるが，
本プログラムを実施した学校では，SST で行った事例を使って生徒たちに
具体的に指導ができるようになり，指導の幅も広がり，学年全体が少しずつ
落ち着いていった事例である。

（3）個　別　編

1）中学生にみられやすい問題

　子どもたちは中学生になると，小学生時代と同じような問題を示すことも
あれば，小学生時代にはみられなかった問題も示すようになる。本節では，
小学生時代と同じように示す問題として不登校を取り上げ，小学生時代には
みられなかった問題として自傷行為，精神疾患が疑われる事例について取り
上げる。また，具体的な問題にまでは至っていないが，「話し相手」の重要
性についても解説する。

2）相談活動の実際

①　不登校

【エピソード】　2 年生の男子。部活内の人間関係のこじれをきっかけに，学
校を休むようになった。何事にもまじめに取り組む性格で，成績もよく，正
義感の強い生徒であった。

　不登校になり始めた当初は，情緒的に非常に不安定であったため，無理し
て登校せず，ゆっくり休むよう伝えた。しばらくは，週に 1 回程度の家庭訪
問を行い，本人が会いたがらないときは無理に会おうとせず，手紙だけ置い
て帰ってきた。2 カ月ほど経過すると，本人と話ができるようになったが，
すぐには登校刺激を与えず，しばらくは他愛もない話をして，さらに 2 カ月
ほど経過したところで学校に来てみるかと伝えると，週に 1 回，ほかの生徒

がいない時間帯に別室に登校するようになった。その後，徐々に学校に来る回数も増え，その間学級復帰に向けて具体的に話をしていった。最終的には不登校になってから6カ月ほど経過したところで，教室に戻ることができた。

　本事例のポイントは「登校刺激」と「学級復帰」である。教員は「登校刺激を与えた方がよいのか，それとも与えない方がよいのか」と迷うことがあるが，登校刺激のポイントは「与えるタイミング」である。不登校の生徒は，学校や教室に戻れる自信がないため，自ら戻るとはなかなかいいづらい。そのため，再登校につなげるためには，教員やカウンセラーなどから登校刺激を与えた方がよいが，タイミングを間違えると逆効果になる。登校刺激のポイントは，情緒的な混乱がなくなり，不登校の状態に慣れてきて，少し「暇」を感じているあたりで与えることである。このタイミングは非常に個別性が高いため，見極める力が必要である。

　学級復帰においては，生徒のいわゆる「勇気」が必要とされるが，ただ励ますだけでは「勇気」は生まれず，「勇気」が生まれる環境を整えることが重要な支援になる。ポイントは，さまざまな状況を想定して，学級復帰の際の見通しを持てるように支援することである。具体的には，何曜日何時間目の授業に出るのか，どのタイミングで教室に入ったり，出たりするのか，一人で教室に入るのか，それとも友だちに迎えに来てもらって入るのか，迎えに来てもらう友だちは誰がよいのか，教室の席はどこがよいのか等々を具体的に話して，できる範囲で本人の希望に沿った環境を整えることが重要になる。

　②　自傷行為　　自傷行為とは，「リスカ」「アムカ」などの言葉で表現されることもあるが，自分自身の身体を意図的に傷つける行為全般のことを指す。

【エピソード】　3年生の女子。体育科の教員が授業中に腕に傷があるのを発見して，生徒にどうしたのかと聞くと「自分でやった」と話し，SCにつなげた。SCが事情を聞くと，2年生のときから自傷行為をしており，きっかけはインターネット上で話をしている友だち（本人は実際に会ったことはない）がやっていると聞いて，自分もやってみたら何となくすっきりしたので，嫌

な気分になるとやっているとのことであった。

　経験的に，中学校にはこうした自傷行為をしている生徒が一定の割合で存在する。自傷する場所は手首，腕，腿，お腹などさまざまであり，傷の深さや頻度についても個人によってさまざまである。自傷行為は，その性質上周囲に非常に強いインパクトを与えるため，明らかになったときには，周りの生徒，保護者，教員も非常に動揺することが多い。

　自傷行為への支援は，矛盾するようであるが，その行為を早急にやめさせるという姿勢をとらないことから始める。一般的には，自傷行為をすることで心のバランスを保っていると考えながら支援を行うことが重要であり，「話せるおとな」として接することが大切である。

　そのうえで，どのようなときに自傷行為を行うかを確認する。一般的に広まっている考えとして「注目してもらいたいから」というものがあるが，実際はそれだけではない。「自分を罰するため」「やると嫌な気分が治まる」といったことも多い。いずれにしても，どのようなきっかけで自傷行為を行うのかを聞き，その生徒なりのきっかけを探り，お互いがこれを共有し，最終的には自傷行為とは別の行動でストレスに対処していくことを一緒に検討していく。

　なお，自傷行為の支援における留意点が2つある。一つは，保護者も含めた情報共有である。自傷行為は命にかかわる問題であるため，守秘義務を超えた対応が求められる。2点目は，自傷している際の記憶があるかどうかの確認である。ごく稀に自傷しているときの記憶がないという生徒がいる。この場合「解離」と呼ばれる症状（Ⅱ部7章のコラム参照）が生じている可能性があるため，医療機関との連携が必要である。

　③　精神疾患　　中学生以降になると，精神疾患を発症する事例も増える。
【エピソード】　3年生の女子。1，2年生時より学校を休むことが多かったが，3年生に入ってからほぼ不登校状態となった。家庭訪問をしても本人と会うことができなかったため，母親から状況を聞くと，家では普通に過ごしているが，「ご飯に毒が入っている」「自分の考えていることがほかの人にわかってしまう」といった発言がみられるとのことであった。担任がSCに相談し

たところ，精神疾患を発症している可能性があるため，SC が医療機関につなげた。

本事例は，統合失調症が疑われた事例であるが，精神疾患の生徒への支援においては，まずはアセスメント能力が求められる。アセスメントといっても，精神疾患を特定するアセスメント能力ではなく，あくまでも医療機関に受診する必要があるかどうかの見極めに関するアセスメントである。

受診の必要性があると判断された場合には，医療機関の受診に至るまでの支援から始まる。日本では依然として精神科や心療内科への偏見があり，突然「病院を受診してください」と伝えても，本人や保護者は不安を感じることが多い。そのため SC など専門的な立場の人につなげるところから始めるのが一般的である。

医療機関に受診して，医師から精神疾患や発達障害の可能性を指摘された場合には，学校として何をする必要があるのか，何をしてはいけないのか，あるいはどこまでできるのかを医師と連携しながら支援を進めていく必要がある。

④　話し相手　　話し相手の事例は，あまり目立った状態像を示さないため，軽く考えられがちであるが，中学校では比較的多い事例である。

【エピソード】　2年生の女子。学校には適応しており，担任の先生などからは特に問題は指摘されていない生徒であった。昼休みや放課後，特に予約をするわけでもなく，ふらっと相談室にやってきて，恋愛の話や好きな芸能人の話などをして帰っていくが，ときどき同級生や先生，あるいは親の愚痴をいうときもあった。特にアドバイスを求めるわけでもなく，話し終わると普通に「また来るね」といって帰っていく感じであった。

こうした生徒は普通に学校にも来ていたり，友人関係も良好であったり，学習面でも大きな問題をみせなかったりすることも多い。しかし，ふと昼休みや放課後に相談室に来たり，あるいは担任の先生に予約をして話に来たりする。

どんな話をするかといえば，何気ない雑談をしたり，あるいは明るい雰囲気で愚痴をいったりといった感じで，いかにも「話し相手」という形で話が

進んでいく。しかし，こうした雑談や愚痴の中に，自己理解，他者理解，進路，家族の問題，ストレス発散など思春期の子どもたちにとっては非常に重要なテーマが隠れていることが多い。

　思春期に入ると，自己意識が過剰になるため，自分の問題を深刻な雰囲気で話をすることに抵抗を感じることがある。また，一時的に自尊感情が低い時期でもあるため，誰かに援助を求めることに抵抗を感じて，「相談」という形をとりたくない生徒がいたりする。

　そのため，中学生の教育相談においては，思春期特有の心性を理解しながら，「話し相手」的な立場で子どもたちと向き合っていく相談活動も非常に大切である。

3 高等学校での取り組み

（1）高校生の子どもたち

　最近の高等学校は，全日制，定時制，通信制などの課程別や普通科，商業科，情報科，他の専門科別のほか，大学進学に力を入れたカリキュラムになっている中高一貫校や，生徒が自分で科目を選択し学ぶことが可能である総合学科，単位制の学校など，生徒の能力や興味・関心，進路の多様化に対応した設置がなされている。高等学校は，将来どのように生きていくか，という人生設計を具体的に考えながら学んでいく場である。しかし，文部科学省（2020）の調査によると高等学校進学率は9割を超えるが，一方で中途退学者は横ばいで，退学者の30％が1年時に中退していることから，その後の進路に大きく影響を与えるとして問題視されている。

　この時期は子どもからおとなへと変化していく過渡期でもあり，生徒たちの発達には個人差が大きい。たとえば，学力にしても，高度な専門的知識を持ち，論理的に考える力を持つ生徒もいれば，中学での学習が不足しており中学課程からやり直す必要のある生徒もいる。社会性の面では，感情のコントロールが未熟でキレやすい，自己主張ばかりで相手の言い分を聞かない，など内面の幼さを感じさせる生徒もみられる。また，アルバイトができるようになり金銭的な自由度が拡大すること，行動・交友範囲が広がることにより事件やトラブルに巻き込まれる可能性も増える。ネグレクトなどの虐待を受けている生徒も少なくないと思われるが，小学校，中学校に比べて問題がみえにくくなり，支援が届きにくい。精神疾患に苦しむ生徒もかなりおり，援助交際，デートDV，インターネット依存，経済的な問題による学業の断念，

など高校生の抱える問題は多岐にわたる。問題の大きさに比して学校でできる支援には限界もあり，支援のあり方に悩むことは多い。

　高等学校での教育相談に対するニーズは，個々の学校の文化や生徒の特徴などにより随分異なってくる。筆者は現在，私立の中高一貫校でSCとして勤務しているが，ここではその経験をもとに，高等学校での教育相談の取り組みについて述べていきたい。

（2）相談活動の実際

　教育相談は，学校内の校務分掌により置かれている業務であり，以前はカウンセリング方法や教育相談の研修を受けた教員により行われていた。しかし，不登校や退学者の増加，またいじめ事件を契機に公立では1995年から心理臨床の専門家をSCとして派遣する国家事業が始まった。

　導入当初，高等学校への派遣は全国で32校であったが2008年度には681校に増え，その後も増加している（杉原 2013）。

　また，公立とは別に私立では独自の取り組みが行われ，常勤でSCを置くところ，週4日勤務や月1回程度の勤務のところなど活動体制はさまざまである。私立での教育相談活動の充実強化のため，2010年度からは（財）日本臨床心理士資格認定協会が始めた私学スクールカウンセラー事業による臨床心理士の派遣も行われている（藤原 2011）。

　生徒へのカウンセリングや，教員，保護者へ心理学の知見から助言を行う「専門性」と，教員とは違う立場におり守秘義務を持つ「外部性」を備えたSCの導入は，生徒の悩みや問題行動の予防，早期発見，解決に効果があると認められ，広く取り入れられるようになってきたといえる。

　筆者のSCとしての主な支援内容は，生徒へのカウンセリングや保護者，担任，養護教員へのコンサルテーションである。分掌では生徒指導部に属している養護教諭によって相談活動のマネジメントがされており，生徒が自由に来室するほか，保健室で気になる生徒や欠席しがちな生徒が相談につなげられることが多い。

1）生徒へのカウンセリング

①　カウンセリングの方法　　友人関係，家庭の問題，成績や進路，教員との関係，心身の不調，恋愛の悩みなど，高校生になると自身の具体的な悩みは言語表現できる場合が多く，言葉を介した対話が中心となる。

しかし，おとなでもあり子どもでもあるこの時期には，内面にかかわることの言語化が難しい。岩宮（2007）は，「何がその時に起こっているのか，思春期の最中に正確に言語化できる人などめったにいない」と述べている。そのため対話に加えて，箱庭やコラージュ，手芸，描画，ゲーム，音楽を聞く，本やマンガを読む，などイメージやプレイセラピーの要素を取り入れ，ほどよい距離感を保ちながら支えていくこともある。

また，自らの意思ではなく，教員に行くようにといわれて来談した生徒は，なかなか思ったことを話さない。話の糸口として趣味やどんなことに興味があるのかを質問してみるが，話が広がらないことも多い。そのような場合でも「傾聴」する姿勢は基本であり，生徒の気持ちや考えを尊重することが，信頼関係を築くためには大切である。生徒の状況に合わせて必要であれば心理療法を用いたり，ストレスマネジメントやSSTなどの心理教育を用いたりすることもある。

②　発達課題を巡る葛藤　　発達とは年齢に伴って心身，とりわけ精神がいかに変化するかを指し，いくつかの発達段階に区別して考える場合が多い。高校生は，思春期・青年期の中期にあたるといわれている。この時期に取り組むべき発達課題として，文化，社会的要因を重視したエリクソン（Erikson 1959）は「アイデンティティの獲得」を挙げている。「自分とは何者であるか」「自分はどんな人間になるのか」を考えるようになり，葛藤を抱える不安定な時期である。課題解決が困難になると進路や職業選択に迷い，将来の目標につながる勉学に集中できず，ほどよい対人関係がとれなくなる，等の「アイデンティティの獲得」という心理的危機が生じるとした。

また，ブロス（Blos 1967）はこの時期を「第二の分離―個体化の過程」といい，親からの心理的な自立が起こる過程であるとしている。親からの自立に伴う悲哀や孤独感によって非常に傷つきやすい状態であるため，同性の友

人との親密な交友や深い信頼関係による支えが重要になってくる。親密欲求は，異性にも向けられ，その過程で「性同一性」の形成，すなわち男らしさ，女らしさの形成が促進される。自己の性を受け入れるという課題に取り組み，社会が期待する性役割を社会的役割として確立していくのである。

　このように高校生は，自分を確立することや親からの自立という課題に直面し不安定になりやすい。中島（1999）は，その理由の一つに，身体，精神，社会の3つの変化に直面し，おとなにならなければならないことを挙げている。不登校やひきこもり，非行などの問題行動や精神的不調には，発達課題を巡る葛藤が関係していることが多いと考えられる。

　思春期・青年期の変化は，一人では抱えきれないほど大きい。友人や家族に支えられて乗り越えようとするのだが，その関係がうまくいかないときもある。そのようなとき，カウンセラーとの関係性や相談室が安心できるものであれば，生徒自身の揺れをほどよく抱えることができ，困難を乗り越えるための助けとなるだろう。

2）保護者へのコンサルテーション

　保護者は，子どもの問題行動や学習面の心配，子育ての悩みなどで来談することが多い。子どもが自立に向かっていくのに対し，保護者の子離れができずに過干渉になっていたり，反対にもう高校生なのだからと突き離すようなかかわり方になっていたりするなど，この時期の子どもの変化に適切な態度がとれていない保護者も少なくない。カウンセラーは，思春期・青年期の特徴や子どもが感じているかもしれない心理的不安や葛藤を伝え，子どもを支えてもらうための具体的な方法を一緒に考えていく。

　また，面接では子どもの成育歴や家族構成，問題がいつ頃から起こったのかなども聞いていくが，その中に家庭内の不和や離婚問題，原家族との葛藤など保護者自身が抱える問題が浮かび上がってくることがある。保護者の心理状態や家庭状況をアセスメントしながら聞いていくが，相談の中心は子どもの学校や家庭での問題であることを常に意識しておくと，具体的なかかわり方の話題へとつながりやすい。

【エピソード】　勉強面から生活面まで気になることを挙げつつ「この子は普

通の子と違う」と話す母親との面談では，父親と大変な思いをして離婚した経緯が語られた。生徒の反抗的な態度が身勝手な父親と重なり，怒りの気持ちが強くなって嫌悪感すら覚えてしまうようだった。この年頃の反抗の意味や成育歴から考えられる特性を伝え，父親とは切り離してみてもらうよう話すと，母親はハッとして肩の力も抜ける様子がみられた。仕事も忙しい状況だったが，本人が苦手な部分については少しサポートしてもらえるようにお願いをすると「これまでは父親のことで手一杯だったから」と振り返りつつ，協力してくれるようになった。

　保護者の中には，自分の育て方が悪かったのでは，という思いやそれを批判されてしまうのでは，というおそれを抱いている人も少なくない。またアドバイスを受けても，これまでの考え方やコミュニケーションのパターンがすんなりと変えられるわけでもない。カウンセラーには，子どものために相談に来てくれたことを労う気持ちと，根気よく伝えていく姿勢が必要である。

3）教員へのコンサルテーション

　①　担任との連携　　担任は，生徒への責任を負う立場であり，毎日のように顔を合わせる存在であるため，生徒がどんなことを考えているのかを理解してもらうことは生徒の支えになることが多い。そのため生徒の情報を守秘義務の範囲で伝え，理解に役立ててもらうようにしている。特に，精神疾患の可能性がある生徒やすでに通院をしている生徒については，指導上の配慮をお願いすることが多い。

【エピソード】　服薬をしている生徒が授業中に強い眠気に襲われウトウトしてしまい，先生から怒られることに悩んでいた。薬の副作用である可能性が高く，本人へは医師へ相談することと，担任に事情を説明することを助言した。また，本人の了解を得て，担任へは薬の副作用による居眠りであること，本来は休むことが必要な状態だが，皆と一緒に進級がしたいと本人なりに努力していることを伝え，本人が説明をしに来たときには事情を汲んで指導してもらえるようお願いした。

　担任が生徒から相談を受けていて，どうしたらよいのかと迷い相談室に来ることもある。生徒が教員を信頼して，かなり深刻な内容まで相談している

場合には教員自身も深い葛藤を抱えがちである。そのようなときは，教員の不安や焦りが少しでも軽くなるように，生徒の見立てや支援方法を助言するなどして，担任をサポートしている。

　②　養護教諭との連携　　養護教諭は，生徒の身体面から心理面まで把握し，日頃から気になる生徒に声をかけるなどの支援を行っている存在である。また，教員との関係性やクラスの雰囲気，友人関係，家庭状況などの情報も多く持っており，保健室は生徒にとって悩みを打ち明けやすい場所となっている。養護教諭と連携して生徒の見立てなどを共有していくと支援がうまく行きやすい。

　また，高校生は出席日数や成績次第では進級できないため，心身症的な体の不調や精神疾患，いじめのトラウマ反応，抑うつ，過呼吸，リストカットなどの症状が出ると学校生活にマイナスの影響を及ぼす。必要に応じて医療機関につなげたいが，生徒や保護者がなかなか受け入れないこともある。受診までに年単位の時間がかかることもあるし，医療機関につないだ後も継続して通えるかどうか心配な生徒もいるため，養護教諭と協力をしながら支え続けていくことが大切である。

　学校は事態が日々動いている場所である。相談内容によってどのくらい情報を伝えるかは異なるが，担任，養護教諭と連携し，管理職や他の教員からの理解と協力を得ながら学校全体で支援するという視点は，生徒にとってもカウンセラーにとっても大切であるといえる。

（3）学校全体への支援

　生徒への個別的な支援のほかに，問題を未然に予防するためや組織的な改善を目指して，学校全体へ支援する取り組みも行われている。たとえば，生徒への心理教育や教員への研修，保護者への講演会などであり，支援の必要な生徒だけでなく，すべての生徒が利益を受けるプログラムの提供を目的としている。主なプログラムの内容としては，SST や構成的エンカウンターグループ，ピア・サポートの取り組みなどが知られている。

　ピア・サポートとは，ピア＝「仲間」，サポート＝「支援」「援助」，つまり「仲間による支援活動」を意味し，その実際の活動としては，生徒たちが「傾聴」し，「支援」し，「思いやりを示すこと」ができるようにトレーニング，実践し，トレーナーがその活動をチェックするプロセスを指す（山口 2013）。自己理解や他者理解，コミュニケーションスキルの獲得に加え，生徒がサポートをプランニング，実践していくという点が SST 等と異なる。実践には「なるべく多くの人に挨拶や声かけをする」といった集団に働きかける活動や，休みがちな子へ声をかけたり個々の相談を受けたりする活動がある。ピア・サポートのような取り組みは，問題を抱えていても相談室へ行かない，おとなには相談したくない，という生徒を孤立させずに，サポーターとの良好な関係をつくることで不適応を予防する，という効果が期待できる。また，思春期・青年期の不安定な時期を乗り越えるために友人同士で支え合う，といった発達課題解決への道のりにもポジティブな影響を与えるだろう。高等学校でピア・サポーターの相談活動を進めている岡田（2008）は，実践した生徒たちは対人関係のスキルや友だちへの関心が高まり，自分が誰かの役に立っているという自己有用感を感じるようになったことを報告している。

　学校でいつも一緒にいるメンバーの中でも自由に振る舞えない，いいたいことを我慢しているからつらい，などの相談を受けるたびに，友人同士で支え合うことがおとなの想像以上に難しいことに気づかされる。核家族化や少子化，インターネットの普及により，人間関係が希薄になりやすい現代では，生徒の発達に合わせて人間関係構築の具体的な方法を教えることが必要である。学校では，個別の相談活動に合わせて，そのようなニーズに答える一次的支援の充実がますます重要となっていくだろう。

4 特別支援教育における取り組み

（1） 法律的な位置づけ

　2013年10月に文部科学省より出された通知「障害のある児童生徒等に対する早期からの一貫した支援について」（以下「通知」）ほか法規を参考にしながら，現在の特別支援学校，特別支援学級，通級による指導の関係について解説する。

1） 特別支援学校

　特別支援学校では，視覚障害者，聴覚障害者，知的障害者，肢体不自由者または病弱者（身体虚弱者を含む。以下同じ）に対して，幼稚園，小学校，中学校または高等学校に準ずる教育を施すとともに，障害による学習上または生活上の困難を克服し自立を図るために必要な知識技能を授けることを目的とした教育を行う（学校教育法第72条）。

　それぞれの障害の程度は，学校教育法施行令第22条の3に定められている（図表Ⅴ-4-1）。2013年の「通知」により学校教育法施行令が一部改正され，特別支援学校への就学者は「認定特別支援学校就学者」とされた。これは「視聴覚障害者等」のうち，教育委員会が特別支援学校に就学させることが適当であると認める者のことをいう（施行令第5条）。従来の，「視聴覚障害者等」は特別支援学校への就学を当然とする立場（特例としての通常学校への認定就学）を改め，視聴覚障害者等のうち必要性を認められた者のみが特別支援学校に就学する，という，よりインクルーシブな考え方の導入となった。

2） 特別支援学級

　学校教育法上では，幼稚園，小学校，中学校，高等学校および中等教育学

図表Ⅴ-4-1　学校教育法施行令第 22 条の 3

視覚障害者	両眼の視力がおおむね 0.3 未満のもの又は視力以外の視機能障害が高度のもののうち，拡大鏡等の使用によつても通常の文字，図形等の視覚による認識が不可能又は著しく困難な程度のもの
聴覚障害者	両耳の聴力レベルがおおむね 60 デシベル以上のもののうち，補聴器等の使用によつても通常の話声を解することが不可能又は著しく困難な程度のもの
知的障害者	一　知的発達の遅滞があり，他人との意思疎通が困難で日常生活を営むのに頻繁に援助を必要とする程度のもの 二　知的発達の遅滞の程度が前号に掲げる程度に達しないもののうち，社会生活への適応が著しく困難なもの
肢体不自由者	一　肢体不自由の状態が補装具の使用によつても歩行，筆記等日常生活における基本的な動作が不可能又は困難な程度のもの 二　肢体不自由の状態が前号に掲げる程度に達しないもののうち，常時の医学的観察指導を必要とする程度のもの
病弱者	一　慢性の呼吸器疾患，腎臓疾患及び神経疾患，悪性新生物その他の疾患の状態が継続して医療又は生活規制を必要とする程度のもの 二　身体虚弱の状態が継続して生活規制を必要とする程度のもの

図表Ⅴ-4-2　特別支援学級の対象となる障害の種類

学校教育法に掲げる障害の種類	通知に掲げる障害の種類
一　知的障害者 二　肢体不自由者 三　身体虚弱者 四　弱視者 五　難聴者 六　その他障害のある者で，特別支援学級において教育を行うことが適当なもの	ア　知的障害者 イ　肢体不自由者 ウ　病弱者及び身体虚弱者 エ　弱視者 オ　難聴者 カ　言語障害者 キ　自閉症・情緒障害者 　　（一　自閉症　二　選択性かん黙等）
疾病により療養中の児童及び生徒に対して，特別支援学級を設け，又は教員を派遣して，教育を行うことができる	カ及びキについては，その障害の状態によっては，医学的な診断の必要性も十分に検討した上で判断すること

校では，図表Ⅴ-4-2 に掲げる障害による学習上または生活上の困難を克服するための教育を行うことが規定されているが，特別支援学級は「置くことができる」(学校教育法第 81 条) 措置であり，法規上設置義務の規定はない。

　この規定に基づき特別支援学級を置く場合は，障害の状態，教育上必要な支援の内容，地域における教育体制の整備の状況その他の事情を勘案して，特別支援学級において教育を受けることが適当であると認める者を対象とする（通知）。障害の程度についてはたとえば知的障害者の場合，「知的発達の

遅滞があり，他人との意思疎通に<u>軽度の困難があり日常生活を営むのに一部</u>
<u>援助が必要</u>で，社会生活への適応が困難である程度のもの」とされている
（通知。下線筆者）。

3）通級による指導

　1993 年に制度化された「通級による指導」は，それ以前は通常学級の中
で留意して指導する，とされていた児童生徒に対し，障害の状態の改善・克
服のための特別な指導を「通級指導教室」などで週数回〜月数回行うもので
ある（いわゆる取出し指導）。

　「通級指導教室」といった場合の「教室」は，特別支援学級のような「学
級」とは異なる。そこに在籍する児童生徒がいるわけではなく，また場合に
よっては使用教室も図書室やその時間の空き教室を利用していることもある。

　通級指導の対象となるのは，言語障害，自閉症，情緒障害，弱視，難聴，
学習障害，注意欠陥・多動性障害，肢体不自由，病弱・身体虚弱の児童生徒
であり（図表Ⅴ-4-3），特別支援学校や特別支援学級に在籍する児童生徒は含
まれない。

図表Ⅴ-4-3　通級による指導の対象となる障害の種類および程度（通知より抜粋）

ア　言語障害者	通常の学級での学習におおむね参加でき，一部特別な指導を必要とする程度のもの
イ　自閉症者	同上
ウ　情緒障害者	同上
エ　弱視者	通常の学級での学習におおむね参加でき，一部特別な指導を必要とするもの
オ　難聴者	通常の学級での学習におおむね参加でき，一部特別な指導を必要とするもの
カ　学習障害者	全般的な知的発達に遅れはないが，聞く，話す，読む，書く，計算する又は推論する能力のうち特定のものの習得と使用に著しい困難を示すもので，一部特別な指導を必要とする程度のもの
キ　注意欠陥多動性障害者	年齢又は発達に不釣り合いな注意力，又は衝動性・多動性が認められ，社会的な活動や学業の機能に支障をきたすもので，一部特別な指導を必要とする程度のもの
ク　肢体不自由者，病弱者及び身体虚弱者	通常の学級での学習におおむね参加でき，一部特別な指導を必要とする程度のもの

　なお，ここでいう自閉症は，近年改定された DSM-5 の自閉スペクトラム症と同じものと考えてよい。また，自閉症等は従来の特殊教育の中で，情緒障害者等と一括りにされてきた経緯があるが，2006 年の改正により，自閉症者と情緒障害および選択性緘黙等が分離して規定され，また学習障害者，注意欠陥・多動性障害者が新規に通級による指導の対象として規定された。

　2006 年の改正で，学習障害や注意欠陥・多動性障害が通級の対象となったように，この制度は発展がみられるものの，知的障害が通級による指導の対象になっていないなどの問題も残っている。

（2）特別支援教育コーディネーターと教育相談

　特別支援教育コーディネーターは，校内の特別支援教育を推進する役割を担っている。特別な教育的支援を必要とする児童生徒に対する支援が学校全体で組織的・継続的に展開されるよう支援体制を構築し，保護者や関係機関と連絡・調整を図りながら，適切な指導および必要な支援を進めていく。

　また，特別支援教育コーディネーターは立場上，教育相談に関する業務を行うことも少なくない。保護者に対して子どもの成長をともに支えるよき理解者として対応をしていくことが求められる。

　なお，特別支援教育コーディネーターは各学校で必ず指名されているが，特別支援学級担任，養護教諭，教務主任等が担当している場合が多く，大規模校では複数指名されていることもある。

（3）特別支援教育コーディネーターの役割

1）校内における役割

　校内における役割として，校内委員会やケース会議の開催，担任への支援・相談，特別支援教育に関する校内研修の企画・運営，特別支援教育相談員や SC，スクールソーシャルワーカー（以下 SSW）との連携などがある。

２）保護者に対する役割

保護者からの相談対応・連携，特別支援教育に関する理解・啓発活動などを行う。

３）関係機関との連絡調整

関係機関からの情報収集・整理，関係機関，特別支援教育巡回相談員への相談窓口としての役割を担う。

（4）保護者と教育相談を行う際の留意点

１）相談を行う際の基本的な姿勢

教育相談は，保護者の話をよく聞くことから始まる。相談を受ける側が勝手に相談内容を解釈したり，結論づけたりせず傾聴する姿勢が必要である。相手の話を傾聴することで，相談者は「私のことをわかってくれた」「私の気持ちを受け止めてくれた」と感じる。教員は，傾聴，共感，受容といった「カウンセリング・マインド」の姿勢を持つことが重要である。

また，保護者が教育相談を望む場合，「解決してほしい」という気持ちもあるが，まずは「話を聞いてほしい」という気持ちが先にあることを忘れてはならない。話を聞いている中で「でも，……」「ですが……」といった相手の考えを否定するような返しはできるだけ避け，何を望んでいるのか，どうしてほしいのかを相談者から引き出す必要がある。

２）教育相談で控えたい言葉

次のような言葉は，相談者が不安や反感を感じる場合があるため注意が必要である。

・「やればできるのでがんばらせてください」

・「子どもが甘えているのでもっと厳しくかかわってください」

　　→「努力させてもできないから相談に来ているのに……」

　　→「これ以上，何をどうがんばらせればよいかわからない……」

相談者を責めたり，相談者に責任を転嫁したりする対応では解決の糸口はみつからない。

3）話の内容を確認しながら相談を進める

話の途中で内容が混乱してきたり，話の視点がずれてきたりすることがある。そのようなときには，話の内容を確認しながら進めていくようにする。

例：「今いわれたことは○○○ということですか」

例：「○○○と思っておられるのですね」

相手が話した内容を復唱しながらこれまで話した内容を整理していくとよい。また，相談が複数回に及ぶ場合は，「前回の相談は○○○といった相談内容でしたね」と確認するとよい。

4）相談内容を記録に残す

相談内容を正確に把握し，相談者のニーズに応えるために記録は欠かせない。相談者に事前に了解を得て相談内容を記録に残すことが大切である。また，担当者が替わっても相談記録を残すことで確実な引き継ぎを行うことができる。

5）相談内容を他人に漏らさない

相談内容は，校内で共通理解を図ったり，管理職に報告・相談したりすることが必要な場合がある。そのような場合は，事前に相談者に了解を得てから行う。相談内容には個人のプライバシーにかかわる情報や他人に知られてほしくない内容が含まれている場合がある。不用意に他人に漏らさないように留意する。

（5）関係機関と連携した相談支援体制

学校だけでは解決が難しい相談内容や継続した支援を行うために，関係機関と連携した取り組みが必要である。また，学校以外で保護者にとって利用しやすい相談機関を紹介する方法もある。進学に関する相談，就労に関する相談，発達全般に関する相談等，相談内容によって紹介する機関も異なっていく。連携機関については，Ⅵ部の「教育相談と連携」を参照してもらいたい。

（6）相談活動の実際

　ここでは発達障害の子どもの事例を取り上げる。発達障害の子どもは不登校などの学校不適応という問題から気づかれることも結構多い。

【エピソード】　中学3年生男子。小学生のときにたびたび学校を休むようになった。中学2年生の2学期までは特に欠席することなく登校していたが，3学期に入ってから頻繁に欠席するようになった。理由を聞くと，「教室がうるさい」「周りの人に合わせるのが面倒くさい」とのことであった。SCにつなげ面談を行った結果，もしかしたら発達的な偏りがあるかもしれないとのことで，特別支援教育コーディネーターが中心となって，保護者を通して医療機関への受診を勧めた。医療機関で知能検査や心理検査を行った結果，自閉スペクトラム症が疑われるとのことで，本人および保護者に通級指導教室への入級を勧め，最終的には週に6時間通級指導教室に通い，残りの時間は別室登校し，週に1回SCの面談を行う形になった。

　通級指導教室では本人が苦手としている対人関係面のスキルの向上を目指したプログラムが行われ，別室登校では空いている教員が学習支援を行い，SCは二次障害の側面の支援を行い，最終的には高等学校にも合格し無事に卒業していった。

　本事例は，発達障害による二次障害によって学校不適応に陥った事例で，特別支援教育コーディネーターが中心となって支援を進めていったものである。発達障害の子どもへの支援は，外部機関との連携，将来に備えて苦手なものをスキルアップしていく支援，子どもが安心して登校できる場所の提供，自尊心の低下などの心理面の支援など幅広い支援が必要である。

5 スクールカウンセラー

（1） スクールカウンセラーとは

　スクールカウンセラー（school counselor：以下 SC）とは，教育機関において心理相談業務に従事する心理職の専門家である。不登校やいじめの深刻化を受け，学校におけるカウンセリング機能の充実を図るために，文部科学省により 1995 年から導入された。

　東京都では 2013 年度より公立の小・中学校，高等学校の全校に配置されているが，配置状況は各都道府県によって異なる。配置されている場合，多くは 1 校に 1 名の割合であり，活動は平均週 1 回，4〜8 時間の勤務となっている。そのため，教育現場では，他の職種と比べて変則的な勤務状況となっている。

（2） 役　　　割

　SC の主な役割は，不登校や心に問題を抱えている生徒への対応と思われているところがある。しかし，実際はそれだけではない。下記は，文部科学省（2007）による「児童生徒の教育相談の充実について—生き生きとした子どもを育てる相談体制づくり— (報告)」で示された主な業務内容である。

　①　児童生徒に対する相談・助言
　②　保護者や教職員に対する相談 (カウンセリング, コンサルテーション)
　③　校内会議等への参加
　④　教職員や児童生徒への研修や講話

⑤ 相談者への心理的な見立てや対応

⑥ ストレスチェックやストレスマネジメント等の予防的対応

⑦ 事件・事故等の緊急対応における被害児童生徒の心のケア

　このように SC の職務内容は幅広く，単に子どもへの個別相談にのみ従事するものではない。対象は子ども，保護者，教員であり，個別の相談業務以外にも不登校やいじめなどの問題の予防や，会議への参加なども業務の一環となっている。

　さらに④にあるように，現在では集団に対する研修活動も業務の一部となっている。研修の内容としては，保護者や教員に対し「子どもとのかかわり方」や「子どもの気持ちをどう理解するか」といったものを，教員には発達障害に関する研修会などを行う。それに対し，子どもを対象とした授業では「SST」など，子ども同士のかかわり方に関する講義が行われることもある。

　集団に対する研修活動は，特定の個人とのかかわりが強くなりやすい SC にとって，存在を周知させるうえで役立つものであり，講義の内容などから個別相談につながることもある。そのため，集団を対象に講義を行う力が，現在の SC には求められている。

　カウンセラーという場合，その名前の印象から，部屋の一室で悩んでいる人の言葉に耳を傾けているという印象が強いように思われる。しかし，学校においては，上記に挙げられた活動に加え，授業中の子どもの行動観察など，相談室外の活動も多いことから，SC にはさまざまなことに対応するフットワークの軽さが求められる。

（3） スクールカウンセラーの視点

　SC は「心理職の専門家」として，学校に取り入れられている。そのため，活動における視点や立場は教員とは異なる。その視点の違いについて，河合 (2008) は「全体」と「個」を挙げている。

　河合 (2008) によれば，教員は「全体」を重視し，「全体がうまくいくにはどうすればよいか」を考えるのに対し，SC は「個」を重視し，「この子がう

まくいくにはどうすればよいか」を考えるものである。特別支援教育が導入されて以降，学校教育そのものにおいて「個」を重視する視点は強まっているが，日々学級を対象として活動する教員にとって「全体」よりも「個」を重視することは現実的に難しい。そのような点で，SCは，「個」の視点を補うものといえる。また，斎藤 (2008) は，SCについて下記のように述べている。

> 　SCは欠席している子どもを学校に戻すための道具ではないし，おとなの価値観にそって子どもの意見や行動を改めさせる存在ではない。スクールカウンセリングとは，クライエントとして訪れた「その子ども (たち)」の気持ちを傾聴し，子どもの主体性をカウンセリング学に依拠しつつ支え，子ども自身が行う最善の利益追求の過程を，社会資源と連携しながら，子どもとともに歩むものである。

　スクールカウンセリングにおいて最も重視されるのは「子どもの主体性」である。そのため，保護者や教員から相談を受けたとき，「○○をさせるにはどうしたらよいでしょうか？」という質問を受けても，SCは保護者や教員の望みを中心に活動することはない。子ども本人と話ができない状態であっても，子どもの最大限の利益を考えて行動する。

　河合 (2008) と斎藤 (2008) の指摘を踏まえれば，SCの視点とは，「その子」という「個」の「主体性」に置かれるものである。また，加えて重要なことは，SCはカウンセリング学に依拠するという点である。カウンセリング学は個人の主体性を尊重するものである。そのため，カウンセラーは子どもの前に立って導くのではなく，子どもとともに歩む存在となる。このあり方は，学校教育の「教育」や「指導」とは異なるものであり，よほどのことがない限り，カウンセラーが直接子どもに指導することはない。このような双方の視点の違いを理解することなしに，SCと教員がスムーズな連携を図ることは難しい。

　ここまでSCと教員との視点の違いについて述べてきた。しかし，SCも「個」だけをみているわけではない。相談に来た子どもが帰る場所は，教室

であり，家であり，地域である。そのため，その子どもを主体に置きながらも，子どもが生活する周囲の環境との関連も視野に入れてかかわっていく。

　またこれは教員にもいえることであり，教員は学級という全体を重視しながら，決して個を無視するわけではない。しかし，重視する「点」においては双方には違いがある。学校現場では，その違いを補い合いながら，子どもたちにとって望ましい対応がなされることが期待される。

（4）スクールカウンセラーの活用方法

　教員が SC を利用する場合，児童生徒や保護者，クラスの様子について心理職を専門とする第三者の意見を知りたいと感じたときや，それらに何らかの問題（不登校やいじめ，保護者から相談を受け返答に困っているなど）が生じたときに，早期に相談するのが望ましい。

　また，近年では教員の精神疾患（うつ病など）による休職が問題となっている。文部科学省（2019）によれば，教育職員の精神疾患による病気休職者数は 5212 名（全体の 0.57 ％）であり，いまだに高水準に位置している。そのため，教員自身が精神的不調や身体的不調（睡眠，食欲，易疲労感など）を感じた際にも，SC に早期に相談することが望ましい。

　SC を活用する際に重要なことは連携である。学校は流動的な場であり，常に変化する。その場に SC は週 1 回勤務する程度であるため，勤務日以外の出来事については他の職員から情報を得るしかない。また，SC が子どもや保護者とかかわりを持った場合，SC と話すことですべてが解決するわけではない。悩みが学校やクラス，他の子どもにかかわる内容であれば，学級担任の協力が必要不可欠である。

　SC は勤務日数が少なく，教員とは異なる立場であるため，ややかかわりを持ちづらく感じられるかもしれない。しかし，SC も教員と同様に学校の一職員であり，子どもたちの健康な発達を支援するために存在するものである。そのため，ささいなことであっても SC を気兼ねなく活用する姿勢が望まれる。

コラム：スクールカウンセラーと教員の連携

　SC が学校で仕事をするときに，教員との連携は不可欠です。適切な連携をとるためには，次のようなことに注意をするとよいと思います。

◇専門性を出し過ぎないようにする

　プロ意識は大切ですが，出し過ぎるのは禁物です。心理と教育の専門家がそれぞれの専門性を尊重し合うことが大切です。

◇ SC の使い方をアピールする

　先生方からは学校の現状やニーズ，SC からは自分ができることをお互いに出し合い，どのように役割分担をしていくのかを話し合います。

◇情報収集ができるようにしておく

　先生方は児童および生徒の様子を毎日みています。変わったことや，気になることがあれば，SC にも声をかけてもらうようにしておくことです。

◇ SC にかかわる教員の役割を知っておく

　管理職をはじめ，担任，学年主任，教育相談担当の教員，養護教諭など学校にはいろいろな立場の先生がいます。それぞれの先生方の役割を把握したうえで連携をとっていきます。

◇集団守秘義務を採用する

　SC は学校というチームの一員として仕事をします。そのため，事例にかかわる援助チーム内では，必要と判断した情報交換はしっかり行い，共有した情報はチーム内で秘密を守ることが必要です。

◇教員に連携の持続の重要性をわかってもらう

　SC につながったから，後は SC が一人で対応するのではありません。必ず先生にも一緒にかかわり続けてもらえるように，SC から先生方に声をかけて情報交換をするようにします。

◇児童および生徒への日常的なかかわり方についてアドバイスする

　校内の様子をみて，児童および生徒についてどう理解すればいいのか，学校でどのようなことを配慮すればいいのかなどを一緒に検討していくようにします。

　教員と SC が，それぞれの役割を理解し合って，日頃からお互いが助け合える協力体制をつくっておくことが，スムーズな連携につながります。

6 スクールソーシャルワーカー

（1） スクールソーシャルワークとは

　文部科学省 (2008) によるとスクールソーシャルワーク (School Social Work) とは「問題を抱えた児童生徒に対し，当該児童生徒が置かれた環境へ働き掛けたり，関係機関等とのネットワークを活用したりするなど，多様な支援方法を用いて，課題解決への対応を図っていくこと」である。

　大河内 (2008) によると，1990 年代のアメリカにおいて「すべての子どもが教育を受ける権利がある」という認識のもと，通学できずに労働を強いられていた子どもたちを支援するため学校と家庭をつなぐ訪問教師として誕生したことがスクールソーシャルワーカー (以下 SSW) の発祥といわれている。日本では 1986 年，所沢市において山下英三郎が教育相談センター配置の教育相談員として校内暴力や不登校に対応したことが日本の SSW の始まりとされている。日本の SSW の特徴は「教育を受ける権利」の実現以上に，児童虐待や暴力などの「問題行動」の対応という側面が強いことが指摘できる。

　一般に，SSW は自治体が採用しており，学校は事例の性質に応じて自治体の担当部署に SSW の利用を申し込む。ただし，どのような人が採用されているかは自治体によりさまざまである。東京都のように社会福祉士の資格を必要とする自治体もあれば，「特に資格を必要としない」場合もある。

（2） スクールソーシャルワーカーの方法と特徴

　SSW は「子どもの内面に焦点を当てるのではなく，それぞれ生活環境が

違う子どもの外的な関係性に着目し，環境を改善していくことによって，子ども自身で問題を解決できるように子どもに寄り添いながら支援する」という方法をとり，子どもの外的環境に働きかける点で，支援の変革対象は家族，教員や学校システム，そして地域に及ぶと大河内（2008）は指摘する。

　では，SSW の特徴は何だろうか。文部科学省がスクールソーシャルワーク活用事業を始めたものの，現実の活動内容は非常に多様である。

　しばしば SC との違いが議論になっているが，たとえば菱沼（2006）は「その活動範囲の広さと関係機関の橋渡し機能」と述べている。「活動内容の広さ」の比較は不明確で，「橋渡し機能」は SSW の固有の業務ではない。「SSW は家庭訪問ができて，SC はできない」ともいわれる。しかし，この種の違いは表層的である。「SSW は子どもの環境に働きかけるので，個々の生徒に会わない」という主張もあるが，地域によっては SSW も児童生徒と面接をしている。「コミュニティアプローチが SSW 固有の方法論」とも指摘する論者もいるが，コミュニティ心理学を重視する SC にとってコミュニティアプローチは珍しいものではない。さらに日本の SSW には臨床心理士も含まれており，SC と SSW の相違は不明確である。

　現場感覚で述べると，児童虐待や貧困問題，家庭内の人間関係に定期的に介入する必要がある場合，SSW が利用されるケースが増加している。つまり，直接的に家庭に介入する必要があるケースで SSW の専門性は発揮しやすい。ただし，子ども家庭支援センターや児童相談所との差は不明である。また自治体によって SSW の採用基準（必要な資格など）も統一されていない。日本における SSW の専門性の発揮は今後の課題だろう。

（3） スクールソーシャルワーカーとスクールカウンセラーの垣根と協働

　SC は心理臨床のスキルに自信を持つ。しかし，そのスキルは，学校が求める機動力と抵触する場合ある。SC が業務上できない家庭訪問も SSW ならできる。一方，SC は心理療法や心理アセスメントについては一日の長が

ある。したがって両者は子どもの最善の利益において相補的な関係にある。

　協力し合うべき SSW と SC だが，両者の間には現在，垣根も存在する。たとえば SSW の一部には「心理学は社会の問題を個人の内面の問題にすり替えるものだ」という批判的なまなざしを持っている者がいる。現代の教育相談はコミュニティアプローチをとり，社会資源との連携が基本である。「社会の問題を個人の内面の問題にすり替える」などは誤解である。現実のケースでは，子どもの最善の利益のために周囲のおとなができることをしていくだけであり，子どもに対して「あなたは外面で，私は内面」と区別して協働しているわけではない。不毛なセクショナリズムは排するべきである（橋本 2009）。

　他方，SC は法律や社会的背景のある問題行動に対して関心が低い欠点がある。「子どもの最善の利益」と書いたが，社会福祉では常識的な概念である。しかし，SC はこうした概念に慣れていない。SC に限らず，心理学の弱点は法律である。SC の養成課程には，他の国家資格の援助職と比較して法律についての詳しい講義が貧弱である。SSW のように法律に基づき運営される実践と，その種の法律を持っていない SC のような実践には垣根ができやすい。

　SSW と SC の棲み分けの理屈には早晩決着がつく。具体的な線引きには「福祉的なニーズで，家庭への介入が必要か」が重視されるだろう。学校長を中心とした協働がモデル化され，そこに教育委員会や児童相談所なども関係した構図が作成されるはずである。しかし，実際の相互理解は協働を続ける以外にない。SSW と SC の協働は（組めそうで組めなかった）福祉的アプローチと心理学的アプローチが学校を拠点として協働するという意味でこそ最も深い意義が生まれるだろう。地道な協働の実践報告が望まれる。

Ⅵ 部

教育相談と連携

は じ め に

　Ⅰ部3章「教育相談と連携」で示したように，教育相談において連携や協働は「原理」であり「技法」である。近年の学校を取り巻く環境は大きく変化し，子どもを支援する専門機関の数は増加の一途をたどっている。

　そこでⅥ部では，教育相談を進める際に連携を図ることの多い人や機関をいくつか取り上げ，それぞれの特徴と役割について解説する。なお，ここでは連携を大きく「学校内の連携」と「学校外の連携」に分けて説明する。

　まず，「学校内の連携」として「保健室」と「学校支援ボランティア」を取り上げる。「保健室」は，ほとんどの学校において，子どもたちの相談の入り口としての機能を担っている。子どもたちは，ストレス反応を身体の不調として表現することが多い。その際，最も利用する場所が保健室である。このⅥ部では，主に小学校と中学校における保健室の取り組みについて取り上げる。

図表Ⅵ-はじめに-1　教育相談における連携機関見取り図

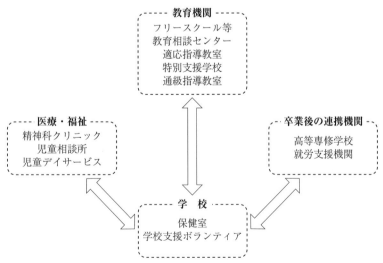

　「学校支援ボランティア」は，近年，学内の特別支援教育を進めていくうえで重要な役割を担っている。教員養成の大学においても，学生による学校へのボランティアは数多く行われている。このⅥ部では学校支援ボランティアの活動内容や課題について解説する。

　次に，「学校外の連携」については，大きく医療・福祉機関，卒業後の連携機関，教育機関の３つに分けて解説する。医療・福祉機関として「精神科クリニック」「児童相談所」「児童デイサービス」について取り上げる。学校は，教育機関であり，医学的な対応や福祉的な対応をするには大きな限界がある。精神科クリニックは子どもの精神疾患や発達障害について，児童相談所は主に児童虐待について，児童デイサービスは発達障害の子どもたちへの支援について，それぞれ重要な役割を担っているため，連携が欠かせない機関である。

　卒業後の連携機関として「高等専修学校」と「就労支援機関」を取り上げる。教育相談は原則在籍している子どもや家族に行われる。そのため，修業年限を過ぎて以降の支援連携機関について理解しておく必要がある。高等専修学校は，主に中学校卒業以降の連携機関であり，不登校経験のある子どもや発達障害の子どもたちにとっては重要な連携機関である。就労支援機関は，主に高校卒業以降の連携機関である。このⅥ部では主に地域若者サポートステーションの取り組みついて解説する。

　最後に教育関係の連携機関として「フリースクール」「教育相談センター」「適応指導教室」「特別支援学校」「通級指導教室」について取り上げる。「フリースクール」は今後教育相談の中でも位置づけが大きく変わる可能性があるため，理解を深めておく必要がある。「教育相談センター」「適応指導教室」「特別支援学校」「通級指導教室」は教育委員会が関係している機関で，いじめ，不登校，発達障害の支援において欠かせない機関である。

1　保健室（小学校）

1）保健室とは

保健室の法的な規定としては，学校保健安全法（昭和33年法律第56号）の第7条において，「学校には，健康診断，健康相談，保健指導，救急処置その他の保健に関する措置を行うため，保健室を設けるものとする」とされている。保健室の担当は養護教諭である。養護教諭は養護教諭の教員免許状の普通免許状が必須で，一般に授業は行わないものの，健康教育や性教育については担任や教科担任との連携のうえで担当する場合もある。

養護教員の主たる職務は「学校保健情報の把握」「保健指導・保険学習」「救急体制」「健康診断・健康相談」だが，近年，心の居場所として保健室を利用する児童生徒が増加しただけでなく，保護者と担任や学校をつなぐ役割を保健室が果たすケースも後を絶たない。1997年の保健体育審議会答申では「養護教諭の新たな役割」としてヘルスカウンセリング（健康相談）が指摘されている（以下参照）。

保健体育審議会答申（1997年）（抄）

（養護教諭の新たな役割）

養護教諭は，児童生徒の身体的不調の背景に，いじめなどの心の健康問題がかかわっていること等のサインにいち早く気付くことのできる立場にあり，養護教諭のヘルスカウンセリング（健康相談活動）が一層重要な役割を持ってきている。養護教諭の行うヘルスカウンセリングは，養護教諭の職務の特質や保健室の機能を十分に生かし，児童生徒の様々な訴えに対して，（中略）心や体の両面への対応を行う健康相談活動である。（中略）養護教諭については，健康に関する現代的課題など近年の問題状況の変化に伴い，健康診断，保健指導，救急処置などの従来の職務に加えて，専門性と保健室の機能を最大限に生かして，心の健康問題にも対応した健康の保持増進を実践できる資質の向上を図る必要がある。

2）保健室の特徴

保健室の相談の特徴は2点ある。第一は「体を通じて心の問題が相談される」という特徴である。「気持ちが悪い」「お腹が痛い」という体調に現れる心のサインを，体温を測ったり，ときにはマッサージなどのスキンシップを通じて対応していくと，子どもは本音や困っていることを自然と話し始める。それは児童生徒

だけではなく，保護者もまた「体の問題」を通じて自身の心を伝えにくる。たとえばけがの対応に不満を持った保護者が学校に苦情を伝えにくるケースがある。これを傾聴していくと，「けがの対応」という「体の問題」を通じて，それまでの学校の対応に不満や不信を抱いていた保護者が「けがの対応」という「正当に」伝えられる機会を得て，「けがの苦情」という形で心を伝えてくる。保健室の相談が他の相談と異なる点は，児童生徒が「先生，頭が痛いから休ませて」と来室したり，保護者が「うちの子，最近，家でよくお腹が痛いっていうのですが，保健室にお世話になっていますか」と相談に来るように，体を通じて心の相談が始まる点である。

　第二は，保健室の相談は相談構造と相談時間の自由度が高い点にある。子どもや保護者がいつ保健室を訪れるかはわからない。電話で面接の予約をとるような相談は少ない。子どもの忘れ物を届けに来た保護者が養護教諭と偶然出会って，深刻な相談が始まる場合もある。相談時間も5分で終わることもあれば2時間程度，話し込む場合もある。保健室の教育相談は，面接構造が硬直化せず，柔軟な性質を持ちながら，継続的な相談と専門職や関係者への橋渡し的な役割を担う弾力的な活動になるといえる。

　他方，柔軟で弾力的な性質が相談の幅の広さを生み出すからこそ，「開かれた保健室」を心がけ，担任を中心とした全教員，スクールカウンセラー，心のふれあい相談員などの関係者と共通理解を図り，信頼を得ることが重要である。

3）相談することはネガティブな行為ではない

　「子どもが保健室に行く」ことのイメージをネガティブに捉える保護者は多い。しかし，自分から保健室を上手に利用する子どもは「自力で心のスイッチを切り替えられる（そういう場所を自らみつけて利用できる）力のある子ども」といえる。筆者のうち，押方はよく保護者に「心の切り替えをする場所をみつけられる子は不登校にはなりません」と伝えることがある。児童生徒が保健室を利用することは決してネガティブな行為ではない。

　養護教諭は校内で「相談するのはネガティブな行為」というイメージを払拭するように心がけるとともに，養護教諭同士の情報交換や学校医，関係諸機関と連携して，自らの教育相談の幅を広げていくことが望まれる。さまざまなレベルの相談を受ける保健室の相談だからこそ，養護教諭自身の意識的なネットワークづくりが求められるだろう。

2　保健室（中学校）

1）今の保健室

　筆者のうち，中村は，40 年近く中学校の養護教諭として保健室を中心に勤務してきた。保健室を皆さんはどうイメージされるだろうか。かなり個人差があるだろう。頻繁に来室していた人，健康診断や応急処置以外には来室しなかった人も多いであろう。保健室は，教室と違い行かなくてもいい場所である。

　筆者の体験では 1 日に 40 人～50 人くらいの来室者がいる。生徒はもちろん教職員，保護者等もいる。女子は会話から入ることもあるが，多くの男子は身長測定を理由にやってくる（本当に身長測定の理由もあるが）。一時的に教室に居場所がない場合も保健室にやってくる。身長を測ったり体温を測ったり，頭が痛い，お腹が痛い，だるい，気持ちが悪い，爪が長い，手が荒れた……等々。保健室は応急処置だけでなく，6～7 割が養護教諭とのかかわりを求めたり，居場所そのものを求めてくるのが現在の保健室である。そんな時間を過ごすうちに，生徒が養護教諭の受容力や教育力や連携力を感じ取っていく。彼らが養護教諭を信頼し始めると，本当の相談にやってくるのである。いじめや仲間はずれ，家庭での悩み，塾での悩み，成績や受験での悩み，自分自身への自信のなさの悩み……。子どもたちは自分の心の声を信頼できる誰かに聞いてもらいたいのである。加えて，発達に特徴のある子，仲間はずれになっている生徒は，教室に居づらい場合，身体の理由で入室できる保健室が居場所としても重要な場所なのだ。

2）安心して来室できる保健室とは

　生徒が安心して，不定愁訴や相談でやってくる，そんな保健室にしていくには何といっても「公平で平等，規律と受容力のある保健室経営」である。保健室における相談活動はマナーとルールが土台としてないと成り立たないといってもよい。

　一部の生徒のたまり場になっている，エネルギーの強い生徒たちが幅を利かせている，始業時間になっても出て行かない生徒，騒ぎ立てている生徒，勝手に動き回る生徒がいる，等々……。

　これでは一般の生徒はもちろん，相談があっても，教室に居場所がなくて一時的に保健室に居場所を求めて行きたいと思っても，来室することはできないであ

ろう。教育相談の前に，「ルールとマナーのある保健室経営」が大前提なのである。

３）個別の相談

　上記の２項が土台として成立していることを仮説とする。生徒が養護教諭を信頼し始めると，軽口から始まり徐々に心の悩みなどを話してくることがある。そのときは，その生徒の出している雰囲気に合わせていくようにする。

　養護教諭として忘れてはならないのが，身体の症状をしっかり把握することである。心理的なストレスが身体症状となり表出していることも多々あるので丁寧に聞いていく。また，本当に病気であることもあるので見極めていくことが大切である。心理的なストレスだと判断したら，一番大切なことは「聞く・Listen」である。どんな内容であっても，心から聞くことである。「聞いた振り」や「わかった振り」は，思春期の子どもたちにはすぐに伝わるのである。そのときの生徒の表情や感情や話の内容やエネルギーのようなもの，心理的な状態，顔色や姿勢，目の動きなども，すべてを感じ取り，聞くのである。アドバイスは後になってからでよい。もちろん聞き手の表情やときどきの相づちや効果的な質問は，話し手が疲れないことと自分が受け入れられていると感じるので効果的である。

　「同情」と「共感」を同じように解釈している人がいる。似ているが非なるものであることを理解してほしい。「同情」は自分だったら○○○するのに……と自分自身を中心にして考えるのに対し，「共感」は目の前の生徒が，どんな体験をし，それによってどんな状況に置かれ，どんな感情を持っているかという，その生徒にあたかもなったかのように理解することである。同情の「可哀想に大変だったね」もときには必要だが相談活動にはつながっていかない。共感したうえでの「大変だったね」という言葉は相手に理解されたという安心感を与える。その後に２人で一緒に，その生徒に合ったゴールを設定し，どんな方法や考え方をしたら効果的かを考えていく。

3　学校支援ボランティア

1）学校支援ボランティアの定義

　特別支援教育の施行による介助員の配置が求められるようになり，今日，学校の中で一人のボランティアも参加していない状況は考えづらい。しかし，こうしたボランティアの配属の歴史は意外に新しく，最も大きなボランティアの制度化は1997年，文部省（当時）の「教育改革プログラム」にまで遡ることができる。この中に位置づけられた「地域社会と学校の積極的な連携」の方策として学校支援ボランティアは提唱された。学校支援ボランティアとは「学校教育について地域の教育力を生かすため，保護者，地域人材や団体，企業等がボランティアとして学校をサポートする活動」として定義された。制度的には「教育改革プログラム」の中の「社会人や地域社会人材の学校への活用」の項目に「学校支援ボランティアの活動推進」とする具体的項目が設けられたとまとめられている（佐藤 2002）。

2）ボランティアの構造と活動内容

　大学生がボランティアを始める際に，小・中学校が直接窓口になる場合もあれば，大学を通じて募集される場合，あるいは教育委員会が窓口になる場合もある。図表Ⅵ-3-1は吉田（2011）により学校支援ボランティア制度と学生の関係性を示したものである。

　小・中学校での大学生の活動は文部科学省による学校支援ボランティアだけではない。特に近年，文部科学省の施策動向とは相対的に独立しつつ，地方自治体の独自の子ども施策として，学校という場所を介した「地方自治体―大学―地域―学校」連携が模索されている点に留意したい。

　地域によって求められる子ども施策はさまざまだが，こうしたニーズに対して，かつての行政は大学の専門性を施策に導入することで対応してきた。しかし近年の学校の具体的なニーズは多様化し，行政と大学だけでは応じきれない。「開かれた学校」の時代において学校と地域の人々の協働が学校運営に活力と弾力性を与えている。学校は地域の社会資源と相互交流を持ちながら教育機関としての活動を行う生態学的拠点といえる。

　子どもの権利条約に基づく斎藤（2008）の連携モデルでは，大学生による学校

図表Ⅵ-3-1　学校支援ボランティア制度と学生の関係性

でのボランティア活動は，地域の教育力再生のみならず地域の人間関係のあり方にも影響を及ぼすことが指摘されている。今後は，特色ある「地方自治体—大学—地域—学校」連携による実践例が多数報告されるだろう。そして児童生徒一人ひとりの個性的な個々の支援を行うために，教育相談の枠組みにおいても，学校支援ボランティアの役割は今後いっそう大きくなるに違いない。

3）学校支援ボランティアの課題

　教育相談における学校支援ボランティアは不登校の子どもの学習支援や話し相手，特別支援を要する子どもの付き添いやパニック予防，介助などが主な業務になる。とりわけ特別支援を要する子どもへの支援的なかかわりの一つとして学校支援ボランティアが利用されることが大変多い。学校支援ボランティアという名称ではなくとも，主に適応指導教室に派遣されることが多い「自治体が募集する大学生ボランティア」，あるいは（一社）教育人材認証協会に代表される「法人が認定するボランティア制度」，さらには「大学が講義の一環で単位を認定する」形式の小・中学校の地域活動事業や特別支援教育への参加など，教育相談と学校支援ボランティアとのかかわりは深まっている。

　しかし，学校支援ボランティアにおいては，①教員との連携不足・学校との連携不足，②専門性の未熟から生じるさまざまな齟齬，③ボランティア同士の連携不足の３点が常に課題とされている。これらを制度上どのように補い，ボランティア制度を充実させるかが教育行政の問題として問われるだろう。

4　精神科クリニック

　教育機関が精神科とかかわりを持つ機会は，大きく分けて2つある。第一は，職員にメンタルヘルス上の問題が生じたときであり，近年では教職員の精神疾患による休職が問題となっている。第二は，児童生徒に発達障害，または精神疾患が疑われたときである。ここでは子どもの精神科受診について述べる。

1）児童精神科

　子どもに何らかの問題行動（不登校，自傷他傷など）が生じているとき，その背景に「発達障害」や「精神疾患」が潜んでいる可能性がある。学校では，教員とスクールカウンセラー（SC）の連携のもと，受診の必要性が考えられた場合，保護者に状況を説明し，精神科の受診を勧める必要がある。

　その際，受診する科には，「児童精神科」や「思春期外来」「発達外来」など，各病院でさまざまな名称がつけられている。しかし，どの機関であれ児童精神科医など専門医がいる。これらの機関では，子どもの発達や精神の状態を把握し，異常がみられるかを判断する。そして，児童精神科医とともに，看護師，作業療法士，臨床心理士などが連携し，適切な治療や支援を行っていく。

2）初診の予約

　児童精神科の多くが，初診を「予約制」にしている。予約の手順は各病院によって異なる。随時初診を受け付けている病院もあれば，月はじめに次月分の予約を受け付けるという病院もある。そのため，事前に予約方法を調べておく必要がある。子どもの発達障害や精神疾患をみられる医師は少なく，予約がとれても「何カ月待ち」が当たり前になっている。簡単に予約がとれるわけではないことを，心構えとして保護者も周囲も知っておいた方がよい。

3）受診後の流れ

　精神科を受診すると，まず「インテーク面接」といって，受診までの経緯や現在の状態について詳細な聞き取りが行われる。その後，医師による診察が実施される。診察後は診断や治療方針が決定され，実際に治療が実施されていく。

　精神科の場合，内科などとは異なり，診断が出るまでに数回通院する必要がある。また，医師によっては，本人の状態や家族の状態を考慮して，診断結果を伝えないケースもある。そのため診断結果が明らかにされないまま，治療が行われ

ていく。

　診断名が明らかにされないまま治療が進められていくのは，精神科特有といえる。このような状態に対して，保護者も周囲の人間も疑念を抱きやすい。疑念を抱えたまま診療を受け続けることは，治療に支障をきたす可能性を高める。診断や治療の進め方について疑問を覚えた際には，医師に直接質問し，話し合う必要がある。

　しかし，他科と同様，医師による診察時間はそれほど長くはない。また，診察自体も予約制で，1カ月に1度というケースが多い。疑問が多々ある場合には，できるだけ消化できるよう，事前に質問事項を整理して診察に望んだ方がよいだろう。

4）治　　療

　児童精神科では，子どもに対し薬を処方する場合がある。それに加え，臨床心理士によるカウンセリングやプレイセラピーなどが行われる。薬の服用が難しい子どもの場合には，薬物以外の治療が重要となる。また，医療機関によっては「ペアレントトレーニング」など，保護者が子どもとのよりよいコミュニケーションを学ぶ場も設けられている。

　子どもの治療といった場合，子どもだけが治療を受けると思われがちである。しかし子どもの治療では，家族の協力と良好な関係性が，治療に大きな影響を与える。そのため保護者への支援や教育が実施される。また，子どもとのかかわりの中で，保護者が精神疾患を患うこともある。その際には，保護者の治療も，子どもと並行して行われる。

5）学校との連携

　適切な治療を行うためには，正確に子どもの状態を把握する必要がある。そのため，担任に対し，当該児童生徒の学校での様子について報告が求められる場合がある。実際に治療が始まった際には，効果や副作用の有無を検討するために，情報交換が行われる。その際は，教員間で協力をし，子どもの正確な状態像を伝えられるよう，準備する必要がある。

　学校と医療機関が連携を組む場合には，保護者の許可が必要となる。保護者の許可のもと，必要な情報の交換や支援が行われていく。保護者の許可なく，学校から医療機関に問い合わせても，受け入れられないため，注意が必要である。

5　児童相談所

1）児童相談所とは

　児童相談所は，児童福祉法に基づいて設置され，18歳未満の子どもに関する相談を受ける専門の相談機関である。児童福祉司（ソーシャルワーカー），児童心理司，医師などの専門のスタッフが，問題を解決すべく相談・サービスにあたる。相談別受理件数は，養護相談（含む虐待）がトップで，以下，障害相談，育成相談，非行相談となっている。なお，現状の課題として，相談件数に対する専門職員数の不足，虐待ケースにおいては強制介入と援助を同時に行う難しさなどが挙げられる。

2）児童相談所における相談内容

　児童相談所における相談内容としては以下の5つが挙げられる。

　①　養護相談　　保護者の病気，死亡，家出，離婚などの事情で子どもが家庭で生活できなくなったなど。虐待など，子どもの人権にかかわるもの。

　②　育成相談　　わがまま，落ち着きがない，友だちができない，いじめられる，学校に行きたがらない，チック等の習癖，夜尿など。

　③　知的・身体障害相談　　知的発達の遅れ，肢体不自由，言葉の遅れ，虚弱，自閉傾向など。

　④　非行相談　　家出，盗み，乱暴，薬物の習慣など。

　⑤　里親に対する相談　　里親として家庭で子どもを育てたいなど。

3）児童相談所における援助方法

　①　助言　　相談に対して助言をしたり，医療，訓練，援助などを受けることができる専門機関を紹介したりする。

　②　継続的な援助　　継続的に一定期間，面接，治療プログラム，カウンセリングなどを行う。

　③　一時保護　　緊急に保護を要する場合や行動観察や生活指導を要する場合，一時保護を行う。

　④　施設への入所　　家庭で生活できない子どもを，児童福祉施設等で預かる。

　⑤　療育手帳の交付　　知的障害の子どもへの援助を図るため，療育手帳を交付する。

⑥　里親制度　　さまざまな事情により，家庭で生活できない子どもを里親家庭に迎える支援をする。

４）児童相談所における連携

　昨今では，児童相談所は虐待ケースの対応において重要な役割を担っており，専門機関として虐待対応力の強化がいっそう求められている。そのため，児童相談所が教育相談と連携するケースの多くも，虐待を背景に持つ事例である。

　たとえば不登校を主訴に教育相談を進める中で，家庭内のネグレクトが不登校の背景にある状況を，スクールカウンセラーとして把握した場合は学校として，教育相談所での相談の中で把握した場合は教育相談所として児童相談所へ通告するよう組織に働きかける。通告の際は，ネグレクト状態が児童の生命身体に重大な影響を及ぼす可能性があるため相談の守秘義務の例外にあたり，かつ法律に基づき児童相談所へ通告する義務があること，しかし困っている家庭状況を改善するために児童相談所の支援が有効であることを丁寧に明確に児童と保護者に説明することが重要である。なぜなら，説明なく通告すれば，児童や保護者は勇気を持って相談したにもかかわらず勝手に話を外部に漏らされ，信頼を裏切られたと感じるだけでなく，以降，教育相談における良好な相談関係の維持が困難になるからである。

　なお，通告後は，要保護地域対策協議会という枠組みを根拠に，児童および家庭に関する情報共有を行い，虐待の深刻化，再発の防止に向け児童相談所と連携する。実際，教育相談は，たとえば登校支援を主に相談援助を継続し，児童相談所は虐待環境の改善のため介入的に指導するよう役割分担し，相互に家族情報を共有しながら課題解決のため連携を図っていく。

　そのほか，教育相談が把握した児童の知的な遅れに関し，療育手帳の取得が当該児童の支援の一つになりうると想定されるケース，重篤な金品持ち出しや暴力などの非行行為で，一時保護や施設入所により児童の生活改善が必要と考えられるケースなども児童相談所との連携が有効である。その際，療育手帳取得のメリット・デメリット，非行ケースについては家族機能の改善を図るために児童相談所から専門的助言を受けることが有効である旨を，教育相談において児童と保護者に説明し，児童と保護者が自主的に児童相談所に相談するよう励ます。そして児童相談所への相談を希望した場合，児童および保護者の了承を得たうえで児童相談所に情報提供し，連携を図っていく。

6　児童デイサービス

1）児童デイサービスとは

　療育の観点から個別療育，集団療育を行う必要が認められる障害のある児童に，日常生活における基本的な動作の指導，集団生活への適応訓練等を行う障害児通所支援事業を児童デイサービスという。児童デイサービスには2種類あり，未就学児の支援には「児童発達支援」，就学児に対する支援には「放課後等デイサービス」となる。管轄する法律は2012年から児童福祉法となった。この移行により民間企業や一般社団法人も参入しやすくなっている。

　基本的な動作や適応訓練の内容はそれぞれの事業所に任されているため，事業所ごとに多様な活動が展開されている。月額の利用料は原則として1割が自己負担である。

　大阪市（2016）のデータでは，児童デイサービスで導入されている主な手法は「視覚支援」（66.1％），「感覚統合訓練」（47.8％），「コミュニケーション支援（絵カードなど）」（67.8％）である。また同データによると職員の資格は児童指導員（76.1％），保育士（58.3％），臨床心理士（10.6％），言語聴覚士（4.4％），理学・作業療法士（6.7％），その他（社会福祉士など：22.8％）である。

2）児童デイサービスの課題

　児童デイサービスは障害のある子どもがいる家庭にとって欠かすことのできない社会資源で，空席待ちの施設も多い。一方，児童デイサービスの課題は療育水準のばらつきの大きさである。高い水準を保つ事業所もあれば，サービス管理者はいるものの，療育の水準が低い事業所もある。ここでも大阪市のデータを参照しながら，水準のばらつきを検討したい。

　① 基本的な支援方法を取り入れていない事業所がある　2012年のデータでは，5割前後の事業所が，療育の基本的な手法である視覚支援やコミュニケーション支援を導入していなかった。視覚支援やコミュニケーション支援は世界的にも標準的な支援であり，しかるべき理由がないにもかかわらず導入していないことは問題視されるだろう。

　② 客観的評価を踏まえた受け入れの有無　療育に発達検査は必須である。しかし，データではこうした客観的評価を踏まえている事業所は全体の4分の1

であった。つまり約80％の事業所が知能検査などの発達検査の結果を踏まえた療育を行っていない。

　③　研修不足　　研修自体は9割以上の事業所が実施しているが，4割程度の事業所が「知識・経験等の不足」を訴えている。また約20％の事業所では「専門的に指導できる人材不足」を感じている。

　筆者のうち，斎藤が関係する放課後等デイサービスでは，①ソーシャルスキルトレーニング（SST），②感覚統合遊びと作業療法，③多動や自閉スペクトラム症（ASD）への臨床動作法，④知的障害と応用行動分析の勉強会を保護者，職員と実践しており，その場には児童デイサービスに通う子どもも参加している。絵カードなどの視覚支援は療育施設の前提として，①「遊び」に療育的な要因をどう加えていくか，②応用行動分析を活動にどう適用するか，③しばしば生じる多動とパニックにどのように備えるかの3点が課題だが，この3点への理解と対応は他の児童デイサービスにも求められることだろう。

　現実には，こうした活動を行う児童デイサービスはまだ少数である。「療育的かかわりをしない」ことを主張する児童デイサービスもある。しかし，発達を支援するという本来の目的を考えるなら，子どもへの声かけ一つをとっても療育的な知識が必要になる。私的な障害観から療育の知識を全否定するべきではない。国の施策として，職員全体の教育システムの確立が急務である。

3）児童デイサービスの可能性

　障害の種類や程度が異なる子どもを同時に同じ場所で支援する困難さは，特別支援学校や特別支援学級と共通している。児童デイサービスではさらに異年齢という要素が加わるのだから，職員の専門性と安心・安全な環境づくりの水準をどう保つかが問われている。

　児童デイサービスは学齢期における障害のある子どもの受け入れ先として今後も発展するだろう。児童デイサービスと教育相談との連携事例も今後増えていくだろう。しかし，その役割が大きいほどに，サービス水準を一定以上に保つ制度的な裏づけが求められる。①基本的な療育環境の確保と療育方法の実践，②パニック対応も含めた安全性の確保，③研修制度の増加の3点に留意しつつ，児童デイサービスは今後も発展していくに違いない。

7　高等専修学校

1）高等専修学校とは

　専修学校とは，学校教育法第124条において「職業若しくは実際生活に必要な能力を育成し，又は教養の向上を図ることを目的として」定められた教育施設で，その課程は専門課程（専門学校），高等課程（高等専修学校），一般課程の3つに大別される。

　違いは入学資格で，専門学校は高等学校または3年制高等専修学校卒業者，高等専修学校は中学卒業者にそれぞれ入学資格がある。一般課程は特に入学資格は設けられていない。ここでは中学卒業によって入学資格が得られる高等専修学校を取り上げるが，その理由は，高等専修学校が中学校時代に学校になじめなかった生徒の進学先として，一つの有力な選択肢となりうるからである。

　高等専修学校は，現在全国に405校あり，約3万5000人の生徒が学んでいる（文部科学省 2020）。専修学校の教育分野は，工業，農業，医療，衛生，教育・社会福祉，商業実務，服飾・家政，文化・教養の8分野にわたり，普通高等学校では学べない専門的な教育を受けることができる。3年制の高等課程を卒業すると大学入学資格を得ることができるが，高等専修学校で学んだ科目が通信制・定時制高等学校の一部単位として認められる「技能連携」という制度を活用している学校である場合は，高等専修学校卒業と同時に連携している高等学校の卒業資格を得ることもできる。その点では，サポート校にも近い形態の学校であるといえる。

2）高等専修学校の特徴

　高等専修学校は，多様な専門教育に加え，その設置基準の違いから高等学校よりも自由に特色を出すことができるという特徴がある。したがって，中学校時代に適応が難しかった生徒が入りやすい学校や，そのような生徒に対する配慮がある学校がいくつも存在している。

　全国高等専修学校協会（2019）によれば，高等専修学校に在籍する生徒のうち，中学校時代に不登校を経験した生徒の割合は24.9％，発達障害の診断がある，または診断はないが教育上の配慮が行われている生徒の割合は22.7％に上っている。全国でおおよそ75％の高等専修学校が発達障害のある生徒の受け入れを

行っており，それらの学校では平均で 28.1 人の生徒の受け入れを行っている。このことは，不登校経験や発達達害のある生徒が高等専修学校を選択することによって，適切な配慮を受けながら得意分野をうまく伸ばしていける可能性があることを示しているといえるだろう。

3）不登校経験者にとっての高等専修学校

　首都圏のある高等専修学校では，不登校経験のある生徒を積極的に受け入れているが，中学校時代にはほとんど学校に通えなかった生徒の多くが，毎日登校できるようになっている。

　その理由は，専門科目があることによって興味関心が似通った仲間が集まっていること，中学校時代に同じような経験をしている生徒が多いためそれらの経験が受け入れられやすいこと，少人数教育により教職員の目が行き届いていること，一般科目の授業が非常に基本的なところからスタートしているため学習面での挫折が起きにくいこと，専門科目で認められることが成功体験になっていることなどが挙げられる。

　一方で課題だと思われる点の一つは，卒業後の進路である。居心地のよい 3 年間を過ごしたことで力をつけて大きく羽ばたいていく生徒がいる一方，障害の可能性に応じた十分な進路支援が行き届かなかったり，就労への不安が強かったりすることで，先の見通しが立たないまま学校を離れていく生徒もいる。学校を選ぶ際には，卒業後を見据えたサポート体制が整っているかどうかを一つの基準にしたいところである。

　2012 年度からは，高等専修学校の単位制・通信制が制度化された。生徒が自分のペースで学ぶことを実現しやすい学校が増え，中学卒業後の進路選択の幅がさらに広がっていくことを期待したい。

8　就労支援機関

1）就労支援の現状と課題

　教育機関からの出口として就労という視点は欠かせないものとなっているが，学校から社会への橋渡しの仕組みは，現状では不十分といわざるをえないだろう。明確な進路の希望を持たない高校生に対する支援はまだまだ乏しく，在学中からの支援の重要性が指摘されており（労働政策研究・研修機構 2012），若年層のひきこもり調査によれば，「就職活動がうまくいかなかった」ことと「不登校」がひきこもりのきっかけであった割合は，合わせて 3 割以上に上っている（内閣府 2014）。

　教育機関との連携が考えられる就労支援機関は，新卒の就職を目指す生徒に向けてはハローワーク，進学はしないものの就職活動をするには準備が整っていない生徒に向けては地域若者サポートステーション，在学中に発達障害等何らかの障害や疾患の診断を受けており，障害者手帳を取得している，または取得予定の生徒に向けては障害者対象の就労支援機関などがある。

　新卒で就職を目指す生徒の支援は，ハローワークの求人を受動的に取り扱うだけでなく，学卒ジョブサポーターの活用などハローワークと積極的に連携していくことで，就職率や就職活動および就職先への満足度を上げることができる。

　また，普通学校においても発達障害をはじめとした障害者手帳取得に該当する働きにくさを抱える生徒が，インクルーシブ教育の流れの中で増えていくことが予想されるため，そのような生徒への支援として，教育機関側から積極的に行政窓口に問い合わせをしたり，障害者向け就労支援機関につないだりしていく必要がある。

2）地域若者サポートステーションとは

　卒業や中退後に安定した就労をすることに不安がある若者を積極的に支援しているのが，地域若者サポートステーションである。地域若者サポートステーション（以下サポステ）とは，厚生労働省が，「ニートなどの若年無業者の職業的自立支援」を目的に 2006 年から全国に設置を始め，2020 年現在全国に 177 カ所設けられている，15 歳から 39 歳までの「就労に向けた意欲を持ちながらも，悩みや不安を持つ若者」を対象とした就労支援機関である。さらに 2013 年度と 2014 年

度には，全サポステが，在学中からの切れ目のない支援を目的とした学校連携推進事業を実施し，現在も学校と連携した支援が行われている。

3）地域若者サポートステーションにおける支援

　サポステの主な支援内容は，①個別相談支援，②各種セミナー等の集団支援，③地域ネットワークの活用の3つである。個別相談によってその若者の課題を整理し目標を設定して，集団に慣れるところから実際の応募活動の支援に至るまでを，セミナーや職業体験プログラムの活用，ハローワーク等の他資源との連携を行いながら，就労までをサポートしている。サポステ事業は厚生労働省が民間団体に委託する形で実施されているため，実施団体による差異はあるものの，おおむねこのような個別継続的な支援を行っている。

　よこはま若者サポートステーションの例であるが，大まかな支援経過は，能力的に苦手なことや心理的に不安に思っていることなどを把握して対策を考え，そのうえで適職について検討し徐々に応募活動を始めていくことで，数カ月以内にアルバイトを含め何らかの就労に至るケースが多い。

　一方で，長期にわたる不登校経験のある若者や集団が苦手な若者，発達障害の傾向がある若者や知的にグレーゾーンの若者なども多く相談に訪れている。そのため，臨床心理士も加わって障害や疾患の有無を見立て，本人だけでなく保護者との面談などを経て，受診や障害者手帳の取得に向けた支援を行うケースも稀ではない。すぐに就労が難しい場合でも，何らかの継続的な社会参加ができる目処が立つまで丁寧にサポートしている。

　これまでなかなか受け皿のなかった層を就労へとつないでいく地域資源として，サポステは今後ますます学校との連携が期待される就労支援機関となっていくだろう。

9　フリースクール

1）フリースクールとは

　フリースクールとは，公的な制度上の学校の枠組みを越えて，自由な教育活動を志向する教育団体または私塾を指す。フリースクールとして出発した団体であっても，現在は構造経済特区において私立の学校法人となっている例もある。

　歴史的にはイギリスの新教育運動の影響を受け発展したグループと，長期欠席の子どもの居場所として発展したグループがある。日本においては主に長期欠席の子どもの居場所として発展し，独自の発展を遂げている団体と，海外のオルタナティブ教育施設との交流を持ちながら発展している団体に大別される。一方，通信制の教育団体や大手塾産業の子会社としてのフリースクールも存在しており，その活動は多様である。

　フリースクールの多くが学校教育法第1条を満たしていないため，法的には私塾と同じ扱いだが，1992年からは小・中学校において，2009年からは高等学校において校長の裁量により，フリースクールに通った期間が学習指導要録上の出席扱いとすることも可能になった。

　オルタナティブ教育の権利を強調するフリースクールの主張は，ときに自治体の適応指導教室と対立する。適応指導教室は児童生徒が「学級復帰」をするための一時的な居場所だが，フリースクールは子どもに多様な学びの権利を保証すること，つまり子どもがオルタナティブな教育が選択できること，そしてオルタナティブな教育は公教育よりも価値が低いわけでもないし，その選択は「不適応」の結果でもないと主張する。現在でもフリースクールの一部と文部科学省はオルタナティブ教育の価値観を巡って対立することがある。

2）フリースクールの歴史

　フリースクールを知るためには，1970年代当時の受験競争と不登校への抑圧的なまなざしを理解する必要がある。1970年から1980年代，受験競争を背景として「学校に行くものだ」という観念は強い負荷となっており，子どもはたとえ学校を休みたくても休めない状態にあった。「学校恐怖症」のように，公立学校を長期欠席するのは精神疾患か，あるいは養育の歪みの結果のようにいわれることも珍しくなかった。特に問題になったのは「偏差値によるモノサシが唯一の価

値観となっていること」である。この時代背景を知るには本多（1989）による
『子供たちの復讐』が参考になる。受験競争の結果が将来の生活の選別に直結す
るように思われたため，塾産業が盛んになり，「受験戦士」という呼び方も流行
した。イリッチ（1977）の『脱学校の社会』なども当時の教育学界で盛んに読ま
れていた。

　こういう状況下で精神的に疲弊し，学校を拒否する子どもが現れることは決し
て不思議ではない。日本の代表的なフリースクールである東京シューレは1985
年にこうした子どもたちの学習権と人権，そして自己肯定感を守り，育むために
誕生した。学校には当然行くべきだと考える文部省（当時）の価値観と，フリー
スクールのようなオルタナティブ教育の価値観は対立してきた。その一方で，フ
リースクールは出席を認められるようになり，サポート校などを含めるとその存
在は多様化している。かつてのような熾烈な受験競争は性質を変え始め（本
田 2011），学校がまとっていた聖性と絶対性も薄れている（滝川 1998）。1970年
代のフリースクール勃興期が文部省との対立期（菊池ら 2001）ならば，1992年
の「不登校は誰にでも起こりうる」という文部省の認識転換に端を発し，2000
年代前後のフリースクールへの出席認定を踏まえると，フリースクールと文部科
学省は対立期を脱し，対話期に入ったのかもしれない。事実，斎藤ら（2016）の
調査では，「対立から対話へ」というパラダイムシフトを認めるフリースクール
も多い。フリースクールへの出席を公教育における出席と認める「多様な教育の
機会を保証する法律」の成立は，フリースクールと既存の教育システムが対話期
に入ったことを象徴している。

　フリースクールが設立期に持っていた文部省との対立が薄まったとしても，フ
リースクールが提起した論点がなくなったわけではない。「公立の学校に行かな
いことは人格を否定されることなのか」「不登校の病気化や障害化に意味がある
のか」「スクールカウンセラーは本当に第三者か」「現在の公教育は子どもの可能
性を摘み取っていないか」など，1980年代からフリースクールが提起した問題
は現在も決して古くなっていない。それは子どもの権利論や学校改革論とも影響
を及ぼし合い，公教育に対して先鋭的な呼びかけを今も行っている。

10　教育相談センター（教育相談所）

1）教育相談センターの法的な位置づけ

　教育相談センター（教育相談所）とは，主として教育相談を行うために自治体が設置している機関である。児童生徒および幼児の教育上および適応上の問題について，本人，保護者，学校・幼稚園・保育園関係者の相談に応じ，対象者が健全な成長を遂げるための援助を目的として，教育委員会の組織の中に含まれることも多い。たとえば，A市の例を挙げると，教育委員会の中に学校教育部（教育センターなど名称は自治体によって異なる）があり，その中の一つに教育相談センターが位置づけられている。

　教育相談センターは小学校，中学校で最も多く利用されている教育相談機関である。教育相談センターの相談員は近隣の小中学校の教員をよく知っているし，頻繁に連携しながら，スクールカウンセリングではできないプレイセラピーや箱庭療法などの専門性の高い相談を実践している。

　また発達検査を行うことも教育相談センターの重要な役割の一つである。自治体によっては教育相談センターによる発達検査や面接を通じて適応指導教室への入室が判定される制度もある。

2）教育相談センターの定義

　基礎自治体によって設置されている教育相談センターは，子どもの学校生活や家庭生活等に関する問題について相談全般に応じる。相談内容は，不登校，集団不適応，友人関係，学習に関すること，生活面に関すること，いじめ，体罰等である。また，学級崩壊や指導力不足教員への対応を行う場合もある。相談は無料で，相談形態は来所，電話，出張等である。

3）一般的な職員構成

　職種は心理職・教育職・福祉職などから構成されている。ただし，教育相談センターには心理職だけがいるという印象は誤解である。教育相談センターに退職校長などを含めた多くの教員が雇われており，教育相談だけでなく，教員への指

導や家庭と学校との対立の調整などを担うこともある。心理職は臨床心理士や公認心理師という資格を有する場合が多い。スクールソーシャルワーカー（SSW）といった福祉職と協働している場合もある。

4）相 談 形 式

　自治体によって実施されている相談形式は異なるが，主に①相談者が直接予約し，継続的に面接が行われる来所相談，②匿名で，即時的に相談できる電話相談・メール相談，③初就学（小学校）や中学進学の際に，適切な就学先を判定するための一助となる知能検査・行動観察を行う就学相談，④学校の依頼による児童生徒または学級の観察・指導などがある。これらは教育相談センターで受動的に相談を受ける形だが，学校の要請を受け，「学校支援」「巡回相談」という形で教育相談センターから学校へ出向く場合もある。

5）主な相談内容

　主訴（相談者が困っており，相談して解決したいこと）の分類は自治体によって異なる。主に①不登校，②LD・ADHD・自閉スペクトラム症（ASD）・チックといった発達特性による問題，③いじめなどによる集団不適応，④暴言・暴力などによる対人トラブルなどが挙げられる。これらの問題は，単一の要因である場合もあるが，複合的な要因が重なって生じている場合が多い。

6）他機関との連携

　教育相談センターは，地域にも開かれている。学校内の特別支援教育コーディネーター・担任教諭・養護教諭など教育職と連携する場合，心理職であるスクールカウンセラー（SC）と連携する場合，もしくは両者と連携する場合など，多彩な連携を数多くこなしているのも教育相談センターの特徴である。近年，学校との連携のみならず，虐待支援などでは児童相談所・子ども家庭支援センターといった福祉機関と，重篤な発達障害支援などでは病院といった医療機関と連携するケースも増加している。

　連携が多い教育相談センターにとって，相互負担の原則は非常に重要なものになる。学校が教育相談センターに一方的に児童生徒を預けた場合，教育委員会から指導が来る場合もある。教育相談センターは保健室やSC室の次に（あるいはそれ以上に）学校が利用する相談機関であり，何か問題が生じたときは，まずは教育相談センターと連携することが多いだろう。教育相談センターはチーム学校の有力な一員である。

11　適応指導教室

1）適応指導教室とは

　「適応指導教室」とは，不登校児童生徒等に対する学校生活への復帰を支援するため，教育委員会が，児童生徒の在籍校と連携をとりつつ，教育相談センター等学校以外の場所や学校の余裕教室等において，個別カウンセリング，集団での指導，教科指導等を組織的，計画的に行う組織として設置したものをいう（教育課程審議会 2000）。

　適応指導教室は，さらなる機能の拡充を求められ，2003年に名称が「教育支援センター」に変更されている。しかし，現在でも「適応指導教室」という名称は継続して使用されている自治体も多い。

2）適応指導教室の活動

　文部科学省（2003）によれば，適応指導教室設置の目的は，「不登校児童生徒の集団生活への適応，情緒の安定，基礎学力の補充，基本的生活習慣の改善等のための相談・適応指導（学習指導を含む。以下同じ。）を行うことにより，その学校復帰を支援し，もって不登校児童生徒の社会的自立に資することを基本とする」とされている。

　上記の設置目的から適応指導教室の活動は，学習支援のみならず，情緒面での支援など多岐にわたる。そのため，実際に子どもたちと行う活動もさまざまである。図表Ⅵ-11-1は，適応指導教室の日課活動の一例である。

　登室時間は，個々人の生徒によって異なることが多く，午後になってから登室する子どももいる。適応指導教室によっては登室時間内に登室することを義務づけるところもあり，登校の決まりは教室によって異なる。

　学習は異学年が一つの教室に集まって勉強を行うため，自分で選択した課題を学習する形式をとる。その際，理解が難しい点などについて指導員が個別的に指導を行う。午後の活動は，チーム形式のスポーツやゲーム，創作活動などに加え，ソーシャルスキルトレーニングやストレスマネジメントなど心理教育的な内容が実施される。

　不登校になると，他者とかかわる時間が減少し，家の中にとどまった生活になりやすい。そのため午後の活動は，一人では「できない」，または「しない」活

図表Ⅵ-11-1　適応指導教室の1日の流れ（一例）

9：00～	登室開始
9：30～10：20	学習タイム①
10：30～11：20	学習タイム②
11：30～12：20	学習タイム③
12：20～12：50	昼食
12：50～13：05	清掃
13：05～13：35	昼休み
13：40～14：30	午後の活動（スポーツ，創作活動，ソーシャルスキルトレーニングなど）
14：30～14：40	帰りの会
14：40～	放課後

動が積極的に取り入れられている。それらの活動を通し，子どもたちが他者との
コミュニケーションについて学び，自己を表現しながら受容される経験を積んで
いくことが活動において重要な要素となる。

3）連　　携

　適応指導教室は，不登校の子どもが在籍校への復帰を目指す際に利用する場と
されている。そのため，適応指導教室に入室することで，子どもが在籍校と疎遠
になることは，本来の適応指導教室の設置目的から逸れる。

　指導員は子どもが在籍する学校の教員やスクールカウンセラー，必要に応じて
他機関とも連携し，学校復帰に向けて子どもを支援していく必要がある。特に，
在籍校との定期的な情報交換や，子どもが担任と面談することは，復帰支援にお
いて重要であると考えられる。

　適応指導教室は学級復帰を目的とするため，オルタナティブな教育を志向する
立場からは批判もされてきた。しかし，不登校のケースが生じたとき，多くの場
合，学校や保護者が最初の連携先として適応指導教室への登校を念頭に置くだろ
う。この意味で，適応指導教室の果たす役割は非常に大きいといえる。

12　特別支援学校

1）特別支援学校とは

　「特別支援学校」とは，2006年の学校教育法等の改正により，従来の「盲学校，聾学校，及び養護学校」が転換されることによって誕生した学校である。従来は単一の障害しか対象とならなかったが，法改正により複数の障害種別を教育の対象とすることができるようになった。障害種別とは，視覚部門，聴覚部門，知的部門，肢体不自由または病弱者部門の4部門である。

　同時に特別支援学校は，小・中学校等の要請に応じて，これらの学校に在籍する障害のある幼児児童生徒の教育に関し必要な助言または援助を行うよう努める（センター的機能）ことが規定された（中央教育審議会 2005）。

　また，2012年の初等中等教育分科会の報告を受けて，「共生社会の形成に向けたインクルーシブ教育システム構築」の推進役を担うことになった（初等中等教育分科会 2012）。

2）主な学習活動

　特別支援学校の教育は，幼稚園・小・中・高等学校に準ずる教育を行う「各教科」「道徳」「特別活動」「総合的な学習の時間」，また，学習上，生活上の困難を主体的に改善・克服するために必要な態度や習慣などを育て，心身の調和的発達の基盤を培うという観点から設定された「自立活動」，そして，教科・領域を合わせた指導「作業学習」「生活単元学習」「遊びの指導」「日常生活の指導」によって教育課程が編成されている（文部科学省 2009）。

　このうち，「作業学習」とは，作業活動を学習活動の中心としながら，生徒の働く意欲を培い，将来の職業自立や社会自立に必要な事柄を総合的に学習するものである。また，「生活単元学習」とは，児童生徒が課題処理や問題解決のための一連の目的的活動を組織的に経験することによって，自立的な生活に必要な事柄を，実際的・総合的に学習するものである（愛媛大学教育学部附属特別支援学校 2011）。

3）これからの課題と展望

　今後の課題として最も大きな変化は「合理的配慮」についてである。合理的配慮は，障害者の権利に関する条約（第24条「教育」）が教育における障害者の権

利を認め，この権利を差別なしに，かつ機会の均等を基礎として実現するため，障害者を包容する教育制度等を確保することとし，その権利の実現にあたり確保するものの一つとして，「個人に必要とされる合理的配慮が提供されること」という条文を法的根拠としている。

　また同条約で定義された「合理的配慮」とは，「障害者が他の者と平等にすべての人権及び基本的自由を享有し，又は行使することを確保するための必要かつ適当な変更及び調整であって，特定の場合において必要とされるものであり，かつ，均衡を失した又は過度の負担を課さないもの」であり，これに基づき，①教員，支援員等の確保，②施設・設備の整備，③個別の教育支援計画や個別の指導計画に対応した柔軟な教育課程の編成や教材等の配慮が具体的に実現されなければならない。合理的配慮の実際は文部科学省のホームページに詳しいが，こうした実践が現場に根づくにはまだ時間がかかるだろう。

　さらに特別支援学校が今後向き合わねばならない課題は，障害に応じたより専門性の高い指導，社会自立に向け充実したキャリア教育や進路指導の展開であり，地域に向けてはセンター的機能を持つ学校としての質の高い教育の保障である。

　そのためには，一人ひとりの教員のスキルの向上と関係者による地域支援体制の確立が必要であり，「交流及び共同学習」の推進，ICT 機器を活用した学習支援の環境整備，展開が求められる。また，同時に本人の意志が十二分に尊重されたライフステージに応じた切れ目のない教育支援が要求されるであろう。

　障害者の権利に関する条約が批准された今，まさにその第 24 条で唱われた，「障害者が障害を理由として教育制度一般から排除されないこと及び障害のある児童が障害を理由として無償のかつ義務的な初等教育から又は中等教育から排除されないこと」が問われている。

13　通級指導教室

1）通級指導教室とは

　言語や聴覚に障害がある児童生徒が週に何回か，「ことばと聞こえの教室」に通う。知的障害はないが，ADHD や自閉スペクトラム症のある児童生徒が，通常学級に在籍しながら週に何回か，別の教室で学ぶ。この児童生徒たちは「通級指導」という制度を利用している。このことを特別支援学級と比較しながら述べる。

　特別支援学級は，学校教育法第 81 条に基づき，幼稚園から高等学校において，知的障害者，肢体不自由者，身体虚弱者，弱視者，難聴者およびその他の障害として自閉症・情緒障害者と言語障害者に対して，障害による学習上または生活上の困難を克服するための教育を行う学級（固定級）である。交流教育が認められており，通常学級で授業を受けることもできる。特別支援学級は大きく「知的障害」「自閉症・情緒障害」「肢体不自由」「言語・聴力の障害」の 4 つのカテゴリーがある。「知的障害」と「自閉症・情緒障害」が区別されている点に留意するべきであり，「自閉症・情緒障害」の特別支援学級は知的障害を伴わないことが前提となる。

　一方，通級指導教室を理解する場合，「通級指導」という制度を検討する必要がある。「通級指導」とは，学校教育法施行規則第 140 条に基づいて，言語障害者，自閉症者，情緒障害者，弱視者，難聴者，学習障害者，注意欠陥・多動性障害者およびその他の障害として肢体不自由者，病弱者に対して，障害に応じた特別の指導を行う必要があるものを教育する場合に，特別の教育課程として行われる。児童生徒は通常学級に在籍しながら，定められた時間の範囲で障害別の指導を受けることができる（特別支援学級の場合，在籍は特別支援学級となる）。通級指導教室に知的障害のカテゴリーはない点に注意したい。

　通級指導という制度を利用した児童生徒は，「一定の時間」，どこに授業を受けに行くのか。それは専用の通級指導教室以外にも特別支援学級，あるいは特別支援学校，さらに指導員が学校を巡回して指導するケースもある。つまり，「通常学級に在籍する障害のある児童生徒が，通級指導制度を利用して，一定の時間内で，障害に応じた教育を専用の通級指導教室などで受けるシステム」が通級指導教室といえる。

図表Ⅵ-13-1　X区の支援級や通級指導教室を
設置している学校

学校名	対象障害	住所／連絡先
A 小学校	知的	○○××
B 小学校	知的	△△××
C 小学校	難聴／通級	◇◇××
D 小学校	情緒／通級	□□××
E 小学校	情緒／通級	■■××

　多くの場合，市区町村の自治体のホームページを検索すると，図表Ⅵ-13-1 の
ような内容に出会うだろう。

　知的と書かれているのは特別支援学級であり，通級と書かれているのは通級指
導教室である。図表Ⅵ-13-1 からわかるように，特別支援学級と通級指導教室は，
それらを利用しようとする保護者と子どもにとっては非常に近い関係にある。こ
のとき，理解を困難にするのは，特別支援学級の「自閉症・情緒障害学級」であ
る。特別支援学級ならば，在籍はその学級であり，基本は固定級となる。しかし，
都道府県によっては，特別支援学級の中心が「知的障害」「肢体不自由」「言語と
聴覚の障害」であり，特別支援学級（固定級）の「自閉症・情緒障害」学級は非
常に少ない場合がある（市区町村のホームページで特別支援学級と通級指導教室が併
記される背景にはこのような事情もある）。この場合，自閉症・情緒障害の受け皿は
事実上，通級指導教室になっており，状況次第では通級指導教室のキャパシティ
を超える入級希望者になることも少なくない。図表Ⅵ-13-2 を参照し，特別支援
学級と通級指導教室の関係を理解してほしい。

２）通級指導教室に入級するまで

　一般に通級指導教室に入級を希望する場合，市区町村の就学（支援）課（係）
に相談をすることから始まるだろう。その後，市区町村の教育（相談）センター
で審議材料となる検査等を受け，市区町村の就学指導委員会により入級審議（就
学相談判定会議）がなされ，教育委員会により入級判定がなされる。入級後も検
討会が持たれ，一定期間の指導期間の後に，通級指導の終了または継続の審議が
なされる。小学校の通級指導教室から中学校の通級指導教室に持ち上がる際には
必ず入級判定の就学相談判定会議がなされる。

　このとき，受ける検査は知能検査であり，多くは WISC だが，自治体によっ

図表Ⅵ-13-2　特別支援学級と通級指導教室の相違

特別支援学級（固定級・在籍は特別支援学校）	（1）肢体不自由または身体薄弱 （2）言語または聴覚障害 （3）知的障害 （4）自閉症・情緒障害（少ない）
通級指導教室（在籍は通常学級。週に数回通う）	（1）自閉症・情緒障害 （2）言語または聴覚障害

注：特別支援学級の児童生徒が適応指導教室に通うことや，適応指導教室から通級指導
　　教室に絡介されることもあるが，通級指導教室から適応指導教室に絡介できるかは
　　自治体によるだろう。

ては田中ビネー式の場合もある。通級指導教室の人数に規定はなく，学区もおお
よその慣習的な範囲はあるが明文化している自治体はまだ少ない。

3）通級指導学級（教室）における教育相談

　通級指導を受ける子どもは２つのニーズを持っていることが多い。第一は「勉
強ができるようになりたい」であり，第二は「友達をつくりたい（仲よくしたい）」
である。通級指導学級の場合は，一日６コマで，2〜3コマは自立活動として，
ソーシャルスキルトレーニングや作業療法を参考にした授業があり，巧緻性を高
めたり，人間関係に関するスキルを身につけることができる。個人の特性や状態
によって，個別や小集団の指導を受けることができる。また，学習（教科の補充）
に関しては，通常2〜3コマの個別指導が行われている。障害の特性に合わせた
教材・教具の使用や，意欲を喚起する手立てを個別に実践している。さらに家庭
や在籍校との連携も通級指導の特徴である。家庭や在籍校での生活を向上させる
のが通級指導のねらいなので，家庭，在籍校での困り感や課題を共有し，少人数
の環境で学習・訓練した後，その成果を確認していく。その際，通級という少人
数の環境では習得された行為も在籍校という環境ではできないことも出てくる。
その場合は，在籍校での環境調整を検討・提案・お願いすることも，通級指導担
当の使命の一つである。そのため，日誌をつけて回覧して，本人―家庭―在籍校
―通級指導担当の四者の連携を図っているところも多い。

　通級指導を受ける子どもたちは，自己肯定感が低かったり，思春期には障がい
を受け入れられなかったりという精神面での支援を必要としている場合が多いと
ころから，通級指導による教育相談は大きな意味を持っている。週に数時間の通
級指導によって，自己肯定感を高め，在籍校の生活に意欲を取り戻す等，成果を
上げている。

あとがき

　私が教育相談に携わるようになった15年前は，教育現場にカウンセラーが導入されてしばらく経過した頃でした。しかしながら，学校の先生とカウンセラーとの間にはまだ大きな壁があったように思います。その壁は「生活指導」と「教育相談」の2つの間にある壁でした。「生活指導」と「教育相談」は対立軸で語られることが多く，また，暗黙の了解事項として非行系の子どもには生活指導，不登校の子どもたちには教育相談というような棲み分けがされていたようにも感じました。また，生活指導は「厳しく叱る」，教育相談は「受容する」といった方法論的な違いだけが注目されているのではないかと思ったこともありました。

　こうしたことに違和感を持ちつつ，日々臨床活動をしている中で，ある学校で年下の生活指導主任の先生が私に「生活指導を厳しく叱ることだと思っている人がいますけど，僕はそれを違うと思っていて，生活指導は子どもたちが少しでも安心して，安全に，楽しく学校に通うためにあるものですよね。だから，単純に叱るとかそういうものじゃないと思うんです」とおっしゃいました。この先生との出会いは私にとってとても大きなものでした。この先生とは，生活指導と教育相談といった枠を越えて多くの子どもたちとかかわりました。目の前にいる子どもにとって今一番必要な支援は何かだけを考えて連携を図り続けたことは，今でも大切な経験として私の中に残っています。

　教育現場で行われる子どもたちへのかかわりは，方法論ありきで行われるものではありません。すべて子どもたちの成長を願って行われるものです。その願いを込めたかかわりが，結果として「生活指導的なかかわり」とか「教育相談的なかかわり」と理屈の上で分類されるに過ぎないことを先の生活指導主任の先生から教えていただいたように思います。本書は教育相談の理論や技法について解説していますが，前提にはこうした「子どもたちの成長を願う」という思いがあることをご理解いただけますと幸いです。

　さて，本書は多くの方のご協力により完成いたしました。学校の先生方には大変多くのことを学ばせていただきました。本書のアイデアはすべて現場

の先生方とのかかわりから生まれたものです。本書が少しでも学校現場の先生方のお力になれれば，これに勝る喜びはありません。心より感謝申し上げます。

本書を執筆してくださった皆様にも心よりお礼申し上げます。突然の執筆依頼にもかかわらず，企画趣旨をご理解いただき，お忙しい中ご執筆いただきましてありがとうございました。

本書の出版の機会を与えてくださった淑徳大学国際コミュニケーション学部教授の渡部治先生，八千代出版の森口恵美子代表取締役，編集部の井上貴文さんには多大なるご支援を賜りました。特に森口代表と井上さんには，予定を大幅に遅れる中で，遅々として進まない私の原稿を忍耐強くお待ちいただき，お二人にはたくさんの励ましのお言葉を頂戴いたしました。この場をお借りして深く感謝申し上げます。

そして，研究者として，臨床家として，人生において大きな影響を受けた文教大学元学長の上杉喬先生，人間科学部教授の岡村達也先生，人間科学部元助手の草田寿子先生，淑徳大学教育学部教授の松原健司先生，共同編者でもある千里金蘭大学准教授の斎藤富由起先生にこの場をお借りして深謝いたします。先生方のご指導，ご鞭撻がなければ本書はありえませんでした。本当にありがとうございました。

最後になりますが，本書は多くの子どもたちとのかかわりから生まれました。すべての執筆者がこれまでに出会った子どもたちを心に浮かべながら本書を執筆しました。これまで私たちにかかわってくれたすべての子どもたちに心より感謝いたします。どうもありがとう。

　　2016 年 6 月　　　　　　　　　　　　編者を代表して　守谷賢二

引用・参考文献

【Ⅰ部1章】
羽田紘一（2014）「なぜ，教育相談を必要とするのか」田中智志ら監修，羽田紘一編著『新・教職課程シリーズ　教育相談』一藝社

原田唯司（2005）「教師が持つ属性および教育相談観とスクールカウンセラーの活動評価との関連」『静岡大学教育学部研究報告（人文・社会科学篇）』第55巻，155-172頁

広木克行（2008）「教育相談の歴史・役割・意義」広木克行編『教師教育テキストシリーズ　教育相談』学文社

石隈利紀（1999）『学校心理学―教師・スクールカウンセラー・保護者のチームによる心理教育的援助サービス』誠信書房

文部科学省（2010）『生徒指導提要』文部科学省

文部科学省（2021）「児童生徒の自殺予防に関する調査研究協力者会議（令和元年度）　配布資料　コロナ禍における児童生徒の自殺等に関する現状について」

杉山登志郎（2019）『発達性トラウマ障害と複雑性PTSDの治療』誠信書房

吉永省三（2003）『子どものエンパワメントと子どもオンブズパーソン』明石書店

【Ⅰ部2章】
國分康孝（1980）『カウンセリングの理論』誠信書房

文部科学省（2010）『生徒指導提要』文部科学省

辻村英夫（1999）「カウンセリングとコンサルテーション」『Educare』第20巻，35-41頁

【Ⅰ部コラム：子どもの貧困】
厚生労働省（2020）「2019年国民生活基礎調査の概況」

下野新聞子どもの希望取材班（2015）『貧困の中の子ども―希望って何ですか』ポプラ新書

【Ⅰ部3章】
藤田英典（1997）『教育改革―共生時代の学校づくり』岩波新書

宮崎清孝編（2005）『総合学習は思考力を育てる』一莖書房

文部科学省・中央教育審議会（2015）「チームとしての学校の在り方と今後の改善方針について」

【Ⅱ部1章】
小林正幸（2004）『事例に学ぶ　不登校の子への援助の実際』金子書房

小泉英二（1973）『登校拒否―その心理と治療』学事出版

厚生労働省（2019）「ヤングケアラーの実態に関する調査研究報告書」

文部科学省（2020）「令和元年度　児童生徒の問題行動・不登校等生徒指導上の諸課題に関する調査結果」

文部省（1999）「平成11年度　学校基本調査」

守屋賢二ら（2008）「学校適応度からみたスクールカウンセリング室の利用状況」『第50

回日本教育心理学会大会発表論文集』444 頁
斎藤富由起ら（2008）「登校児童における学校適応度の割合と居場所の関連性」『第 50 回
　日本教育心理学会大会発表論文集』443 頁

【Ⅱ部 2 章】
国立教育政策研究所（2013）『2010–2012　いじめ追跡調査 Q&A』文部科学省
文部科学省（2017）「平成 29 年 3 月 16 日『いじめの防止等のための基本的な方針』の改
　定及び『いじめの重大事態の調査に関するガイドライン』の策定について（通知）」
文部科学省（2020）「令和元年度　児童生徒の問題行動・不登校等生徒指導上の諸課題に
　関する調査結果」
尾木直樹ら（2007）「国・教育再生会議のいじめ対策と学校現場」『子どもの権利研究』第
　11 巻，16–21 頁
小野淳ら（2008）「『サイバー型いじめ』（Cyber Bullying）の理解と対応に関する教育心
　理学的展望」『千里金蘭大学紀要』第 5 巻，35–47 頁
斎藤富由起（2015）「小学校における身体性を重視した SST の展開―第三世代のボディワー
　ク論の観点から」『国際経営・文化研究』第 19 巻 1 号，147–153 頁
東京都教育委員会（http://www.kyoiku.metro.tokyo.jp/gaiyo/no_ijime.htm）

【Ⅱ部 3 章】
藤岡淳子（2001）『非行少年の加害と被害―非行心理臨床の現場から』誠信書房
広田照幸（2001）『教育言説の歴史社会学』名古屋大学出版会
喜多明人（2007）「子ども条例のこれまでとこれから―子どもの権利の視点に立った条例
　を」『子どもの権利研究』第 12 巻，6–11 頁
喜多明人（2008）「厳罰主義（ゼロ・トレランス）の動向と支援主義の政策・実践」『子ど
　もの権利研究』第 13 巻，31–35 頁
宮口幸治（2015）『CD 付　コグトレ―みる・きく・想像するための認知機能強化トレー
　ニング』三輪書店
宮口幸治（2016）『1 日 5 分！　教室で使えるコグトレ―困っている子どもを支援する認
　知トレーニング 122』東洋館出版社
内閣府（2010）「第 4 回　非行原因に関する総合的研究調査」
小栗正幸（2015）『ファンタジーマネジメント―"生きづらさ" を和らげる対話術』ぎょ
　うせい

【Ⅱ部コラム：小 1 プロブレムと中 1 プロブレム】
藤沢千代勝（2006）「幼保小のなめらかな連携教育をどう進めるか」全国幼児教育研究会
　編『学びと発達の連続性』チャイルド本社

【Ⅱ部 4 章】
厚生労働省（2020）「子ども虐待による死亡事例等の検証結果等について（第 16 次報告）」
　（https://www.mhlw.go.jp/content/11900000/000533873.pdf）
厚生労働省（2020）「令和元年度　児童相談所での児童虐待相談対応件数〈速報値〉」
　（https://www.mhlw.go.jp/content/000696156.pdf）
山内早苗ら（2009）「児童相談所一時保護所における入所児童を対象とした SST の効果に

関する質的検討」『第 28 回日本心理臨床学会大会論文集』467 頁

【Ⅱ部コラム：教育機会確保法とフリースクール】

超党派フリースクール等議員連盟（2015）「多様な教育機会確保法（仮称）案」座長試案（2015 年 5 月 27 日発表）

【Ⅱ部 5 章】

American Psychiatric Association（2013）*DSM-5: Diagnostic and Statistical Manual of Mental Disorders*, 5th edition, Washington, D.C.: American Psychiatric Publishing.（髙橋三郎ら監訳〔2014〕『DSM-5　精神疾患の診断・統計マニュアル』医学書院）

文部科学省（2002）「就学指導の手引き」文部科学省

文部科学省（2003）「今後の特別支援教育の在り方について（最終報告）」文部科学省

文部省（1999）「学習障害児に対する指導について（報告）」文部省

【Ⅱ部 6 章】

斎藤富由起（2008）「子ども施策と市民・大学協働」『子どもの権利研究』第 12 巻，103-104 頁

斎藤富由起（2013）「児童期・思春期の特別支援教育と SST の原理」斎藤富由起ら監修・編集『児童期・思春期の SST　特別支援教育編』三恵社

斎藤富由起（2015）『練馬区学校教育支援センターSST 講座　2015 年基礎調査報告書』練馬区学校教育支援センター

斎藤富由起ら（2014）「学校で起きた困ること」アンケート

斎藤富由起ら（2014）『練馬区学校教育支援センターSST 講座　2014 年基礎調査報告書』練馬区学校教育支援センター

澤江幸則ら（2010）『障害のある子どもの運動あそび（松原豊監修）』Video Tone 株式会社新宿スタジオ（DVD）

山内早苗（2013）「心理検査の結果のフィードバックにおける留意点」斎藤富由起ら監修・編集『児童期・思春期の SST　特別支援教育編』三恵社

【Ⅱ部 7 章】

American Psychiatric Association（2013）*DSM-5: Diagnostic and Statistical Manual of Mental Disorders*, 5th edition, Washington, D.C.: American Psychiatric Publishing.（髙橋三郎ら監訳〔2014〕『DSM-5　精神疾患の診断・統計マニュアル』医学書院）

傳田健三（2005）「コラム　児童・思春期の『抑うつ』」『精神科治療学　新精神科治療ガイドライン』第 20 巻増刊号，143 頁

福岡県臨床心理士会・窪田由紀編（2020）『学校コミュニティへの緊急支援の手引き（第 3 版）』金剛出版

井上勝夫（2014）『テキストブック　児童精神医学』日本評論社

神尾陽子（2008）「今日の診断分類とその概念の変化」「精神科治療学」編集委員会編『児童・青年期の精神障害治療ガイドライン（精神科治療学第 23 巻増刊号）』8-12 頁

文部科学省（2020）「令和元年度　児童生徒の問題行動・不登校等生徒指導上の諸課題に関する調査結果」

村田豊久（2005）「コラム　子どものうつ」『精神科治療学　新精神科治療ガイドライン』

第 20 巻増刊号，301 頁

世界保健機関（WHO）（2011）「心理的応急処置（サイコロジカル・ファーストエイド：PFA）フィールドガイド」（https://saigai-kokoro.ncnp.go.jp/pdf/who_pfa_guide.pdf#search=%27WHO+%E5%BF%83%E7%90%86%E7%9A%84%E5%BF%9C%E6%80%A5%E5%87%A6%E7%BD%AE%27）

山﨑晃資（2008）「児童・青年期臨床における診断の進め方」「精神科治療学」編集委員会編『児童・青年期の精神障害治療ガイドライン（精神科治療学第 23 巻増刊号）』13-19頁

【Ⅱ部コラム：教育相談と解離症状】

柴山雅俊（2007）『解離性障害』ちくま新書

【Ⅲ部 1 章】

Flanagan, D. P. et al（2009）*Essentials of WISC-IV Assessment*, 2nd Edition, John Wiley & Sons, Inc.（上野一彦監訳〔2014〕『エッセンシャルズ　WISC-Ⅳによる心理アセスメント』日本文化科学社）

村上宣寛ら（2001）『主要 5 因子性格検査ハンドブック』学芸図書

友納艶花（2014）「児童生徒理解の方法」田中智志ら監修，羽田紘一編著『新・教職課程シリーズ　教育相談』一藝社

上野一彦ら編（2005）『軽度発達障害の心理アセスメント』日本文化科学社

【Ⅲ部 2 章】

Duncan, B. L. et al（1999）*The Heart & Soul of Change*, Washington, D.C.: APA Press.

國分康孝（1980）『カウンセリングの理論』誠信書房

Lambert, M.（1992）Psychotherapy Outcome Research: Implications for Integrative and Eclectical Therapists. In Goldfried, M., Norcross, J.（Eds.）*Handbook of Psychotherapy Integration*, Basic Books, pp.94-129.

Miller, S. D. et al（1997）*Escape from Babel: Toward a Unifying Language for Psychotherapy Practice*, New York Inc.（曽我昌祺監訳〔2000〕『心理療法・その基礎なるもの』金剛出版）

岡村達也（2007）『カウンセリングの条件―クライアント中心療法の立場から』日本評論社

Rogers, C.（1957）The Necessary and Sufficient Conditions of Therapeutic Personality Change, *Journal of Consulting Psychology*, 21（2），pp.95-103.（伊東博訳〔2001〕「セラピーによるパーソナリティ変化に必要にして十分な条件」伊藤博ら監訳『ロジャーズ選集（上）カウンセラーなら一度は読んでおきたい厳選 33 論文』誠信書房，265-285 頁）

坂野雄二ら（1996）『ベーシック現代心理学　臨床心理学』有斐閣

Senge, P. M.（2012）*Schools That Learn: a Fifth Discipline Fieldbook for Educators, Parents and Everyone Who Cares about Education*, Crown Business.（センゲ，ピーターら著，リヒテルズ直子訳〔2014〕『学習する学校―子ども・教員・親・地域で未来の学びを創造する』英治出版）

【Ⅲ部３章】
國分康孝（1980）『カウンセリングの理論』誠信書房

【Ⅳ部はじめに】
文部科学省（2010）『生徒指導提要』文部科学省

【Ⅳ部１章】
Kalff, D. M.（1966）*Sandspiel: Seine Therapeutische Wirkung auf die Psyche*, Rascher.（山中康裕監訳〔1999〕『カルフ箱庭療法』誠信書房）
河合隼雄（1969）「理論編」河合隼雄編『箱庭療法入門』誠信書房
河合隼雄（1982）「箱庭療法の発展」河合隼雄ら編『箱庭療法研究1』誠信書房
Lowenfeld, M.（1939）The World Pictures of Children, *British Journal of Medical Psychology*, 18, pp.65-101.

【Ⅳ部２章】
森谷寛之（1990）「心理療法におけるコラージュ（切り貼り遊び）の利用─砂遊び・箱庭・コラージュ」『日本芸術療法学会誌』第21巻1号，27-36頁

【Ⅳ部３章】
Axline, V. M.（1947）*Play Therapy*, Houghton Mifflin.（小林治夫訳〔1959〕『遊戯療法』岩崎書店）
Fröbel, F.（1826）*Die Menschenerziehung, die Erziehungs-, Unterrichts-und Lehrkunst, Angestrebt in der Allgemeinen Deutschen Erziehungsanstalt zu Keilhau*, Der Allgemeinen Deutschen Erziehungsanstalt.（荒井武訳〔1964〕『人間の教育（上）』岩波文庫）
弘中正美（2014）『遊戯療法と箱庭療法をめぐって』誠信書房
Zulliger, H.（1952）*Heilende Kräfte im Kindlichen Spiel*, E. Klett.（堀要訳〔1978〕『遊の治癒力』黎明書房）

【Ⅳ部４章】
成瀬悟策監修（2013）『目で見る動作法　初級編』金剛出版
山中寛ら編著（2000）『動作とイメージによるストレスマネジメント教育　基礎編─子どもの生きる力と教師の自信回復のために』北大路書房

【Ⅳ部５章】
竹本春香（2014）「学校内でできるビジョントレーニングの効果」日本LD学会第23回自主シンポジュウム「小・中学校におけるビジョントレーニングのニーズに関する研究─学校におけるさまざまな教育場面での気づきと指導」話題提供発表資料

【Ⅳ部６章】
藤田英典（1997）『教育改革─共生時代の学校づくり』岩波新書
藤田英典（2010）「序論」藤田英典ら編著『リーディングス日本の教育と社会11　学校改革』日本図書センター

小林正幸（2003）「不登校の形成要因と予防理論」『不登校児の理解と援助』金剛出版

中野民夫（2001）『ワークショップ―新しい学びと創造の場』岩波新書

小野淳ら（2014）「適応指導教室における SST とインプロの協働的プログラムの作成と実践に関する質的研究　その1―協働的プログラムの完成まで」『千里金蘭大学紀要』第11巻，1-9頁

斎藤富由起（2015）「小学校における身体性を重視した SST の効果」『国際経営・文化研究』第20巻1号，197-204頁

斎藤富由起ら（2011）「座談会1　学校現場の SST―多様なコラボレーションをめぐって」斎藤富由起監修・編集『児童期・思春期の SST―学校現場のコラボレーション』三恵社

佐藤学（2012）『学校を改革する―学びの共同体の構想と実践』岩波ブックレット

佐藤信編（2011）『学校という劇場から―演劇教育とワークショップ』論創社

Sawyer, K. (2003) *Group Creativity: Music, Theater, Collaboration*, Psychology Press.

Spolin, V. (1986) *Theater Games for the Classroom: A Teacher's Handbook*, Northwestern University Press.（大野あきひこ訳〔2005〕『即興術―シアターゲームによる俳優トレーニング』未來社）

高尾隆（2010）「インプロ」小林由利子ら『ドラマ教育入門』図書文化

高尾隆（2011）「学校の中でのインプロ教育」斎藤富由起監修・編集『児童期・思春期の SST―学校現場のコラボレーション』三恵社

高尾隆ら（2011）「座談会2　SST・チームビルディング・インプロ教育のコラボレーション―方法論としてのコラボレーション」斎藤富由起監修・編集『児童期・思春期の SST―学校現場のコラボレーション』三恵社

高山昇（2010）「学校におけるドラマ教育」小林由利子ら『ドラマ教育入門』図書文化

吉田梨乃（2015）「開かれた学校における演劇ワークショップが学びの創発性に与える影響―Sawyer. K の Creativity と Social Emergence を重視して」『国際経営・文化研究』第20巻1号，205-221頁

【Ⅳ部7章】

藤枝静暁（2012）『子どもを対象としたソーシャルスキル教育の実践研究』風間書房

濱田典子ら（2005）「小・中学校におけるソーシャル・スキル・トレーニング実践の現状と課題」『福井大学教育実践研究』第30巻，163-172頁

原田恵理子（2013）『高校生のためのソーシャルスキル教育』ナカニシヤ出版

金山元春ら（2004）「学級単位の集団社会的スキル訓練―現状と課題」『カウンセリング研究』第37巻2号，270-279頁

南川華奈（2011）「ソーシャルスキル教育」小林正幸ら編著『ソーシャルスキルの視点から見た学校カウンセリング』ナカニシヤ出版

社浦竜太（2011）「中学校における SST の実践」斎藤富由起監修・編集『児童期・思春期の SST―学校現場のコラボレーション』三恵社

渡辺弥生（1996）『ソーシャル・スキル・トレーニング』日本文化科学社

渡辺弥生（2013）「アメリカ・カナダの予防教育」山崎勝之ら編著『世界の学校予防教育―心身の健康と適応を守る各国の取り組み』金子書房

【Ⅳ部８章】
國分康孝（1981）『エンカウンター──心とこころのふれあい』誠信書房
文部科学省（2010）『生徒指導提要』文部科学省
村山正治（2006）「エンカウンターグループにおける『非構成・構成』を統合した『PCA─グループ』の展開─その仮説と理論の明確化のこころみ」『人間性心理学研究』第24巻１号，1-9頁
野島一彦（2000）『エンカウンター・グループのファシリテーション』ナカニシヤ出版
岡田弘（1997）「エクササイズ実践マニュアル」國分康孝監修，國分久子ら編集『エンカウンターで学級が変わる Part2　中学校編』図書文化
大関健道（1996）「リーダーシップのとり方」國分康孝監修，片野智治編集『エンカウンターで学級が変わる　中学校編─グループ体験を生かしたふれあいの学級づくり』図書文化

【Ⅳ部９章】
神村栄一（2012）「特集にあたって─ストレスマネジメントと臨床心理学」『臨床心理学』第12巻６号，763頁
シュルツ，ヨハネス・ウォルフガング，ルーテ著，内山喜久雄訳編（1971）『自律訓練法』誠信書房
田中和代（2012）『先生が進める子どものためのリラクゼーション─授業用パワーポイントCD・音楽CD付き』黎明書房

【Ⅴ部１章】
文部科学省（2020）「令和元年度　児童生徒の問題行動・不登校等生徒指導上の諸課題に関する調査結果」

【Ⅴ部２章】
保坂亨ら（1986）「キャンパス・エンカウンター・グループの発達的・治療的意義の検討」『心理臨床学研究』第４巻１号，15-26頁

【Ⅴ部３章】
Blos, P.（1967）The Second Individuation Process of Adolescence, *The Psychoanalytic Study of the Child*, 22, pp.162-186.
Erikson, E. H.（1959）*Identity and the Life Cycle*, New York: International Universities Press.（小此木啓吾訳編〔1973〕『自我同一性』誠信書房）
藤原勝紀（2011）「（財）日本臨床心理士資格認定協会による私学スクールカウンセリング事業」村山正治・森岡正芳編『スクールカウンセリング（臨床心理学増刊第３号）』41-45頁
岩宮恵子（2007）『思春期をめぐる冒険─心理療法と村上春樹の世界』新潮文庫
文部科学省（2020）「令和元年度　児童生徒の問題行動・不登校等生徒指導上の諸課題に関する調査結果」
中島聡美（1999）「青少年期の精神発達とその課題」倉本英彦ら編『思春期挫折とその克服（現代のエスプリ第388号）』64-71頁
岡田倫代（2008）「ピア・サポーター養成講座参加者の活動を通して」中野武房ら編著『ピ

ア・サポート実践ガイドブック』ほんの森出版

杉原紗千子（2013）「公立学校スクールカウンセラー活用事業の歴史と変遷」村瀬嘉代子監修『学校が求めるスクールカウンセラー』遠見書房

山口権治（2013）「高校生のメンタルヘルスの危機」石川瞭子編著『高校生・大学生のメンタルヘルス対策』青弓社

【Ⅴ部 4 章】

熊本県教育委員会（2013）『特別支援教育コーディネーターハンドブック』熊本県教育委員会

長崎県教育委員会（2011）『特別支援教育コーディネーターハンドブック』長崎県教育委員会

【Ⅴ部 5 章】

河合隼雄（2008）「学校臨床心理士の意味するもの」村山正治ら編『河合隼雄のスクールカウンセリング講演録』創元社

文部科学省（2007）「児童生徒の教育相談の充実について—生き生きとした子どもを育てる相談体制づくり—（報告）」(http://www.mext.go.jp/a_menu/shotou/seitoshidou/kyouiku/houkoku/07082308/002.htm)

文部科学省（2019）「平成 30 年度公立学校教職員の人事行政状況調査について」(https://www.mext.go.jp/content/20191224-mxt_zaimu-000003245_H30_gaiyo.pdf)

斎藤富由起（2008）「スクールカウンセラー」荒牧重人ら編『子ども支援の相談・救済—子どもが安心して相談できる仕組みと活動』日本評論社

【Ⅴ部 6 章】

橋本圭介（2009）「日本におけるスクールソーシャルワークの可能性とその効果」『21 世紀社会デザイン研究』第 8 巻，133-142 頁

菱沼智明（2006）「ソーシャルワークと学校における相談援助」『子どもの権利研究』第 9 巻，9-11 頁

文部科学省（2008）「スクールソーシャルワーカー活用事業」(http://www.mext.go.jp/b_menu/shingi/chousa/shotou/046/shiryo/08032502/003/010.htm)

大河内彩子（2008）「スクールソーシャルワークと学校福祉」喜多明人ら編『学校における相談・救済制度に関する調査研究資料集—スクールソーシャルワーク（SSW）及び児童虐待対応教員に関する制度の自治体・学校調査資料』（文部科学省科学研究費萌芽研究「いじめ、虐待など子どもの権利侵害に関する校内救済システムの研究」）3-6 頁

【Ⅵ部 1 章】

麻生武ら編（2005）『よくわかる臨床発達心理学』ミネルヴァ書房

水野治久ら編著（2013）『よくわかる学校心理学』ミネルヴァ書房

【Ⅵ部 2 章】

押方富子（2008）「保健室における性の相談への対応の実際」『いま，子どもの性を考える（児童心理臨時増刊第 62 巻 12 号）』97-102 頁

【Ⅵ部 3 章】
斎藤富由起（2008）「子ども施策と市民・大学協働」『子どもの権利研究』第 12 巻，103-104 頁
佐藤晴雄（2002）『学校を変える地域が変わる―相互参画による学校・家庭・地域連携の進め方』教育出版
吉田梨乃（2011）「学校支援ボランティアと SST」斎藤富由起監修・編集『児童期・思春期の SST―学校現場のコラボレーション』三恵社

【Ⅵ部 5 章】
東京都（2020）『児童相談所のしおり 2020 年（令和 2 年）版』（https://www.fukushihoken.metro.tokyo.lg.jp/jicen/others/insatsu.files/shiori2020.pdf）

【Ⅵ部 6 章】
大阪市立心身障がい者リハビリテーションセンター発達障がい者支援室（2016）「児童発達支援事業所・放課後等デイサービス事業所における発達障がい児支援の現状」（https://www.city.osaka.lg.jp/fukushi/cmsfiles/contents/0000469/469856/(9)sannkousiryou1.pdf）

【Ⅵ部 7 章】
文部科学省（2020）「令和 2 年度学校基本調査（確定値）の公表について」（https://www.mext.go.jp/content/20200825-mxt_chousa01-1419591_8.pdf）
全国高等専修学校協会（2019）「令和元年度『高等専修学校の実態に関するアンケート調査』報告書」（https://www.zenkokukoutousenshugakkoukyoukai.gr.jp/hokoku_r01.pdf）

【Ⅵ部 8 章】
American Psychiatric Association（2013）*DSM-5: Diagnostic and Statistical Manual of Mental Disorders*, 5th edition, Washington, D.C.: American Psychiatric Publishing.（髙橋三郎ら監訳〔2014〕『DSM-5　精神疾患の診断・統計マニュアル』医学書院）
内閣府（2014）「平成 25 年版　子ども・若者白書（全体版）」（http://www8.cao.go.jp/youth/whitepaper/h25honpen/pdf_index.html）
労働政策研究・研修機構（2012）「学卒未就職者に対する支援の課題」『労働政策研究報告書』No.141（http://www.jil.go.jp/institute/reports/2012/documents/0141.pdf）

【Ⅵ部 9 章】
本多勝一（1989）『子供たちの復讐』朝日文庫
本田由紀（2011）「苛烈化する『平成学歴社会』―かつてと何が変わったのか」『論座』第 142 号，223-231 頁
イリッチ，イヴァン著，東洋ら訳（1977）『脱学校の社会』東京創元社
菊池栄治ら（2001）「オルタナティブな学び舎の社会学―教育の〈公共性〉を再考する」『教育社会学研究』第 68 巻，65-84 頁
斎藤富由起ら（2016 予定）「日本におけるフリースクールの歴史と活動に関する質的研究」『千里金蘭大学紀要』第 13 巻

滝川一廣（1998）「不登校はどう理解されてきたか」佐伯胖ら編『岩波講座現代の教育
　　第4巻　いじめと不登校』岩波書店

【VI部11章】
教育課程審議会（2000）「生徒指導上の諸問題の現状について」（http://www.mext.go.jp/
　　b_menu/shingi/chousa/shotou/003/toushin/001219.htm）
文部科学省（2003）「教育支援センター（適応指導教室）整備指針（試案）」（http://
　　www.mext.go.jp/b_menu/shingi/chukyo/chukyo3/siryo/06042105/001/006/001.htm）

【VI部12章】
相澤政文ら編著（2007）『必携・特別支援教育コーディネーター』クリエイツかもがわ
中央教育審議会（2005）「特別支援教育を推進するための制度の在り方について（答申）」
　　（http://www.mext.go.jp/b_menu/shingi/chukyo/chukyo0/toushin/05120801.htm）
愛媛大学教育学部附属特別支援学校（2011）「卒業後の『働く生活』を実現するために必
　　要な能力や態度を育てる授業実践」『将来の「働く生活」を実現する教育—キャリア教
　　育に基づく支援内容・方法の検討』明治図書出版
文部科学省（2009）「特別支援学校学習指導要領」文部科学省
初等中等教育分科会（2012）「共生社会の形成に向けたインクルーシブ教育システム構築
　　のための特別支援教育の推進（報告）」（http://www.mext.go.jp/b_menu/shingi/
　　chukyo/chukyo3/044/houkoku/1321667.htm）
清水貞夫ら編集代表（2005）『キーワードブック障害児教育　特別支援教育時代の基礎知
　　識』クリエイツかもがわ

索　引

執筆者一覧

斎藤富由起　　福岡女学院大学人間関係学部心理学科教授
　　はじめに，第2版　はじめに，Ⅰ-1(2)(3)(5)，Ⅰ-3，Ⅱ-2〜3(1)，Ⅱ-6，Ⅱ-7(4)(6)，Ⅲ-2(1)，Ⅲ-3(2)，Ⅴ-2(2)，Ⅴ-6，Ⅵ-1，Ⅵ-3，Ⅵ-6，Ⅵ-9，Ⅵ-13，コラム：子どもの貧困／教育相談と解離症状／生態学的な調整力とインプロ教育／学校における集団介入技法の必要性と種類について／「もまれる体験」か「早期の相談・介入」か

守谷　賢二　　淑徳大学教育学部こども教育学科准教授
　　Ⅰ-1(1)(4)，Ⅰ-2，Ⅱ-3(2)〜(4)，Ⅱ-7(1)(2)(3)(5)，Ⅲ-1(1)，Ⅲ-2(2)，Ⅲ-3(1)，Ⅳ-はじめに，Ⅳ-8，Ⅴ-2(1)(3)，Ⅵ-はじめに，コラム：モンスターペアレント，あとがき

飯島　博之　　医療法人社団優仁会鈴木神経科病院　　Ⅱ-7(1)(2)(3)(5)，Ⅵ-4
池田　彩子　　NPO法人ユースポート横濱　　Ⅵ-7〜8
小澤　雅人　　杉並区立荻窪中学校校長
　　コラム：体罰からの脱却／スクールカウンセラーがいてくれるから
押方　富子　　元・練馬区立谷原小学校主幹（養護教諭）・特別支援教育コーディネーター　　Ⅵ-1
菊地　雅彦　　元・和洋女子大学人文学群心理学類教授　　Ⅴ-4(6)
北出　勝也　　視機能トレーニングセンターJoyVision代表　　Ⅳ-5
栗本美百合　　奈良女子大学生活環境学部心身健康学科特任教授　　Ⅳ-2
社浦　竜太　　常葉大学教育学部生涯学習学科専任講師　　Ⅳ-7
曽根　美樹　　東京都スクールカウンセラー
　　Ⅵ-10，コラム：スクールカウンセラーと教員の連携
髙橋　　敏　　淑徳大学教員・保育士養成支援センター特任教授
　　コラム：子どもたちの幸せを目指す生徒指導と教育相談の役割
竹本　晴香　　視機能トレーニングセンターJoyVisionトレーナー　　Ⅳ-5
谷村　綾子　　千里金蘭大学生活科学部児童教育学科准教授　　Ⅴ-4(1)
堤　　秀崇　　熊本県教育庁教育指導局特別支援教育課指導主事　　Ⅴ-4(2)〜(5)
中村眞理子　　教育と子育てのカウンセリングルーム教育カウンセラー／
　　淑徳中・高等学校スクールカウンセラー　　Ⅵ-2
西塚　幸子　　練馬区立光が丘第四中学校特別支援学級学級主任　　Ⅵ-13
花形　　武　　志學館大学人間関係学部心理臨床学科専任講師　　Ⅳ-1
右山　裕一　　東京都教育相談センター　　Ⅵ-10
毛利　泰剛　　福岡女学院大学人間関係学部子ども発達学科専任講師　　Ⅳ-3
守屋　均子　　千葉臨床心理研究所主宰　　Ⅳ-4
森　　祐子　　東京都スクールカウンセラー　　Ⅴ-3
山内　早苗　　東京都児童相談センター　　Ⅱ-4，Ⅲ-1(2)，Ⅵ-5
山崎さなえ　　千葉県スクールカウンセラー／淑徳大学心理臨床センター相談指導員　　Ⅳ-9
吉田　梨乃　　東京学芸大学大学院連合学校教育学研究科博士後期課程
　　Ⅱ-2，Ⅳ-6，Ⅴ-1，Ⅵ-13，
　　コラム：小1プロブレムと中1プロブレム／教育機会確保法とフリースクール
吉森丹衣子　　淑徳大学人文学部歴史学科助教
　　Ⅱ-1，Ⅱ-5，Ⅴ-1，Ⅴ-2(2)，Ⅴ-5，Ⅴ-4，Ⅵ-11，コラム：小1プロブレムと中1プロブレム
和田　真一　　神奈川県立相模原中央支援学校教諭　　Ⅵ-12

教育相談の最前線―歴史・理論・実践―
（第2版）

2016 年 9 月 26 日　第 1 版 1 刷発行
2021 年 4 月 14 日　第 2 版 1 刷発行

編著者―斎藤富由起・守谷賢二
発行者―森口恵美子
印刷所―美研プリンティング（株）
製本所―(株) グリーン
発行所―八千代出版株式会社

〒101
-0061　東京都千代田区神田三崎町 2-2-13

　　TEL　03-3262-0420
　　FAX　03-3237-0723
　　振替　00190-4-168060

＊定価はカバーに表示してあります。
＊落丁・乱丁本はお取替えいたします。